"十二五"职业教育国家规划教材
经全国职业教育教材审定委员会审定

汽车电气系统维修
（第2版）

主　编　陈林山
副主编　刘　静　孙宏侠
参　编　唐志桥　甘秀芹　杨忠颇
主　审　程丽群

国防工业出版社
·北京·

内 容 简 介

本书是南京交通职业技术学院汽车工程学院项目化教学改革的成果之一。

本书主要内容包括汽车电源系统维修，发动机启动系统维修，发动机点火系统维修，汽车照明、信号、仪表和报警系统维修，汽车电路识图等。设置了14个学习项目，每个项目再分解为若干个学习（工作）任务。为了达到项目化教学效果，每个学习（工作）任务都有对应的学习工作单。

本书适合作为高职高专院校汽车服务类专业的教科书，也可供汽车检测、汽车维修技术等从业人员学习参考。

图书在版编目（CIP）数据

汽车电气系统维修 / 陈林山主编. —2版. —北京：
国防工业出版社；2015.1
"十二五"职业教育国家规划教材
ISBN 978-7-118-09987-4

Ⅰ.①汽… Ⅱ.①陈… Ⅲ.①汽车—电气系统—车辆修理—高等职业教育—教材 Ⅳ.①U472.41

中国版本图书馆 CIP 数据核字(2015)第 014992 号

※

国防工业出版社 出版发行
（北京市海淀区紫竹院南路23号 邮政编码100048）
天利华印刷装订有限公司印刷
新华书店经售

*

开本 787×1092 1/16 印张 13¾ 字数 310千字
2015年1月第2版第1次印刷 印数1—3000册 总定价29.80元 教材26.3元 / 工作单3.5元

（本书如有印装错误，我社负责调换）

国防书店：(010)88540777　　发行邮购：(010)88540776
发行传真：(010)88540755　　发行业务：(010)88540717

前　言

　　为了适应我国汽车服务行业技能型人才培养的需要，满足高等职业院校以就业为导向的办学要求，南京交通职业技术学院汽车工程学院近年来积极探索，勇于实践，大力改革教学模式，加大与企业合作办学的力度，推进工学结合的办学模式，取得了良好效果。为了提高学生的综合素质，切实增强学生的实践动手能力，我们引入了"项目导向、任务驱动"的项目化教学模式。为适应新的教学模式，就必须打破传统教材的内容体系，为此我们编写了本系列教材。

　　本教材以"任务驱动"为编写思路，旨在通过企业的具体工作任务引出相应的专业知识，学习目标非常明确，体现现代职业教育"教、做、学"一体化的特色，调动广大学生的学习积极性和主动性。

　　根据汽车维修企业工作一线的实际情况，本教材内容设置了 14 个学习项目，每个项目再分解为若干个学习（工作）任务，每个学习（工作）任务都有对应的学习工作单。主要内容包括汽车电源系统维修，发动机启动系统维修，发动机点火系统维修，汽车照明、信号、仪表和报警系统维修，汽车电路识图等。

　　本教材图文并茂，深入浅出。每个学习任务均强调了学生综合素质的培养，既有对学生实践动手能力的训练，也有对学生自我学习能力、团队合作、资料收集、5S 等方面的训练，可促使每一个学生积极参与、主动学习，从而达到更好的学习效果。每个训练项目的设置均充分考虑了现有的教学设施和教学资源，可操作性强，效率高。

　　本教材由南京交通职业技术学院陈林山担任主编，刘静、孙宏侠担任副主编，程丽群担任主审。参与编写工作的还有南京交通职业技术学院唐志桥、甘秀芹，南京林业大学杨忠颇。在编写过程中，得到了江苏省多家汽车 4S 店汽车维修专家的特别支持，在此表示感谢。此外，还得到南京交通职业技术学院汽车工程学院各位教师的大力支持和帮助，特别是实训中心各位教师更是提供了很多有用的一手资料，在此一并表示感谢。

　　由于时间仓促，加之编者水平有限，书中难免有疏漏之处，恳请广大读者批评指正。

编　者

目　录

学习领域一　汽车电源系统

项目一　汽车电源系统总体认识　2
　　一、项目描述 2
　　二、项目实施 3
　　　　任务　电源系统总体认识 3
　　三、相关知识 3

项目二　蓄电池的正确使用与维护　5
　　一、项目描述 5
　　二、项目实施 6
　　　　任务　蓄电池技术状况检查与充电 6
　　三、相关知识 6

项目三　发电机及调节器的使用与维护　21
　　一、项目描述 21
　　二、项目实施 22
　　　　任务一　绘制交流发电机电路原理图 22
　　　　任务二　交流发电机总成分解、零件检测与组装 22
　　　　任务三　发电机及电压调节器的检测 22
　　三、相关知识 23

项目四　汽车电源系统电路分析与故障诊断　46
　　一、项目描述 46
　　二、项目实施 47
　　　　任务一　电源系统电路连接 47
　　　　任务二　电源系统的常见故障诊断 47
　　三、相关知识 47
　　　　自我测试题 54

学习领域二　发动机启动系统

项目五　发动机启动系统总体认识　58
- 一、项目描述 58
- 二、项目实施 59
  - 任务　发动机启动系统总体认识 59
- 三、相关知识 59

项目六　起动机正确使用与维修　60
- 一、项目描述 60
- 二、项目实施 60
  - 任务一　绘制起动机电路原理图 60
  - 任务二　起动机总成分解、零件检测与组装 61
  - 任务三　起动机及启动继电器性能检测 61
- 三、相关知识 61

项目七　启动控制电路分析与故障诊断　75
- 一、项目描述 75
- 二、项目实施 76
  - 任务一　连接启动系统电路 76
  - 任务二　进行启动系统的常见故障诊断 76
- 三、相关知识 76
  - 自我测试题 81

学习领域三　发动机点火系统

项目八　点火系统总体认识　84
- 一、项目描述 84
- 二、项目实施 85
  - 任务　发动机点火系统总体认识 85
- 三、相关知识 85

项目九　点火系统使用与维修　88
- 一、项目描述 88
- 二、项目实施 89
  - 任务　点火系统的性能检测 89
- 三、相关知识 89

项目十　点火系统电路分析与故障诊断　119
- 一、项目描述 119

二、项目实施··120
　　　　任务一　进行点火系统电路的连接···120
　　　　任务二　点火系统的故障诊断与排除···120
　　三、相关知识··120
　　　　自我测试题···127

学习领域四　汽车照明、信号、仪表和报警系统

项目十一　汽车照明、信号、仪表和报警系统的总体认识　　132
　　一、项目描述··132
　　二、项目实施··133
　　　　任务　汽车照明、信号、仪表和报警系统的总体认识·······················133
　　三、相关知识··133

项目十二　汽车照明、信号、仪表和报警系统的使用与维护　　136
　　一、项目描述··136
　　二、项目实施··137
　　　　任务　照明、信号、仪表、报警系统拆装···137
　　三、相关知识··137

项目十三　照明、信号、仪表和报警系统的故障诊断　　160
　　一、项目描述··160
　　二、项目实施··161
　　　　任务一　进行照明系统电路的连接···161
　　　　任务二　信号系统的常见故障诊断···161
　　三、相关知识··161
　　　　自我测试题···164

学习领域五　汽车电路识图

项目十四　识读汽车全车电路图　　167
　　一、项目描述··167
　　二、项目实施··168
　　　　任务一　识读汽车电路图···168
　　　　任务二　正确分析电气系统电路图···168
　　　　任务三　根据系统电路图进行故障分析···168
　　三、相关知识··169

附录　桑塔纳3000轿车基本电路图　　187
参考文献　　213

学习领域一

汽车电源系统

项目一 汽车电源系统总体认识

一、项目描述

汽车电源系统包括蓄电池和发电机两个电源,在电路里构成并联关系。电源系统性能好坏直接影响发动机启动和其他用电设备的工作。通过本项目的学习,应能达到以下要求。

1. 知识要求

(1) 了解电源系统作用、组成;
(2) 熟悉电源系统各部件的作用;
(3) 了解蓄电池、发电机及电压调节器的基本工作原理。

2. 技能要求

(1) 能正确使用工具拆装蓄电池和发电机及电压调节器总成;
(2) 能正确使用万用表测量电源系统(蓄电池和发电机)电压。

3. 素质要求

(1) 安全文明生产,保证人身、工具和设备安全;
(2) 正确选择和使用工具;
(3) 拆装工艺合理,操作规范;
(4) 5S——整理(Seiri)、整顿(Seiton)、清扫(Seiso)、清洁(Seikeetsu)和素养(Shitsuke)。

二、项目实施

任务　电源系统总体认识

1. 训练设备

（1）汽车（或发动机台架）4台；
（2）常用拆装工具4套；
（3）万用表4只。

2. 训练步骤

（1）在汽车（或发动机台架）上找出电源系统主要部件；
（2）用万用表测量蓄电池端电压和发电机输出电压；
（3）进行蓄电池、发电机及调节器总成的拆装；
（4）绘制电源系统的简单电路图。

三、相关知识

（一）电源系统基本组成

电源系统主要由蓄电池、发电机及电压调节器、充电指示灯（或电流表）等组成，如图1-1所示。电源系统的作用是向汽车上的用电设备和控制装置供电，满足汽车用电需要。

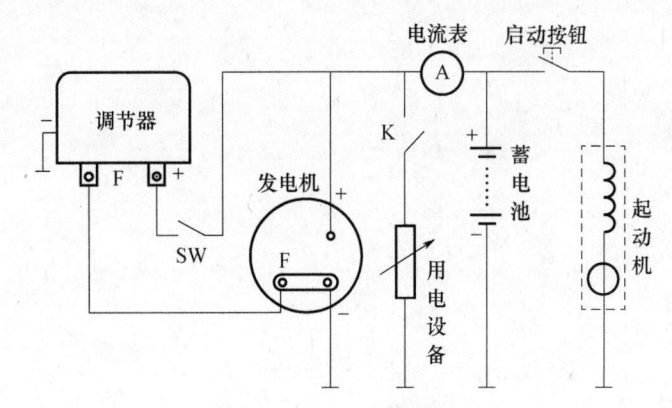

图1-1　汽车电源系统组成

（二）电源系统主要部件简介

（1）蓄电池与发电机并联后，向用电设备供电。

① 启动发动机时，由蓄电池向起动机提供大电流；
② 发动机启动后，发电机发电，由发电机向用电设备供电，并向蓄电池充电；

③ 当接入用电设备过多时，蓄电池可协助发电机向用电设备供电。

（2）充电指示灯（或电流表）用来指示蓄电池充电或放电状态（或电流的大小）。

（3）电压调节器的作用是调节发电机输出电压，使发电机在转速和负荷变化时，保持输出电压相对恒定。

项目二 蓄电池的正确使用与维护

一、项目描述

汽车蓄电池的主要作用是启动发动机，因此采用的是启动型铅蓄电池。蓄电池出现故障会影响发动机的启动，因此需要对蓄电池进行正确使用与维护。通过本项目的学习，应能达到以下要求。

1. 知识要求

（1）了解铅蓄电池的基本构造；
（2）熟悉铅蓄电池的基本工作原理；
（3）了解蓄电池的类型。

2. 技能要求

（1）会使用万用表测量蓄电池电压；
（2）会使用密度计测量蓄电池电解液密度；
（3）会使用充电设备对蓄电池进行充电；
（4）能使用蓄电池检测仪判断蓄电池技术状况。

3. 素质要求

（1）安全文明生产，保证人身、工具和设备安全；
（2）正确选择和使用工具；
（3）拆装工艺合理，操作规范；
（4）5S——整理（Seiri）、整顿（Seiton）、清扫（Seiso）、清洁（Seikeetsu）和素养（Shitsuke）。

二、项目实施

任务　蓄电池技术状况检查与充电

1. 训练设备

（1）蓄电池 4 只；
（2）充电设备 4 台；
（3）万用表、密度计、高率放电计、蓄电池检测仪各 4 只。

2. 训练步骤

（1）使用万用表测量蓄电池电压；
（2）使用密度计测量蓄电池电解液密度；
（3）使用高率放电计测量蓄电池的放电程度；
（4）使用充电设备对蓄电池进行充电；
（5）使用蓄电池检测仪判断蓄电池技术状况。

三、相关知识

（一）蓄电池的作用

（1）启动发动机时，向起动机及相关电气设备供电。这是汽车上蓄电池的主要用途。汽油机的启动电流一般可达 200A～600A，柴油机的启动电流最高达 1000A 以上。

（2）当发电机停转或发电机输出电压较低时，由蓄电池向用电设备供电。

（3）当发电机发出电压高于蓄电池电压时，蓄电池接收发电机的充电。

（4）当发电机超负荷时，蓄电池可协助发电机供电。

（5）蓄电池相当于一个较大的电容器，能吸收电路中随时出现的瞬变过电压（浪涌电压），保护车上的电子设备，延长电子设备的使用寿命。

（二）蓄电池型号

按照机械工业部颁布标准 JB 2599—85 的规定，铅蓄电池型号共分为 3 段，其排列及含义如下。

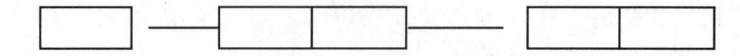

第一段表示蓄电池总成的单格电池数，用阿拉伯数字表示。如 3 表示 3 个单格电池，额定电压为 6V；6 表示 6 个单格电池，额定电压为 12V。

第二段表示蓄电池的类型和特征，用 2 个汉语拼音字母表示。如其中第一个字母是 Q，表示启动型铅蓄电池，M 表示摩托车用铅蓄电池；第二个字母为蓄电池的特征代号，无字母则表示为干封式铅蓄电池。

第三段表示蓄电池额定容量和特殊性能。我国目前规定采用20h放电率的额定容量，单位为Ah，特殊性能用字母表示。

如东风牌EQ6100E汽车蓄电池型号为6—Q—105D，表示蓄电池由6个单格电池组成，额定电压为12V，20h放电率的额定容量为105Ah，低温启动性能好。

（三）蓄电池的构造

普通铅酸蓄电池一般由6个单格电池串联组成，每个单格电池的额定电压为2V，则蓄电池额定电压为12V。相邻两个单格电池之间由间壁相隔，互不相通，上端用联条把6个单格电池串联起来。

普通型铅蓄电池主要由外壳、极板组、隔板、电解液、联条、极桩和加液孔盖等组成，如图1-2所示。

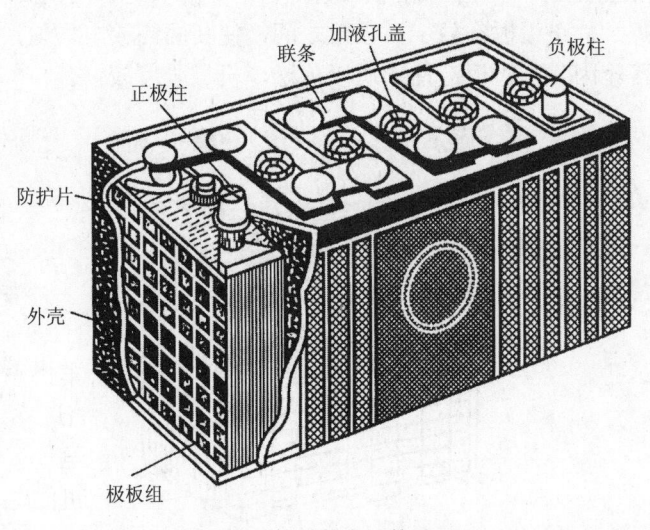

图1-2 铅蓄电池构造

1. 外壳

外壳用来储存电解液和极板组，具有耐酸、耐热、耐寒、耐震及绝缘性能好等条件。早期生产的铅蓄电池采用硬橡胶外壳的较多。近些年，由于工程塑料的发展，采用聚丙烯塑料外壳的越来越普及。由于工程塑料外壳不仅耐酸、耐热、耐震，且强度好、韧性好，壳体可做得较薄。同时工程塑料美观透明、体积小、重量轻，在国内外发展非常之快。

2. 极板组

极板是蓄电池的基本部件，它能接受电能和向外释放电能。极板分为正极板与负极板。正极板上的活性物质是二氧化铅（PbO_2），呈棕红色；负极板上的活性物质是海绵状纯铅（Pb），呈青灰色。在蓄电池的充电与放电过程中，电能和化学能的相互转换就是依靠极板上的活性物质与电解液中的硫酸起化学反应来实现的。极板由栅架及铅膏涂料组成，如图1-3、图1-4所示。

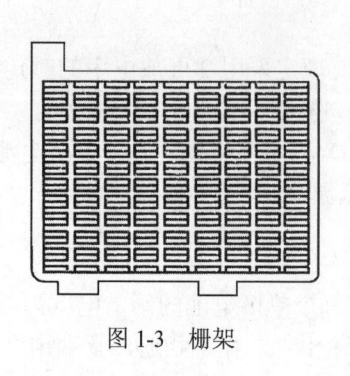

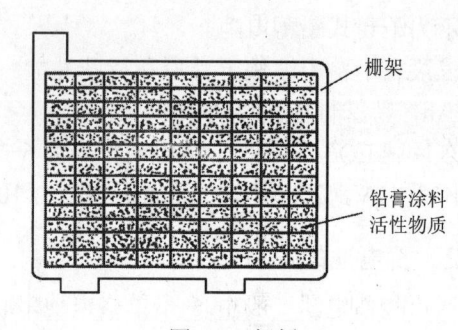

图 1-3 栅架　　　　　　　　　图 1-4 极板

栅架的材料为铅锑合金，一般含铅94%左右，锑占6%左右。在栅架中加入少量的锑，是为了提高栅架的机械强度并能改善浇铸性能。为了增大蓄电池容量，通常将多片正极板和多片负极板分别并联，再用横板焊接组成正极板组和负极板组，如图1-5所示。安装时将正、负极板组相互嵌合，中间插入隔板。另外，在单格电池中正极板总比负极板少一片，其目的是为了使每一片正极板都处于负极板之间，使其两侧放电均匀，减轻正极板的翘曲和活性物质的脱落。因为正极板活性物质较疏松，机械强度较低。

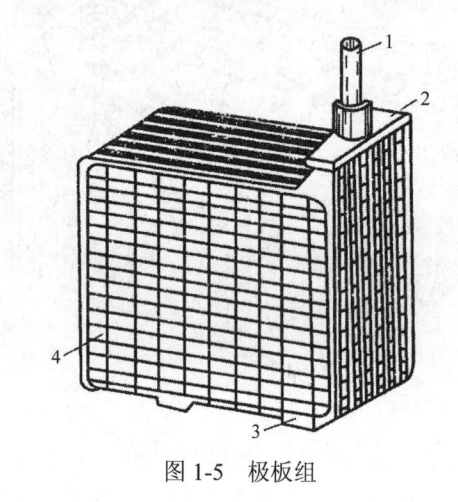

图 1-5 极板组

1—电桩；2—横板；3—支撑凸起；4—极板。

3. 隔板

为了减少蓄电池内部尺寸，降低蓄电池内阻，蓄电池内部正负极板应尽可能靠近。但为了避免相互接触而短路，正负极板之间要用绝缘的隔板隔开。隔板材料应具有多孔性结构，以便电解液自由渗透，还应具有耐酸、耐热、不氧化、不变形、不含杂质、亲水性良好、有一定的机械强度等条件。常用的隔板材料有木质、微孔橡胶、微孔塑料、玻璃纤维纸和玻璃丝棉等几类。微孔橡胶隔板性能好、寿命长，但成本高；微孔塑料隔板多孔率高，薄而柔韧，成本又低，因此采用较多。近年来，还有的将微孔塑料做成袋式，紧包在正极板的外部，防止活性物质脱落，减小电池尺寸。

4. 电解液

铅蓄电池的电解液是由相对密度为1.84的化学纯净硫酸和蒸馏水按一定比例配制而

成的。电解液的相对密度一般在 1.24~1.30 范围内。目前市场上有专门销售的电解原液,相对密度在 1.28 左右。购买蓄电池时可同时购回,以方便使用。

电解液的相对密度对蓄电池的工作有重要影响。相对密度大些可提高蓄电池的容量并减少冬季结冰的危险。但相对密度也不宜过大。过大,由于黏度增加反而会降低蓄电池容量,而且会缩短极板使用寿命。电解液相对密度应随地区和气候条件而定,表 1-1 列出了不同地区和气候条件下电解液的相对密度,供参考。

表 1-1 不同地区和气候条件下的电解液相对密度

气候条件	完全充足电的蓄电池在 25℃时的电解液相对密度	
	冬季	夏季
冬季温度低于-40℃的地区	1.30	1.26
冬季温度在-40~-30℃的地区	1.28	1.24
冬季温度在-30~-20℃的地区	1.27	1.24
冬季温度在-20~0℃的地区	1.26	1.23
冬季温度在0℃以上的地区	1.23	1.23

5. 联条

铅蓄电池总成一般都是由 6 个单格电池组成的,各单格电池之间靠铅质联条串联起来,联条装在盖子上面是一种传统的连接方式,如图 1-2 所示。这种传统的连接方式不仅浪费材料,而且增加电池内阻,现已被穿壁式连接方式所取代,如图 1-6 所示。

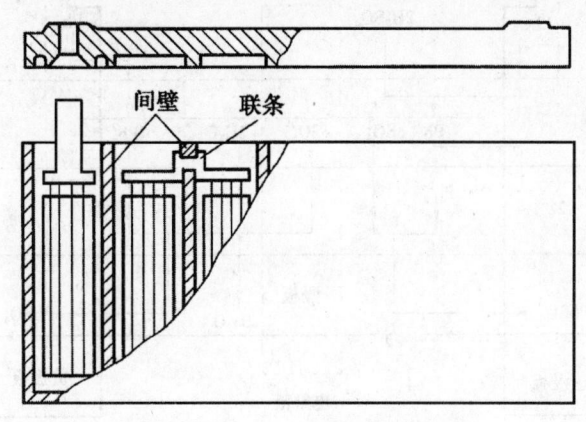

图 1-6 单格电池之间的穿壁式连接

6. 加液孔盖

加液孔盖用来封闭加液孔。孔盖上有通气孔,可随时排出蓄电池内的 H_2 和 O_2,以免发生爆炸事故。如果在孔盖上加装一个氧化铅过滤器,还可以避免水蒸气逸出,减少水的消耗。新蓄电池在启用前应将通气孔打通。

7. 极桩

极桩分正极桩和负极桩。正极桩用"+"表示或涂上红色,负极桩用"-"表示或涂上蓝色或不涂颜色。蓄电池极桩用铅锑合金浇铸。

（四）蓄电池的工作原理

1. 电动势的建立

蓄电池极板浸入电解液中，正极板上的活性物质 PbO_2 少量溶于电解液，产生四价铅离子 Pb^{4+} 和硫酸根离子 SO_4^{2-}，即 $PbO_2+2H_2SO_4=Pb^{4+}+2SO_4^{2-}+2H_2O$，一部分 Pb^{4+} 沉附在正极板上，使正极板具有正电位，约为+2.0V。负极板上的活性物质 Pb 少量溶解于电解液中生成 Pb^{2+}，即 $Pb-2e=Pb^{2+}$，电子 e 留在负极板上，使得负极板具有约 –0.1V 的负电位。因此，在外电路未接通且这种反应达到相对平衡时，蓄电池单格电压即静止电动势 E_0 约为

$$E_0=2.0-(-0.1)=2.1V$$

2. 放电过程

蓄电池的放电过程是化学能转化为电能的电化学反应过程。

铅蓄电池放电时的化学过程如图 1-7 所示。蓄电池接上负载后，在电动势 E_0 的作用下，在电路内产生放电电流 I_f。

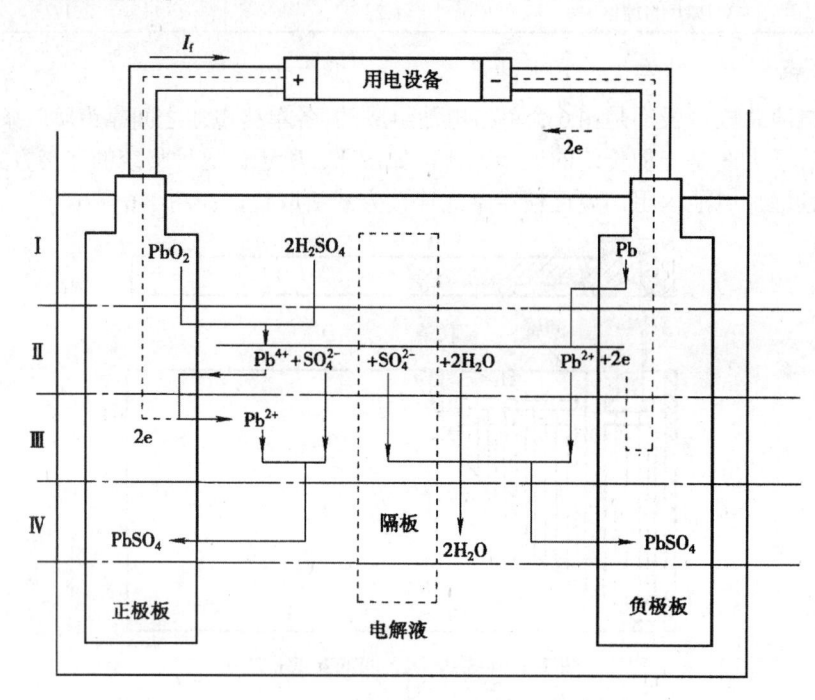

图 1-7 铅蓄电池的放电过程

Ⅰ—充电状态；Ⅱ—溶解电离；Ⅲ—接入负载；Ⅳ—放电状态。

（1）在负极板处，电子 e 从负极板经过用电设备流向正极板，与 Pb^{4+} 结合生成 Pb^{2+}，Pb^{2+} 与电解液中 SO_4^{2-} 结合生成 $PbSO_4$ 沉附在正极板上，使得正极板的电位降低。其化学反应式为

$$Pb^{4+}+2e\rightarrow Pb^{2+}$$
$$Pb^{2+}+SO_4^{2-}\rightarrow PbSO_4$$

（2）在负极板处，Pb^{2+} 与电解液中的 SO_4^{2-} 结合也生成 $PbSO_4$ 沉附在极板上，而极板上的金属铅继续溶解生成 Pb^{2+}，留下电子 $2e$。

在外部电路电流继续流通时，蓄电池正极板上的 PbO_2 和负极板上的 Pb 将不断转变为 $PbSO_4$。

放电过程中，电解液中的 H_2SO_4 逐渐减少，而 H_2O 逐渐增多，电解液相对密度下降。

3. 充电过程

蓄电池的充电过程是电能转化为化学能的电化学反应过程。

铅蓄电池充电时的化学过程如图 1-8 所示。接上充电设备后，在电动势 E_0 的作用下，在电路内产生充电电流 I_c。电流从蓄电池正极板流入、负极板流出，即电子 e 从正极经外电路流入负极。充电过程中，正、负极板上发生的化学反应正好与放电过程相反。

充电过程中，正负极板上的 $PbSO_4$ 逐渐恢复为 PbO_2 和 Pb，电解液中的 H_2SO_4 成分逐渐增多，H_2O 逐渐减少，电解液相对密度将上升。

由上述分析可得，蓄电池充、放电过程的总反应方程式表示为

$$PbO_2 + Pb + 2H_2SO_4 \rightleftharpoons 2PbSO_4 + 2H_2O$$

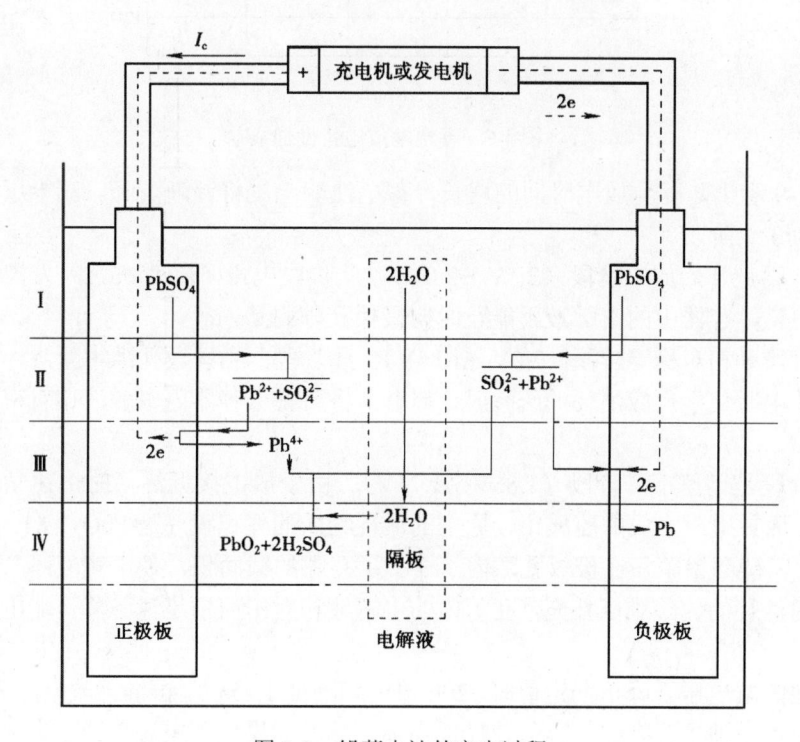

图 1-8 铅蓄电池的充电过程

Ⅰ—放电状态；Ⅱ—溶解电离；Ⅲ—通入电流；Ⅳ—充电状态。

4. 结论

蓄电池是一个电能和化学能之间相互转换的装置，其工作过程是一种电化学反应。

（1）蓄电池放电过程中，电解液中的硫酸逐渐减少，水逐渐增多，电解液相对密度下降；

（2）蓄电池充电过程中，电解液中的硫酸逐渐增多，水逐渐减少，电解液相对密度上升；

(3) 可以通过测量电解液相对密度来判断蓄电池的充、放电程度。

（五）蓄电池的工作特性

蓄电池工作特性包括放电特性和充电特性。

1. 蓄电池的放电特性

蓄电池的放电特性是指在恒电流放电过程中，蓄电池的端电压 U 和电解液相对密度 γ 随放电时间变化的规律，如图 1-9 所示。

由于放电过程中电流是恒定的，单位时间内消耗的 H_2SO_4 量相同，因而电解液相对密度随时间直线下降。相对密度每下降 0.04，蓄电池放电 25% 左右。

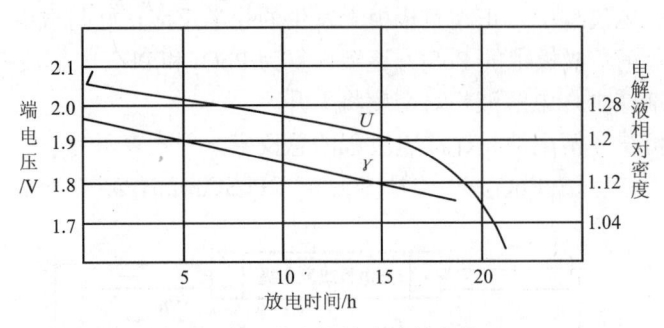

图 1-9 蓄电池放电特性曲线

从图 1-9 看出，随着放电时间的增长，蓄电池端电压将逐渐下降。端电压的变化规律大致可分为 3 个阶段。

第一阶段是开始放电阶段（2.1V～2.0V）。此阶段电压下降较快。因为极板孔隙中的硫酸迅速消耗，容器中的电解液不能及时向极板孔隙内渗入。

第二阶段是相对稳定阶段（2.0V～1.85V）。此阶段，当极板孔隙中新渗入的电解液完全补偿了放电时化学反应消耗的硫酸时，端电压将随整个容器内电解液相对密度的下降而缓慢下降。

第三阶段是迅速下降阶段（1.85V～1.75V）。由于放电接近终了时，化学反应深入到极板内层，而放电时生成的硫酸铅较原来的活性物质的体积大（是 PbO_2 的 1.86 倍，是 Pb 的 2.68 倍），硫酸铅聚积在极板孔隙内，缩小了孔隙的截面积，使电解液渗入困难，因而极板孔隙内消耗的硫酸难以补充，孔隙内的电解液相对密度便迅速下降，端电压也随之急剧下降。

蓄电池的端电压下降至一定值时（20h 放电率降至 1.75V），再继续放电即为过度放电。过度放电对蓄电池十分有害，容易使极板损坏。此时如果切断电源，让蓄电池"休息"一下，由于极板孔隙中的电解液和容器中的电解液相互渗透，趋于平衡，蓄电池的端电压将会有所回升。

2. 蓄电池的充电特性

蓄电池的充电特性是指在恒电流充电过程中，蓄电池的端电压 U 和电解液相对密度 γ 随充电时间变化的规律，充电特性曲线如图 1-10 所示。

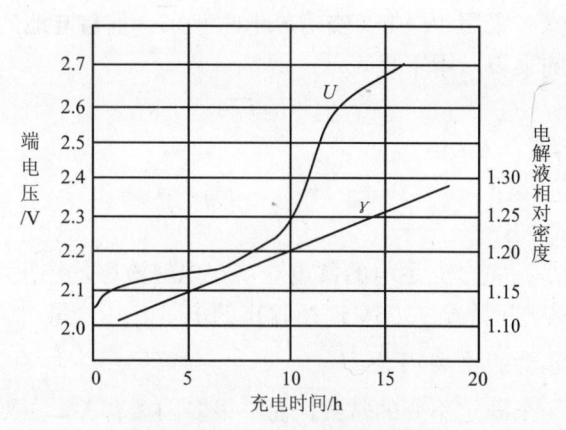

图 1-10 蓄电池充电特性曲线

从图 1-10 可看出，由于恒电流充电，单位时间内所生成的硫酸相等，所以电解液相对密度是随时间而直线上升的。端电压的变化规律大致可分为 3 个阶段。

第一阶段是开始充电阶段（2.0V～2.1V）。开始接通充电电流时，极板孔隙表层迅速生成硫酸，使孔隙中电解液的相对密度增大，因此端电压迅速上升。

第二阶段是稳定上升阶段（2.1V～2.3V）。端电压上升到 2.1V 以后，孔隙内硫酸向外扩散，当继续充电至孔隙内硫酸所产生的速度和向外扩散的速度达到平衡时，蓄电池的端电压就不再迅速上升，而是随着整个容器内电解液相对密度的上升而相应增高。

第三阶段是迅速上升阶段（2.3V～2.7V）。当电压达到 2.3V～2.4V 时，极板外层的活性物质基本都恢复为 PbO_2 和 Pb 了，继续充电便使电解液中水电解，产生 H_2 和 O_2，以气泡形式出现，形成"沸腾"现象。由于产生的 H_2 以离子状态（H^+）集结在溶液中负极板处，来不及立即全部变成气泡放出，使得溶液与极板之间产生约 0.3V 的附加电压，因而使得端电压上升至 2.7V 左右。

此时应切断电源停止充电，否则将会造成"过充电"。长时间过充电易加速极板活性物质的脱落，使极板过早损坏，因此必须避免。

在实际使用中，为保证蓄电池充足电，往往在出现沸腾之后，再继续充电 2h～3h，注意测量蓄电池端电压和电解液相对密度，如果不再增加，才停止充电。充电停止后，由于充电电流为零，端电压迅速回落，极板孔隙内电解液和容器中的电解液相对密度趋于平衡，因而蓄电池端电压又降至 2.1V 左右。

蓄电池在充电终了（充足电）时有如下特征：

(1) 蓄电池内产生大量气泡，即出现"沸腾"现象；

(2) 端电压上升到最大值，且 2h 内不再增加；

(3) 电解液相对密度上升至最大值，且 2h～3h 内不再增加。

（六）蓄电池的容量及其影响因素

1. 蓄电池容量

在规定的放电条件下，一只完全充足电的蓄电池所能输出的电量，称为蓄电池的容量，用 Q 表示。蓄电池容量标志着蓄电池的对外供电能力。

我国及大部分国家多采用 A·h（安培·小时）来计量蓄电池的容量。容量等于放电电流与持续放电时间的乘积，用下式表示：

$$Q = I_f \cdot T_f$$

式中　Q——蓄电池容量，A·h；
　　　I_f——放电电流，A；
　　　T_f——放电时间，h。

蓄电池额定容量是指完全充足电的蓄电池，在电解液平均温度为 25℃的情况下，以 20h 放电率放电至单格电压降至 1.75V 时所输出的电量。

2. 影响蓄电池容量的主要因素

蓄电池容量不是一个固定不变的常数，而与很多因素有关，主要包括生产工艺、产品结构和使用条件等。下面讨论使用因素对蓄电池容量的影响。

1）放电电流

随着放电电流的加大，蓄电池端电压下降加快，到终止电压的时间变短，因而容量减小。放电时，极板的活性物质转变为硫酸铅，体积较大的硫酸铅使极板孔隙逐渐减小，容器中的硫酸渗入困难，电解液的相对密度迅速下降。而且当放电电流增大时反应速度加快，即硫酸铅堵塞孔隙的速度加快，使极板内层的活性物质不能参与化学反应，使蓄电池实际输出的容量减小。

由此可知，如果长时间接通起动机，就会使蓄电池的端电压急剧降至终止电压，输出容量迅速减小，并使蓄电池过放电而损坏。因此，在使用起动机时，接通时间不允许超过 5s，连续两次启动中间要间隔 15s 以上，以便电解液成分渗入极板内层，提高蓄电池的使用寿命和容量。

2）电解液温度

温度降低，容量会减小。因为温度降低，电解液黏度增加，渗入极板内层困难，而且电解液内阻增加，使蓄电池端电压下降，容量减小。

3）电解液相对密度

适当增加电解液的相对密度可以提高电解液的渗透速度，并可以减小内阻，使蓄电池容量增大。但电解液的相对密度增大到超过一定值时，由于电解液的黏度增大使渗透能力下降，内阻增加，从而使蓄电池容量下降。

4）电解液纯度

如果电解液中混入杂质，会导致自放电。

（七）蓄电池的充电

放电后的蓄电池必须通过充电才能重新投入使用，新蓄电池在首次使用前一般要进行初充电。

1. 充电种类

（1）初充电。新购回的蓄电池或经修复的蓄电池在使用之前的首次充电称为初充电。初充电的目的是恢复蓄电池在存放期间因极板上部分活性物质缓慢硫化和自放电而失去的电量。充电过程分两个阶段。第一阶段的充电电流约为额定容量的 1/15，充电至电解液中逸出气泡，单格电池端电压升至 2.4V 时为止；第二阶段将充电电流减半继续充电，一直到电解液剧烈放出气泡，呈沸腾状，出现充足电标志为止。全部充电时间约需 60h。

（2）补充充电。第一阶段按额定容量的 1/10 的电流充到单格电池电压为 2.4V；第二阶段将电流减半，充电到单格电池电压为 2.5V～2.7V，出现充足电标志。整个充电时间需 13h～16h。

2. 充电方法

蓄电池充电必须根据不同情况选择适当的方法，并且正确使用充电设备。蓄电池的充电方法有定流充电、定压充电和快速充电 3 种。

1）定流充电

在充电过程中，充电电流保持一定的充电方法称为定流充电。由公式 $I_c=(U-E)/R$ 可知，在充电过程中，随着蓄电池电动势 E 的增高，要保持充电电流恒定，就必须相应提高充电电压 U。所以在充电时，应随时调整充电电压，保持电流恒定。

充电过程分两个阶段，第一阶段是从接上电源到单格电压上升至 2.4V，并且开始冒出气泡时；第二阶段是将第一阶段充电电流减半，一直至充足为止。定流充电特性曲线如图 1-11 所示。

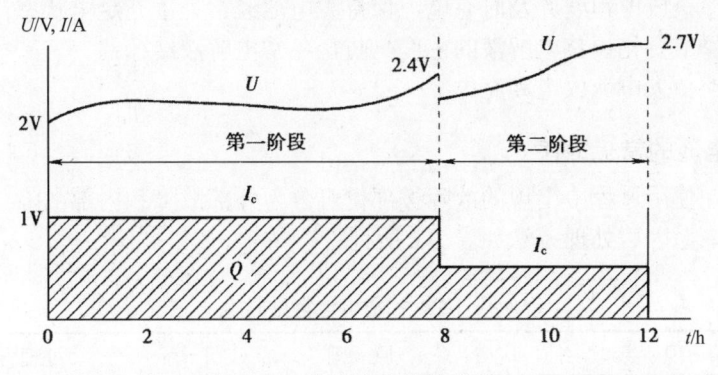

图 1-11 定流充电特性曲线

2）定压充电

蓄电池在充电过程中，充电电压保持不变的充电方法称为定压充电。定压充电时，充电电流也是 $I_c=(U-E)/R$。在充电开始阶段，由于蓄电池电动势 E 比充电电压 U 低很多，因此充电电流 I_c 较大，随着充电时间的延长，蓄电池电动势 E 增大，充电电流逐渐减小。到充电终了时，充电电流将自动降低至零。定压充电特性曲线如图 1-12 所示。对于 12V 的蓄电池，充电电压调在 2.5×6=15（V）为宜。

3）快速充电

定流充电与定压充电都属于常规充电。可以看出完成一次充电所需时间很长，给使用带来不便。近年来快速充电新技术得到飞速发展，各种型式的快速充电机已投放市场，使用快速充电技术，新蓄电池初充电一般不超过 5h，补充充电也只需 1h～2h，大大缩短了充电时间，提高了效率。但是，快速充电对蓄电池使用寿命有些影响。

图 1-12 定压充电特性曲线

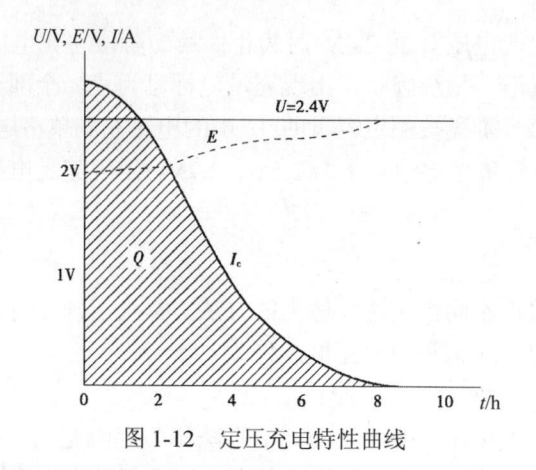

（八）蓄电池使用维护注意事项

（1）保持蓄电池表面的清洁，以防造成自行放电；

（2）保持加液孔盖上通气孔的畅通；

（3）经常检查蓄电池电解液液面高度，液面高度应在上、下限标记之间，如不足应补充电解原液或蒸馏水；

（4）定期检查放电程度并及时充电，保持蓄电池经常处于充足电状态；

（5）根据季节变化调整电解液的密度，防止冬季电解液结冰；

（6）尽量避免大电流放电和充电。

（九）蓄电池的常见故障

铅蓄电池在使用过程中出现的故障按部位可分为外部故障和内部故障。蓄电池内部主要故障的现象、原因、处理方法如表 1-2 所列。

表 1-2 铅蓄电池常见故障

故障	现象	原因	处理方法
极板硫化	① 板板上生成一层白色的粗晶粒硫酸铅，正常充电时不能转化为活性物质； ② 电池容量明显不足，用高率放电计检查时，电压急剧下降； ③ 充电时电压上升快，但电解液相对密度却上升缓慢，电解液温度迅速升高，过早出现"沸腾"现象	① 蓄电池长期充电不足或放电后未及时充电，由于硫酸铅自电解液中析出，形成粗晶粒硫酸铅； ② 电解液液面过低，极板上部与空气接触氧化，形成硬化硫酸铅； ③ 电解液相对密度过高、电解液不纯、外部气温剧烈变化	轻微硫化可用间歇过充电的方法排除，较严重的可用去硫化充电的方法排除，方法如下： ① 将蓄电池按 20h 放电率完全放电，倒出电解液； ② 多次用蒸馏水冲洗电池内部，至不含酸性； ③ 用 2.0A～2.5A 小电流充电，液体相对密度增大至 1.15 时，加入蒸馏水将其冲淡，直至密度不再升高为止； ④ 将蓄电池放电，再按初充电方法充足电

(续)

故障	现象	原因	处理方法
活性物质脱落	充电时有褐色物质自底部上升,电池容量明显不足	① 充、放电电流过大; ② 蓄电池经常过充电	将蓄电池全放电,倒出电解液,用蒸馏水冲洗净蓄电池内部,最后对蓄电池补充充电
极板短路	充电时电解液温度迅速升高,而端电压和电解液密度上升缓慢,充电末期气泡少,用高率放电计检查时,端电压迅速下降为零	① 隔板损坏; ② 极板拱曲(由充、放电电流过大引起)造成隔板破损; ③ 活性物质大量脱落沉积于电池底部,使极板底部短接	拆开蓄电池,查明原因方可排除
自行放电	充足电的蓄电池放置不用,自行逐渐失去电量(蓄电池轻微的自放电是正常的,但 24h 内放电超过容量的 0.7%时,就属于自放电故障)	① 电解液中杂质过多; ② 极板、隔板材料不纯; ③ 电解液密度过大; ④ 电池盖上有脏污	将蓄电池完全放电,倒出电解液,用蒸馏水反复冲洗蓄电池内部,最后注入新电解液,用补充充电方法充足电

(十)蓄电池技术状况检查

蓄电池技术状况检查包括电解液液面高度检查、蓄电池端电压检查、电解液密度检查、蓄电池放电程度检查等。

1. 蓄电池电解液液面高度检查

必须定期检查电解液的高度,必要时添加蒸馏水。

蓄电池的壳体是由透明或半透明材料制成的,在上面有正常液位范围标记,电解液的液位必须在该范围之内,如图 1-13 所示。

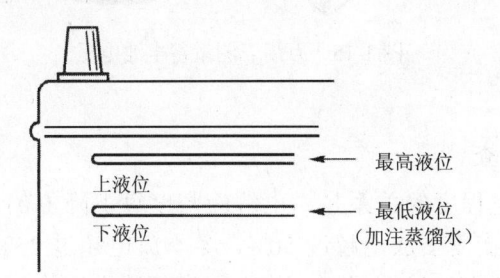

图 1-13 透明壳体液位检查

在黑壳体的蓄电池中,电解液液面必须保持在极板上 10mm～15mm,即保持足够的高度,以没过各电解槽中的极板,如图 1-14 所示。

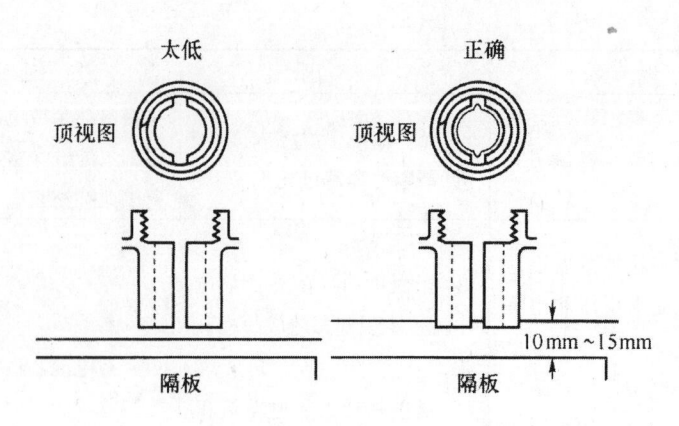

图 1-14 黑壳体液位检查

2. 蓄电池端电压检查

用万用表测量蓄电池的开路电压,如图 1-15 所示,步骤如下:
(1) 将万用表置直流电压挡位(20V);
(2) 将万用表的正表笔接蓄电池的正极端,负表笔接负极端;
(3) 读出指示电压值,12.7V 左右为正常值;
(4) 电压值低于 12.5V,表明蓄电池已放电,需进行补充充电。

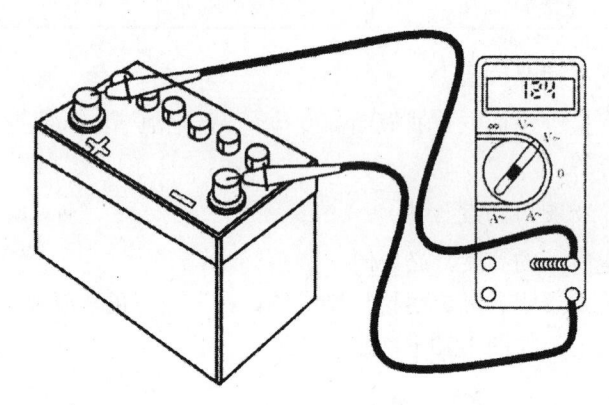

图 1-15 万用表测量蓄电池电压

3. 电解液密度检查

电解液密度与放电程度的关系是:电解液密度每下降 $0.01g/cm^3$,相当于蓄电池放电 6%,当判定蓄电池在夏季放电超过 50%,冬季放电超过 25%时不宜再使用,应及时进行充电,否则会使蓄电池早期损坏。放电程度可用密度计(图 1-16)测量电解液密度来估算。

4. 蓄电池放电程度检查

在大电流放电情况下,检查蓄电池端电压的下降程度。可以在启动发动机过程中测量蓄电池的电压降,也可以用高率放电计测量单格电池的端电压,如图 1-17 所示。

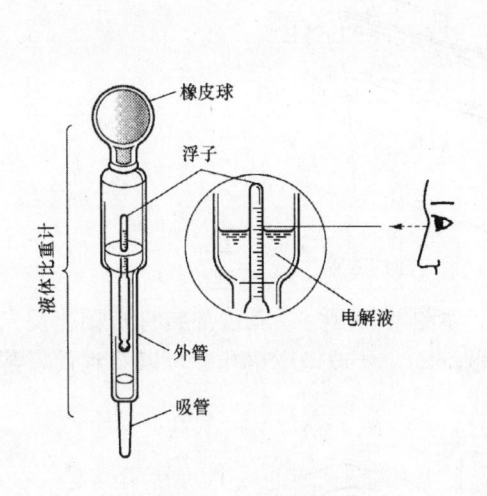

图 1-16　密度计　　　　图 1-17　用高率放电计测量单格电池的端电压

测量时按以下步骤进行：
（1）放电叉的两触针紧压在蓄电池的正、负极桩上；
（2）测量持续 5s，观察放电计的电压，记录电压值；
（3）分别测得 6 个单格的电压。各单格的端电压应在 1.5V 以上，且能稳定 5s。
① 如果各单格的电压低于 1.5V，但 5s 内尚能稳定者则为放电过多，应及时进行充电恢复；
② 单格电压低于 1.5V 且 5s 内电压迅速下降，则表示有故障；
③ 某单格无电压指示，说明内部有短路、断路或严重硫化故障。

（十一）其他类型蓄电池

1. 干荷电蓄电池

干荷电蓄电池与普通蓄电池的区别是极板组在完全干燥的状态下能够长时间（一般为两年）保存化学过程中得到的电量。这类蓄电池在注入电解液之后静放 20min～30min 即可投入使用，无需进行初充电。

2. 湿荷电蓄电池

湿荷电蓄电池与普通蓄电池的区别是在极板化成后，将极板浸入相对密度为 1.35、含有硫酸纳的稀硫酸溶液中，浸渍 10min，然后离心沥酸，不经干燥就组装成蓄电池，并将其密封。由于其极板仍带有部分电解液，所以电池内部是湿润的，这就是"湿荷电蓄电池"名称的由来。

3. 免维护蓄电池

免维护蓄电池（MF 蓄电池）指在长期的使用过程中无需维护，不需加注蒸馏水，不需进行补充充电。典型免维护蓄电池的外形如图 1-18 所示。

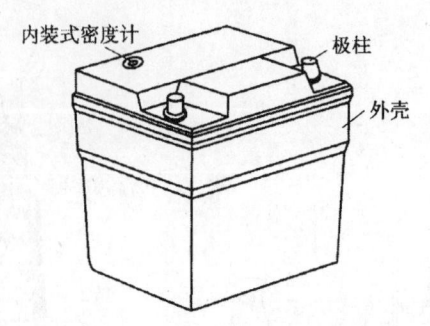

图 1-18 免维护蓄电池的外形

免维护蓄电池设有内装式电解液密度计,如图 1-19 所示。其内部装有一颗能反光的绿色玻璃小球,随电解液的相对密度及液面高低浮动,从玻璃观察孔中可以看到代表蓄电池不同状态的颜色。

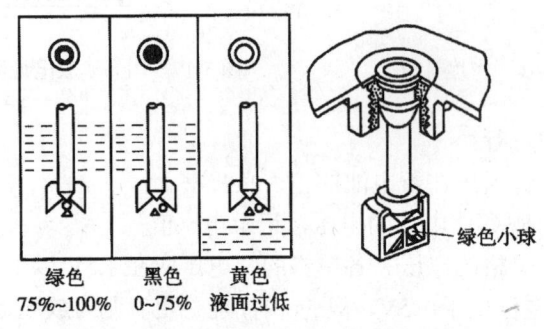

图 1-19 内装式电解液密度计

若电解液液面正常、相对密度在 1.23 以上(放电不超过 25%),绿色小球上升到笼子顶部,并与玻璃棒下部接触,此时能看到绿色,表示电池良好。

若电解液液面正常、但相对密度过低(放电已超过 25%),绿色小球沉入笼子底部,此时已看不到绿色小球,观测到的是一片深绿色(或黑色)。

若电解液液面下降到低于密度计,自玻璃孔观察到的是淡黄色。表明该蓄电池已经损坏,应予更换。

免维护蓄电池的优点如下:
(1)使用中不需加蒸馏水;
(2)自行放电少、寿命长;
(3)接线柱腐蚀小;
(4)启动性能好;
(5)设有内装式电解液密度计,可以十分方便地检查其放电程度。

项目三 发电机及调节器的使用与维护

一、项目描述

汽车发电机由发动机拖动进行发电,采用的是交流发电机,发电机产生的是交流电,通过整流器整流后,输出的是直流电。输出的直流电压在电压调节器的作用下,保持在13.5V~14.5V之间。汽车在运行中,由发电机向用电设备供电。通过本项目的学习,应能达到以下要求。

1. 知识要求

(1) 掌握交流发电机的工作原理(包括发电原理、整流原理);
(2) 熟悉交流发电机的构造原理;
(3) 掌握电压调节器的工作原理(电压调节的工作过程)。

2. 技能要求

(1) 能正确使用工具拆装发电机总成;
(2) 会正确使用万用表测量发电机输出电压;
(3) 能够进行交流发电机拆装,并进行性能检测;
(4) 能判断发电机及调节器的技术状况。

3. 素质要求

(1) 安全文明生产,保证人身、工具和设备安全;
(2) 正确选择和使用工具;
(3) 拆装工艺合理,操作规范;
(4) 5S——整理(Seiri)、整顿(Seiton)、清扫(Seiso)、清洁(Seikeetsu)和素养(Shitsuke)。

二、项目实施

任务一　绘制交流发电机电路原理图

1. 训练内容

（1）学习发电机的相关知识；

（2）绘制交流发电机电路原理图；

（3）填写学习工作单。

2. 训练目标

（1）熟悉交流发电机的发电原理、整流原理；

（2）会绘制交流发电机的原理图。

任务二　交流发电机总成分解、零件检测与组装

1. 训练设备

（1）交流发电机 8 台；

（2）拆装工具 8 套；

（3）万用表 8 只。

2. 训练步骤

（1）总成分解。

① 分解前检测；

② 分解。

（2）零件检测。

（3）组装。

① 组装；

② 组装后检测。

任务三　发电机及电压调节器的检测

1. 训练设备

（1）交流发电机 4 台；

（2）示波器 4 台；

（3）万用表 4 只；

（4）1V～20V 可调直流电源。

2. 训练步骤

1) 发电机输出电压波形检测

（1）连接示波器；

(2）测量发电机输出电压波形；

(3）绘制电压波形；

(4）判断性能。

2）电压调节器性能检测

(1）连接电路；

(2）逐步调高直流电源电压，记录电压调节器起作用时的电压值；

(3）判断性能。

三、相关知识

（一）交流发电机

1. 交流发电机基本功能

1）发电功能

发动机通过多槽皮带拖动发电机转动，转动电磁化的转子，在定子线圈中产生交流电，如图1-20（a）所示。

2）整流功能

因为发电机定子线圈中产生的是三相交流电，它不能直接向用电设备供电，所以利用整流器将交流电变为直流电，如图1-20（b）所示。

3）电压调节功能

利用电压调节器调节发电机的输出电压，在发电机转速或负载发生变化时也能保持电压稳定，如图1-20（c）所示。

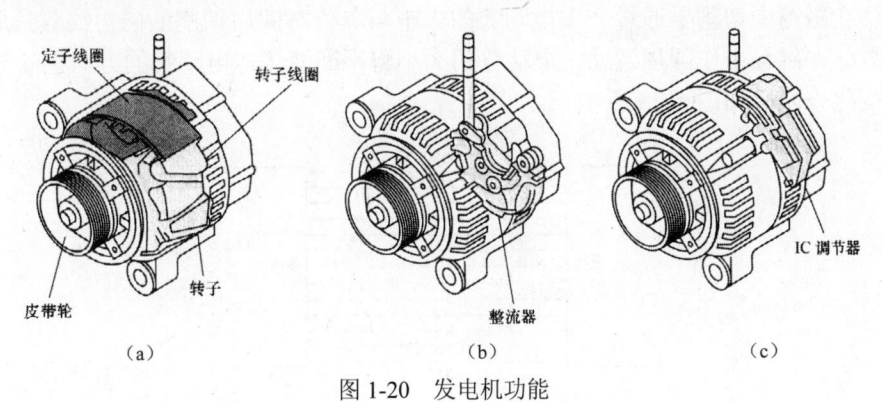

图1-20 发电机功能

(a）发电；(b）整流；(c）电压调节。

2. 发电机的发电原理

1）感应电动势的产生

当磁通被运动的导体切割时，便在导体中产生感应电动势，如图1-21所示。

当导体在磁铁南、北极之间前后移动时，便产生了电动势。这个电动势使电流计（在微小电流作用下也能摆动的安培计）的指针摆动，由此可以得到以下结论：

（1）无论导体还是磁铁运动时，电流计指针都将摆动；
（2）指针摆动的方向随导体或磁铁运动方向而改变；
（3）指针摆动的角度随导体运动速度加快而增大；
（4）导体运动停止时，指针将不摆动。

若设法使磁通和导体产生相对的切割运动，在导体中便能产生电动势，这种现象称为电磁感应。发电机积蓄由电磁感应产生的电动势，产生电能（电压和电流）。

2）电动势的方向

磁场中导体产生的电动势方向，将随磁通方向以及导体运动方向而变化，如图1-22所示。

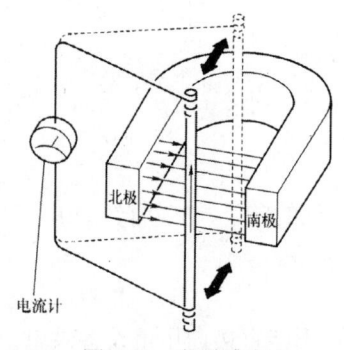

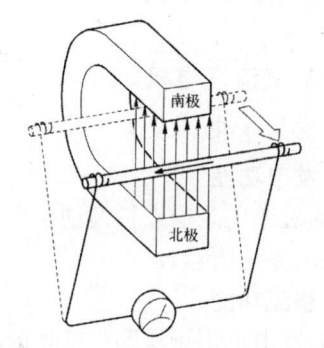

图1-21 电磁感应　　图1-22 电动势的方向

若导体在南、北极中按图中箭头方向运动，那么电动势的方向将从右到左（磁通方向从北极到南极）。

3）电动势的大小

导体在磁场中切割磁通量产生电动势的大小与单位时间内切割的磁力线数量成正比。

若导体在磁场中作圆周运动，电动势的大小将不断变化，电动势的方向也随导体转动半圈而变化一次，如图1-23所示。

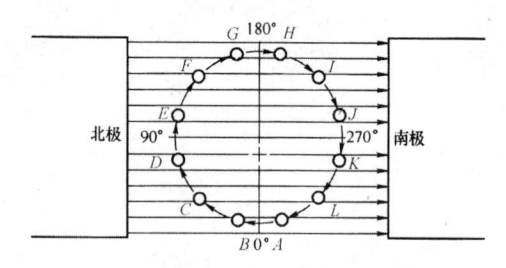

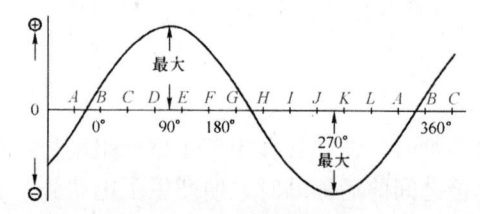

图1-23 电动势的大小

3. 交流发电机的类型

1) 按总体结构划分

（1）普通交流发电机：如东风 EQl090 载货汽车用 JFl32 型交流发电机；

（2）整体式交流发电机：内装电子调节器的交流发电机，如一汽奥迪、一汽大众高尔夫、一汽捷达和上海桑塔纳等轿车用 JFZl9132 型 14V、90A 交流发电机；

（3）带泵交流发电机：带真空制动助力泵的交流发电机，如 JFBl712 系列；

（4）无刷交流发电机：无电刷和滑环结构的交流发电机，如 JFWl913 型；

（5）永磁交流发电机：转子磁极采用永磁材料的交流发电机。

2) 按整流器结构不同划分

（1）六管交流发电机；

（2）八管交流发电机；

（3）九管交流发电机；

（4）十一管交流发电机。

3) 按磁场绕组搭铁形式不同划分

（1）内搭铁型交流发电机；

（2）外搭铁型交流发电机。

4) 按电枢绕组的连接形式不同划分

（1）Y 形连接；

（2）△形连接。

4. 交流发电机的构造

汽车用普通型交流发电机主要由转子总成、定子总成、硅整流器、皮带轮、风扇等部件组成，图 1-24 所示为国产 JF 系列交流发电机的结构。

1) 转子总成

在转子轴上压装有两块爪极，每块爪极上各具有数目相同的鸟嘴形磁极，其空腔内装有导磁用的铁芯，称为磁轭。其上装有激磁绕组，激磁绕组的两根引出线分别焊在与轴绝缘的两个滑环上，滑环与装在后端盖内的两个电刷相接触。当电刷与直流电源相接时，便有电流流过激磁绕组，从而产生磁场，使一块爪极磁化为 N 极，另一块磁化为 S 极，形成了相互交错的 6 对磁极，如图 1-25 所示。

2) 定子总成

定子总成的作用是产生三相交流电动势。它由定子铁芯和定子绕组组成，定子铁芯由相互绝缘的内圆带嵌线槽的圆环状硅钢片叠成，定子铁芯槽内嵌入三相对称绕组。三相绕组采用星形接法，即每相绕组的首端分别与整流器的硅二极管相接，每相绕组的末端接在一起，形成中性点（N）。图 1-26 所示为定子结构与三相绕组的 Y 形连接。

3) 硅整流器

整流器的作用是把三相同步交流发电机产生的三相交流电变成直流电输出。它一般由散热板和 6 只硅二极管组成的三相桥式整流电路组成，如图 1-27 所示。

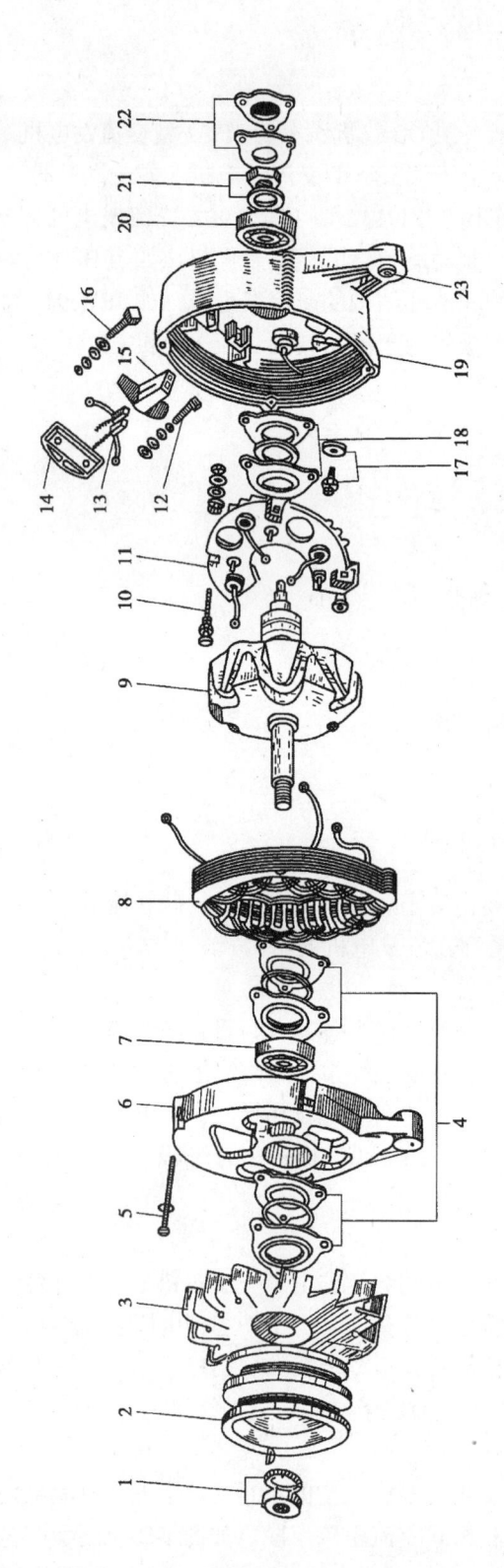

图 1-24 国产 JF 系列交流发电机的结构

1—紧固螺母及弹簧垫圈；2—皮带轮；3—风扇；4—前轴承油封及护圈；5—组合螺栓；6—前端盖；7—前轴承；8—定子；9—转子；10—"+"（电枢）接柱；11—元件板；12—"—"（搭铁）接柱；13—电刷及压簧；14—电刷架外盖；15—电刷架；16—"F"（磁场）接柱；17—元件固装螺栓；18—后轴承油封及护圈；19—后端盖；20—后轴承；21—转轴紧固螺母及弹簧垫圈；22—后轴承纸垫及弹簧垫圈；23—安装臂钢套。

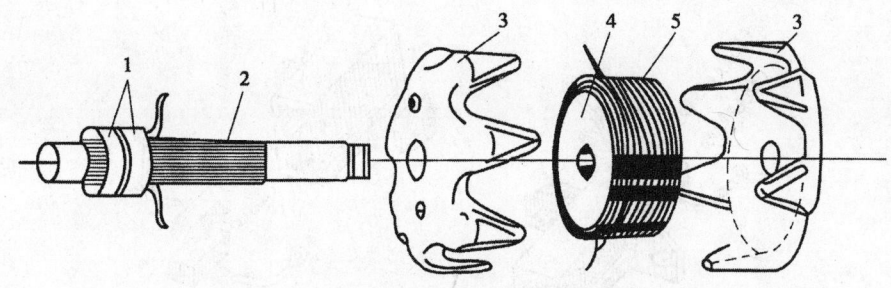

图 1-25 交流发电机转子

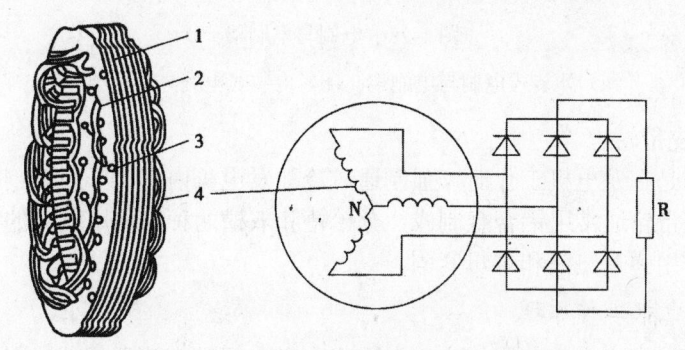

1—滑环；2—转子轴；3—爪极；4—磁轭；5—激磁绕组。

图 1-26 定子结构与三相绕组的星形连接

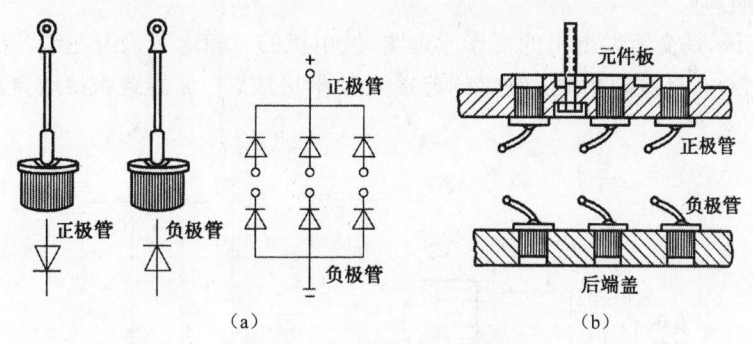

1—定子铁芯；2—定子槽；3—铆钉；4—定子绕组；N—中性点。

图 1-27 硅整流器示意图

（a）二极管及其表示符号；（b）安装示意图。

4）前后端盖

端盖的作用是支撑转子总成并封闭内部构造。它由铝合金制成。铝合金为非导磁性材料，可以减少漏磁，并且轻便，散热好。在后端盖内装有电刷和电刷架，如图 1-24 所示。

5）电刷和电刷架

两只电刷装在电刷架的导孔内，借弹簧的压力与滑环保持接触。国产硅整流发电机的电刷有两种结构，如图 1-28 所示。一种电刷的更换在发电机内部进行，称为内装式电刷；另一种电刷的更换在发电机外部进行，称为外装式电刷，此种结构方便检修，较多采用。

（a）　　　　　　　　　　　　（b）

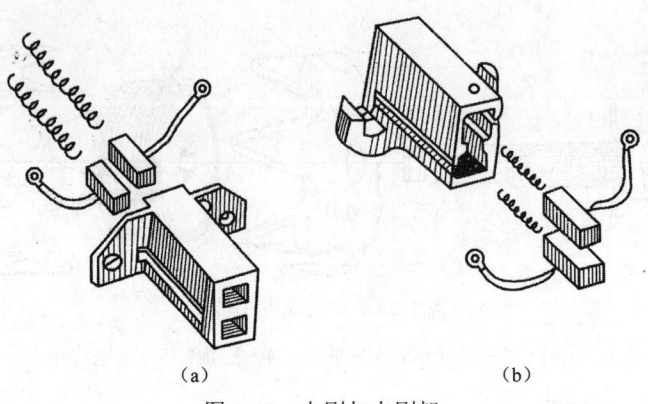

图 1-28　电刷与电刷架

（a）外装式电刷与电刷架；（b）内装式电刷与电刷架。

6）风扇与皮带轮

风扇的作用是在发电机工作时，强制通风冷却发电机内部，一般用钢板冲制或用铝合金压铸而成。皮带轮通常用铝合金制成，分单槽和双槽两种，利用风扇的半圆键装在风扇外侧的轴上，再用弹簧垫圈和螺母紧固。

5.　交流发电机工作原理

汽车用交流发电机由三相同步交流发电机与硅二极管整流器组成，因此也叫硅整流发电机。

1）发电原理

图 1-29 所示是交流发电机的工作原理图。发电机的三相定子绕组在铁芯槽中的空间位置彼此相差 120°，且匝数相等，绕组的连接为 Y 形接法。当激磁绕组接通直流电时，即被激磁产生南北极。

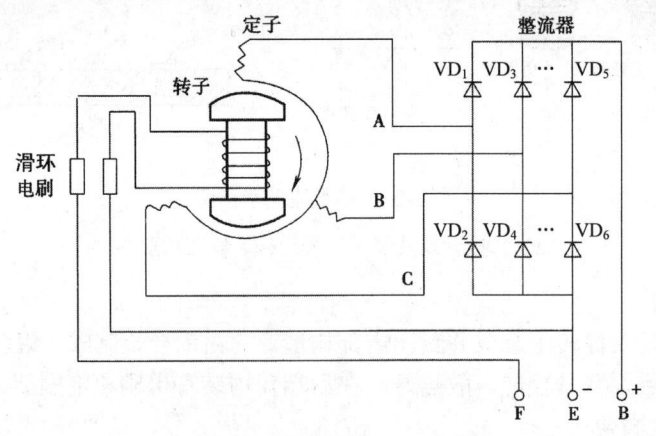

图 1-29　硅整流发电机工作原理

根据电磁感应原理，当转子旋转时，磁力线与定子绕组之间产生相对运动，因而在三相绕组中产生频率相同、幅值相等、相位互差 120°的正弦电动势，其波形如图 1-30（b）所示。

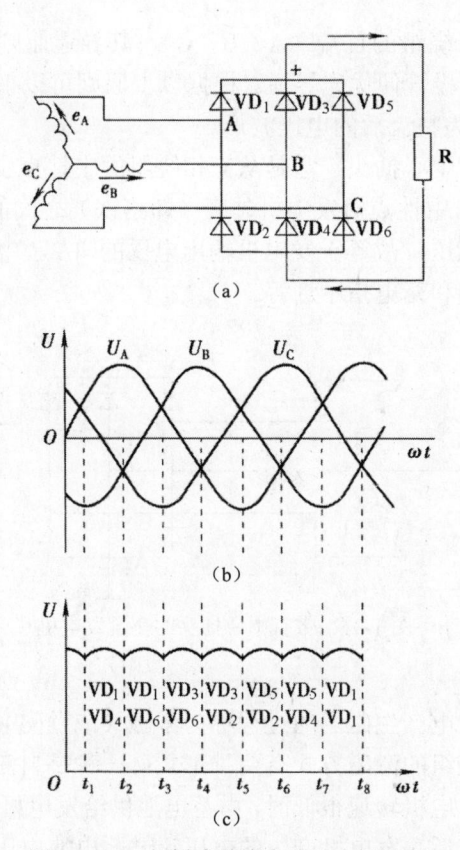

图 1-30 三相桥式整流电路及电压波形

(a) 整流电路;(b) 整流前三相交流电路;(c) 整流后负载上的电压波形。

正弦电动势的有效值:

$$E=Cn\Phi$$

式中　C——常数;

　　　n——发电机转速;

　　　Φ——磁极磁通。

由此可见,硅整流发电机每相绕组中产生的电动势的有效值与发电机的转速和磁极磁通成正比。

2) 整流原理

由 6 只二极管构成的整流器,利用二极管的单向导通性和遵循优先导通原则把三相交流电变成直流电。

硅二极管具有单向导电特性,当二极管处于正向电压(即二极管正极电位高于负极电位)时,管子呈低电阻,处于导通状态;当二极管处于反向电压(正极电位低于负极电位)时,管子呈高电阻,处于截止状态。图 1-30(a) 为 6 只二极管组成的三相桥式全波整流电路。3 个二极管 VD_1、VD_3、VD_5 的阴极连接在一起,具有相同的电位,而它们的阳极分别接在发电机三相绕组的首端(A、B、C),其导电原则是某一瞬间,哪只二极管阳极电位最高,哪只二极管优先导通;同理,二极管 VD_2、VD_4、VD_6 的阳极接在一起,而它们的阴极分别接在三相定子绕组的首端（A、B、C），其导通原则是某一瞬间，哪只二极管的阴极电位最低，哪只二极管便优先导通。根据以上原则可以很方便地分析交流发电机的整流原理。图1-30（c）为整流后的电压波形。

有些交流发电机带有中心抽头，它是从三相绕组的中性点引出来的。如图1-31所示，其接线柱的标记为"N"。中性点对发电机外壳（即搭铁）之间的电压 U_N 是通过3个负二极管整流后得到的直流电压，故等于发电机输出电压的1/2。中心点电压用途很广，常用来控制各种用途的继电器和充电指示灯等。

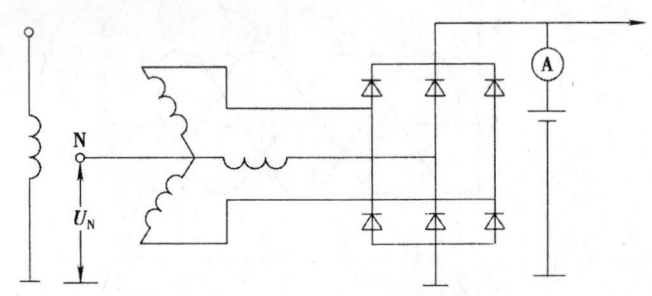

图1-31 带有中心抽头的交流发电机

3) 发电机激磁方式

发电机转子上线圈通电产生磁场的过程称为激磁（或励磁）。

发电机的转子激磁绕组的激磁方式有两种形式：一种是自激，另一种是它激。

当发动机在启动和发电机转速很低时，由蓄电池供给发电机磁场绕组电流，称为它激；当发动机转速达到一定值后，发电机产生的电压超过蓄电池电压时，发电机转为自激，即由发电机自身发出的电供给激磁绕组，如图1-32所示。

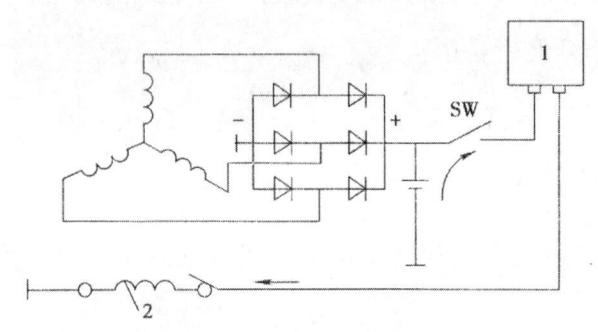

图1-32 交流发电机激磁回路

1—电压调节器；2—发电机激磁绕组。

6. 其他类型交流发电机

1) 八管交流发电机

在交流发电机定子三相绕组的星形连接点N引出连接线并加装两只中性点二极管，这样连同原有6只二极管就组成了八管交流发电机，这样做的目的是对中性点电压进行整流输出，提高发电机的输出功率，以适应现代汽车用电设备增加、用电量增大的要求，如图1-33所示。

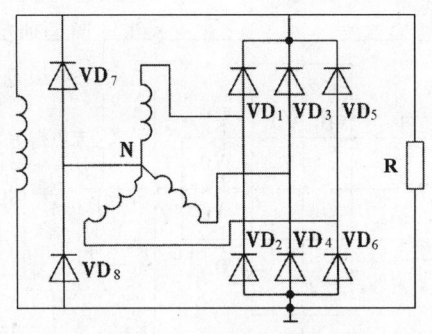

图1-33 八管交流发电机

2）九管交流发电机

有些交流发电机中，除了普通交流发电机常用的6只硅二极管外，又多装了3个功率较小的二极管，组成九管交流发电机。图1-34所示为装有激磁二极管的九管交流发电机。

3个功率较小的二极管专门用来供给磁场电流，所以又称为激磁二极管。

汽车电源系统常采用充电指示灯来指示发电机的工作状态。九管交流发电机用来控制充电指示灯更为方便。

点火开关为ON，由蓄电池通过点火开关、充电指示灯、电压调节器向激磁绕组供电，即它激。此时，充电指示灯点亮。发动机启动后，发电机开始发电，随发电机输出电压的升高，VD_+电位逐渐升高，灯泡两端的电位差（电压）逐渐减小，充电指示灯逐渐变暗，直至熄灭。此时由发电机的VD_+端向激磁绕组供电，即自激。

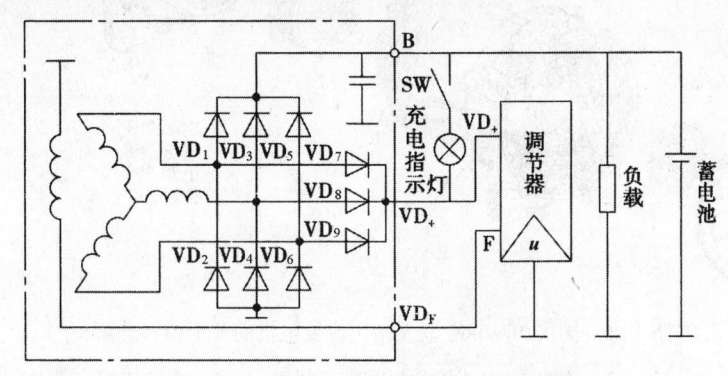

图1-34 九管交流发电机充电系统电路

3）十一管交流发电机

有些交流发电机不仅具有中性点二极管，同时还具有激磁二极管。这样，整个发电机就有11只二极管。如上海桑塔纳、一汽奥迪、天津三峰以及许多进口轿车都采用了十一管交流发电机。十一管交流发电机电路如图1-35所示。这种发电机不仅能满足输出功率的要求，而且还可以控制充电指示灯来指示发电机工作状况，达到比较完美的水平。

4）无刷交流发电机

普通硅整流发电机因具有滑环和电刷，长期使用时，由于滑环与电刷的磨损、接触不良、烧蚀等，会造成激磁不稳定或不发电等故障，而采用无刷交流发电机，故省去了滑环和电刷，使得结构简单，减少了故障，提高了工作可靠性。

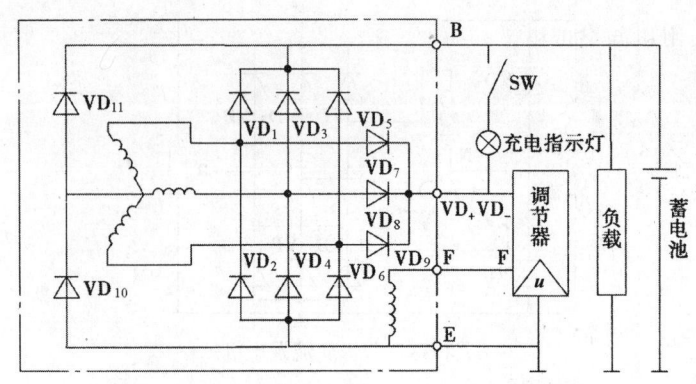

图 1-35 十一管交流发电机充电系统电路

图 1-36 所示为国产 JFWl4X 型无刷交流发电机的外形图和分解图,其磁场绕组是静止不动的,因此磁场绕组的两端引出线可以直接引出,省去了电刷和集电环,爪极在磁场绕组的外围旋转。

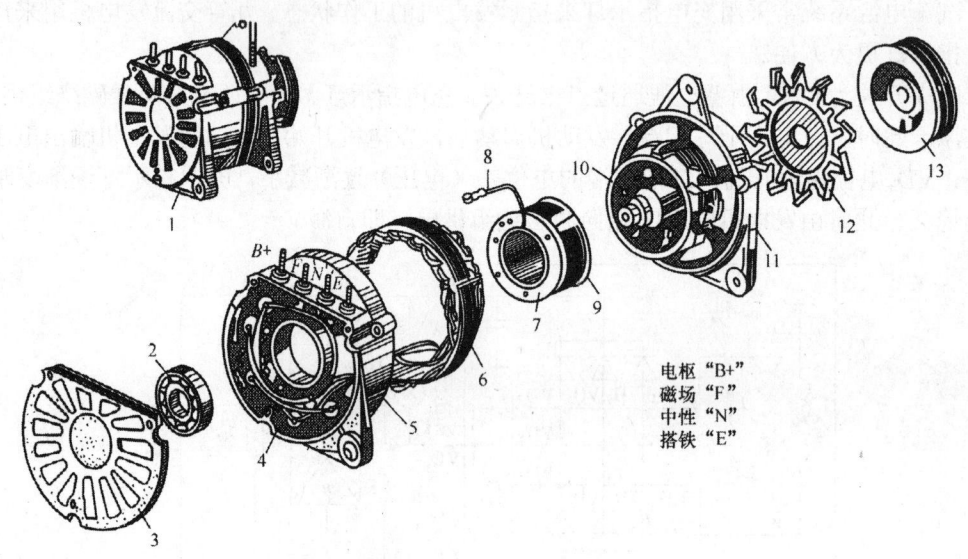

图 1-36 国产 JFWl4X 型无刷交流发电机的外形图和分解图

1—外形;2—后轴承;3—防护罩;4—元件板及硅二极管组;5—磁场绕组支架及后轴承支架;
6—定子总成;7—磁轭;8—磁场绕组接头;9—磁场绕组;10—爪极及转子轴总成;
11—前端盖;12—风扇叶;13—传动带轮。

爪极式无刷发电机的结构原理和磁路如图 1-37 所示。其特点是:磁场绕组 7 通过一个磁轭托架 2 固定在后端盖 3 上。两个爪极中只有一个爪极直接固定在发电机转子轴上,另一个爪极 4 则用非导磁连接环 6 固定在前述爪极上。当转子轴旋转时,一个爪极就带动另一个爪极一起转动。

当磁场绕组内有直流电通过时,其磁路是:左边爪极的磁极 N→主气隙→定子铁芯 5→主气隙→右边爪极的磁极 S→转子磁轭 8→附加气隙→托架 2→附加气隙。

转子旋转时,爪极形成的 N 极和 S 极的磁力线在定子绕组内交替通过,定子槽中的三相绕组就感应出交变电动势,在回路中形成三相交流电,经整流后变为直流电。

这种交流发电机两个爪极之间连接制造工艺较困难。此外，由于磁路中增加了两个附加间隙，故在输出相同功率的情况下，其励磁绕组的励磁电流必须增大。

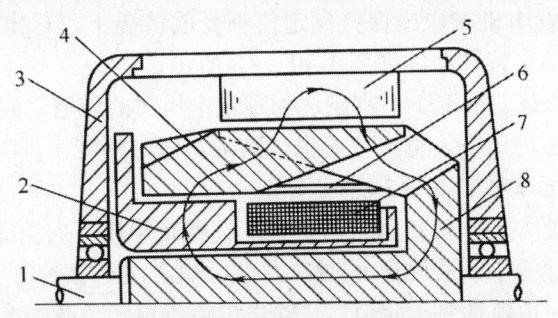

图 1-37　爪极式无刷发电机的结构原理和磁路
1—转子轴；2—磁轭托架；3—端盖；4—爪极；5—定子铁芯；6—非导磁连接环；
7—磁场绕组；8—转子磁轭。

5）永磁转子式交流发电机

随着永磁材料的发展，极大地促进了电机技术向体积小、质量轻、高效节能的方向发展。汽车发电机采用永磁转子式交流发电机有了新的进展，这种发电机的特点是磁场转子采用高能永磁材料，省去了激磁绕组以及滑环和电刷装置，使体积减小、质量减轻，而且没有激磁损耗，降低运行温升，故障少，寿命长。

6）电枢绕组为△形连接的交流发电机

当电枢绕组为△形连接时，二极管的作用与 Y 形连接时的作用是相同的，如图 1-38 所示。它表明了这两种连接的主要区别。

△形连接时，绕组之间不是串联而是并联。由于并行通路能够允许更多的电流流经二极管，所以△形连接的发电机可以输出更大的电流。然而，二极管的作用仍然是一样的。

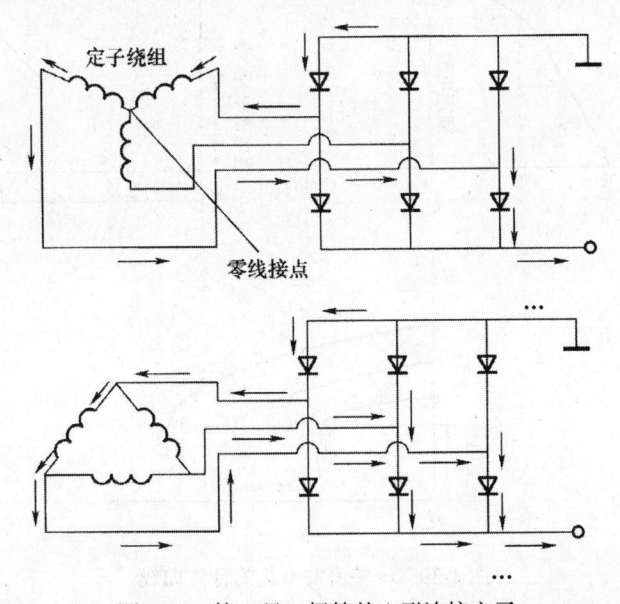

图 1-38　接 6 只二极管的△形连接定子

7. 交流发电机的工作特性

1）输出特性

输出特性是指在发电机端电压保持额定值不变的情况下，输出电流与转速之间的关系。硅整流发电机的输出特性曲线如图1-39（a）所示。

n_1是发电机不带负载的情况下，刚刚达到额定电压时的转速，叫空载转速。

n_2是发电机在额定电压下，输出电流也达到额定值时的转速，叫满载转速。

由输出特性曲线可以看出以下3点：

（1）当发电机转速大于空转转速n_1时，才能在额定电压下向负载供电。

（2）当发电机转速等于满载转速n_2时，发电机输出额定功率。

（3）当发电机输出电流达到一定值后，输出电流不再随负载的增加和发电机转速的增高而增大，而是保持基本恒定（该电流值叫发电机的最大输出电流）。由此可以看出，硅整流发电机自身具有限制最大输出电流的能力。

2）空载特性

空载特性是指发电机空载时，输出电压与转速之间的关系。硅整流发电机的空载特性曲线如图1-39（b）所示。

由空载特性曲线可以看出：发电机空载时，随转速增加，端电压急剧增加。

所以，发电机在高速运转时，若突然失去负载，端电压会大幅度增高，容易损坏电子元件或烧坏用电设备，因此发电机的输出线路必须连接牢固。

3）外特性

外特性是指发电机转速一定时，端电压与输出电流之间的关系。

图1-39（c）所示是硅整流发电机在n_1、n_2、n_3三种转速情况下的外特性曲线。

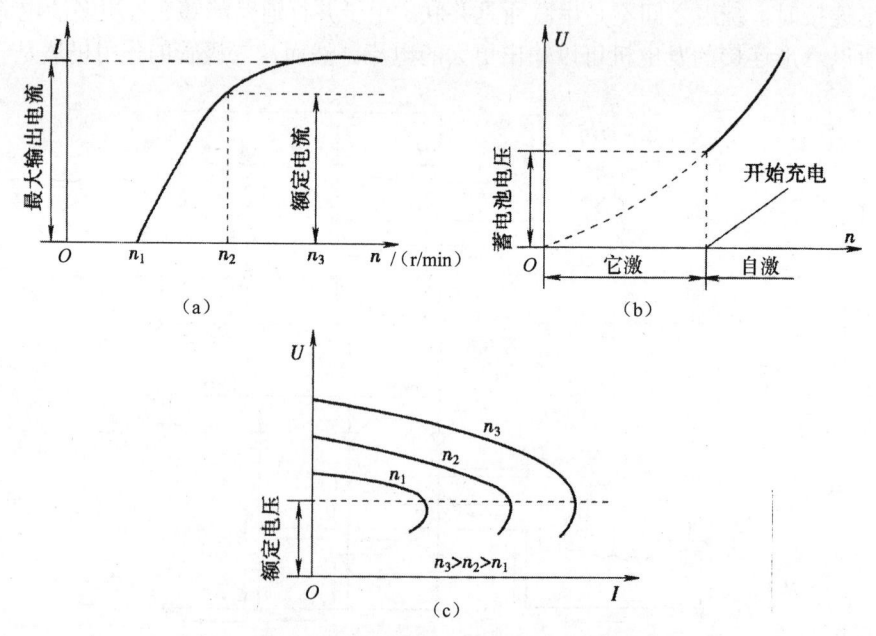

图1-39 硅整流发电机的特性曲线

（a）输出特性；（b）空载特性；（c）外特性。

由该曲线可以看出以下两点：
（1）发电机转速不同，端电压也不同，转速越高，端电压也越高。
（2）当发电机输出电流达到一定值时，再继续增大负载，输出电流反而减小。由此也可以看出硅整流发电机自身具有限制最大输出电流的能力。

8. 交流发电机的检测

1）交流发电机的不解体检测

（1）万用表检测法。在发电机不解体时，用万用表（R×1挡）测量发电机各接线柱之间的电阻值，则可初步判断发电机性能是否正常。表1-3所列为JF132型发电机测量数值及故障现象分析，各接线柱如图1-29所示。

表1-3 JF132型发电机各接线柱之间阻值及故障现象分析

万用表型号	F与E接线柱	B与E接线柱 正向	B与E接线柱 反向	B与F接线柱 正向	B与F接线柱 反向
108型	6Ω～8Ω	40Ω～50Ω	>10kΩ	50Ω～60Ω	>10kΩ
故障现象分析	① 阻值大于标准值，则电刷与集电环接触不良 ② 阻值大小标准，则激磁绕组短路 ③ 阻值为∞，则激磁绕组断路 ④ 阻值为零，则F接线柱搭铁或两只滑环短路	① 正向阻值小于标准值，则二极管短路 ② 正、反向阻值均为零，则B接线柱搭铁或正、负极管至少有一只短路 ③ 正向阻值大于标准值，则二极管断路		① 正向阻值小于标准值，则二极管短路 ② 正、反向阻值等于F与E间的标准值，则B接线柱搭铁或正、负极管至少有一只短路 ③ 正向电阻为∞，则激磁绕组断路	

（2）示波器检测法。利用示波器观察发电机输出电压的波形。发电机工作时，其波形有一定的规律性，发电机出现故障时，其输出电压的波形将会发生变化。因此，将其输出电压的波形与正常波形比较，即可根据波形的变化情况判断发电机的故障。图1-40所示为交流发电机正常输出电压和常见故障时输出电压的波形。

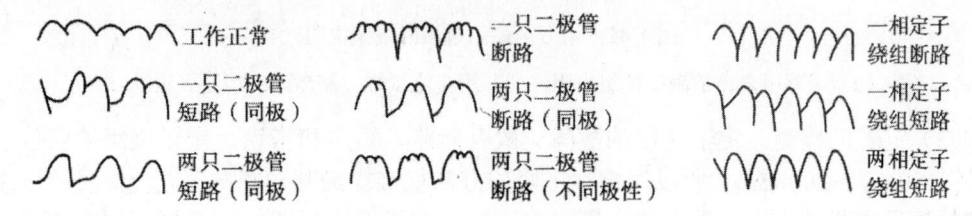

图1-40 交流发电机输出电压的波形

2）交流发电机解体后的检测

（1）硅二极管的检测。首先拆开发电机的定子绕组与硅二极管的连接线，然后用万用表（R×1挡）逐个检查每个硅二极管。如图1-41所示，先将万用表两极测棒分别接在二极管的两极上检测一次，然后交换两表笔的位置再测一次。若两次测得阻值均为一大（10kΩ

左右）一小（8Ω～10Ω），则该二极管良好；若两次测得均为∞，则该二极管断路；若两次检测阻值均为零，则该二极管短路。

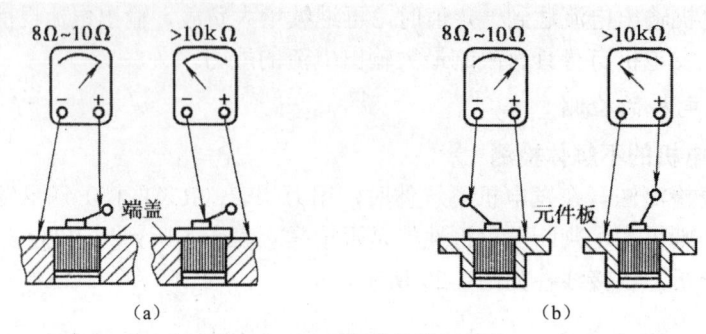

图 1-41 硅二极管的检测方法

(a) 端盖上正管子的测试；(b) 元件板上负管子的测试。

(2) 转子的检测。用万用表（R×1挡）进行检测，检测方式如图 1-42（a）所示，若阻值为∞，则说明激磁绕组断路；若阻值符合该型发电机的标准，则说明激磁绕组良好；若阻值小于标准，则说明绕组有匝间短路故障。磁场绕组与转子铁芯间的绝缘情况也可用万用表测量，即一支表笔接触转子轴，另一支表笔接触滑环，表针指在∞为良好。但一般采用交流试灯检测，如图 1-42（b）所示，若试灯不亮，说明绝缘良好；否则，有搭铁故障。

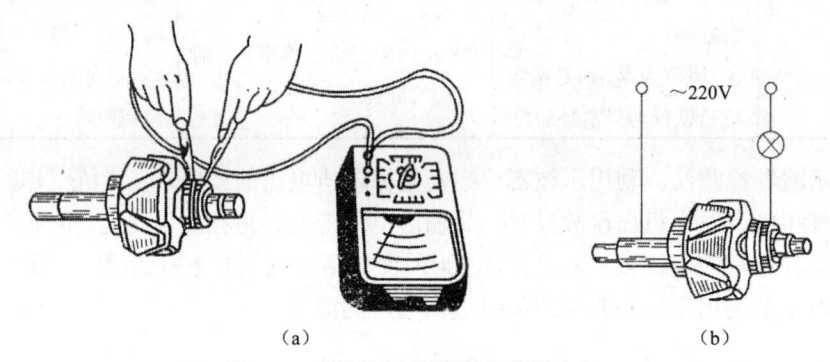

图 1-42 用万用表测量激磁绕组电阻

(a) 用万用表测量激磁绕组电阻；(b) 用交流试灯检测激磁绕组是否搭铁。

(3) 定子的检测。定子绕组的故障一般有断路、短路和搭铁。定子绕组的阻值一般很小（150mΩ～200mΩ），所以用测量电阻的办法很难检测其短路故障，一般可通过用示波器检测发电机端电压的波形来判断。对于定子绕组有无断路，则可用万用表测出，方法如图 1-43 所示，若用万用表测量的阻值为∞，则说明绕组有断路之处。定子绕组有无搭铁，可用图 1-44 所示的方法检查，若交流试灯不亮，则说明绝缘良好，否则为绕组有搭铁故障。

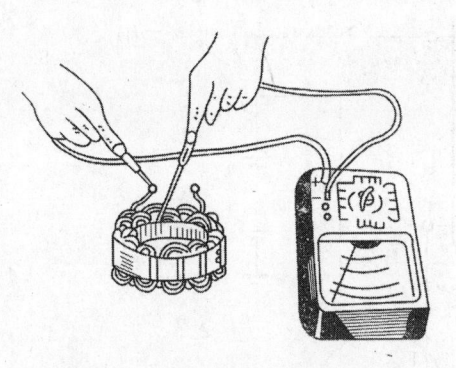

图 1-43 定子绕组断路的检查 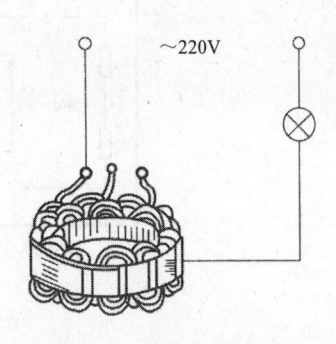　　　　图 1-44 定子绕组搭铁的检查

（二）电压调节器

1. 电压调节器的功用

电压调节器的功用是对发电机输出电压进行调节，使其输出电压保持相对稳定。由公式 $E=Cn\Phi$ 可知（C 为常数）：发电机三相绕组中产生正弦电动势的有效值 E 与发电机转速 n 和磁通 Φ 成正比，而磁通又与激磁绕组通电电流 I_j 成正比。所以发电机输出电压可表示为

$$U=K \cdot n \cdot I_j$$

式中　K——常数；
　　　n——发电机转速；
　　　I_j——激磁电流。

从式中可看出，发电机转速 n 和激磁电流 I_j 的变化直接影响发电机端电压的大小。发电机转速 n 是随着发动机转速变化的，不能调整。但可通过调节激磁电流 I_j 的大小，使发电机端电压保持恒定，即发电机转速升高时，欲使端电压不变，可减小激磁电流；发电机转速降低时，欲使端电压不变，可增大激磁电流。

交流发电机电压调节器的基本调节原理就是通过调节激磁电流的大小，达到控制发电机端电压稳定的目的。

2. 电压调节器的类型

电压调节器的类型很多，按有无触点可分为触点式电压调节器和电子式电压调节器。其中触点式电压调节器又分为单级式电压调节器和双级式电压调节器。而电子式电压调节器又可分为晶体管式电压调节器、集成电路电压调节器和可控硅调压的电压调节器等。

3. 晶体管电压调节器

晶体管电压调节器是利用晶体三极管的开关特性制成的，即将晶体三极管作为一只开关串联在发电机的激磁电路中，根据发电机输出电压的高低，控制晶体三极管的导通和截止，达到调节发电机的激磁电流，使发电机输出电压稳定在某一规定范围内。

1）晶体管调节器的基本工作原理

晶体管调节器的基本工作原理如图 1-45 所示。

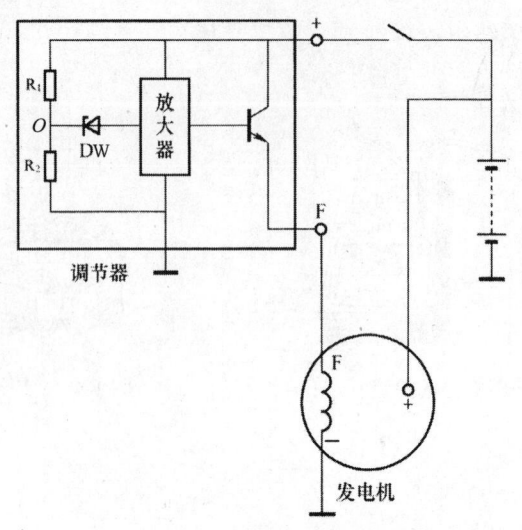

图 1-45 电子调节器的基本原理图

调节器的+接线柱接点火开关，F 接线柱接发电机激磁绕组，+和 F 之间为三极管的集电极与发射极之间形成的开关电路，+和 F 之间有两个电阻 R_1、R_2 组成的分压器，其 O 点电压正比于发电机的电压，O 点与放大器之间接有稳压管 DW，用来感受电压，其工作过程如下：

在发电机电压较低的情况下，分压器中间 O 点电压也较低，此时稳压管处于截止状态，此状态经放大器放大，给三极管的基极一个高电位信号，使三极管导通，激磁电流可以通过三极管流入发电机激磁绕组，使发电机电压上升。当电压上升到调节器电压调整值时，O 点电压升高至稳压管击穿电压，稳压管被击穿，此信号经放大器放大后给三极管基极一个低电位信号，使三极管截止，切断了激磁电流，发电机无激磁电流，电压便下降，然后又使三极管导通。如此反复，使发电机的电压稳定在一定值。

电压调节曲线如图 1-46 所示。

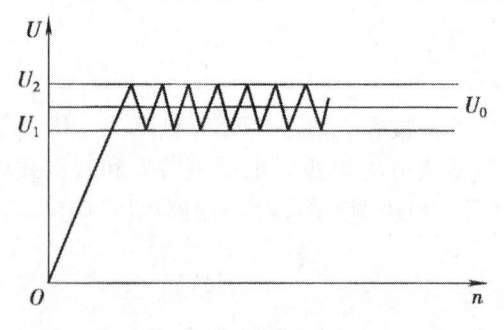

图 1-46 电压调节曲线

从上述调节器的结构和工作情况看，电子调节器共有 3 个接线柱，即"+"、F 和"−"，在接线时不能接错。值得注意的是，电子调节器的接线方式根据发电机和调节器的形式而有所不同，虽然调节器的接线柱标注都一样，但接法完全不同。图 1-47 所示为发电机和调节器的两种接线方式。

图 1-47（a）为激磁绕组内搭铁式，调节器装在发电机与点火开关之间，发电机激磁绕组有一端搭铁。

图 1-47（b）为激磁绕组外搭铁式，调节器装在发电机激磁绕组与搭铁之间，发电机激磁绕组无搭铁端，调节器控制激磁绕组搭铁。

这两种形式的发电机与调节器不能互换，否则将造成发电机电压失调或不发电。

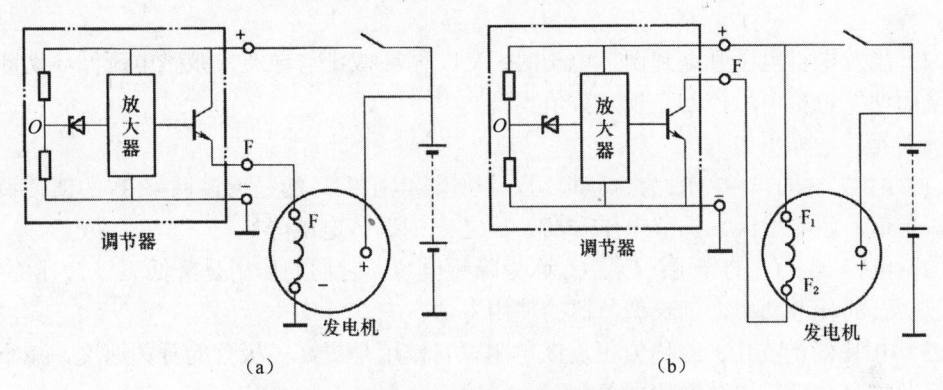

图 1-47　发电机和调节器的两种接线方式
（a）内搭铁式；（b）外搭铁式。

2）典型电子调节器

图 1-48 所示为 JFT106 型电子调节器电路图。该型调节器由分立电子元件焊接在一块印制电路板上，从外壳上引出 B（或"+"）、F、E（或"−"）3 个接线柱，从电路组成来看，该型调节器由基本电路和辅助电路两部分组成。

基本电路由电阻 R_1、R_2，稳压管 VDW_1、续流二极管 VD_1 和三极管 VT_1、VT_2、VT_3 组成。其中 VT_2、VT_3 组成复合管，目的是提高放大倍数，其作用与一个大功率三极管相当。

辅助电路由电阻 $R_4 \sim R_8$，二极管 VD_2、VD_3，电容 C_1、C_2 组成。

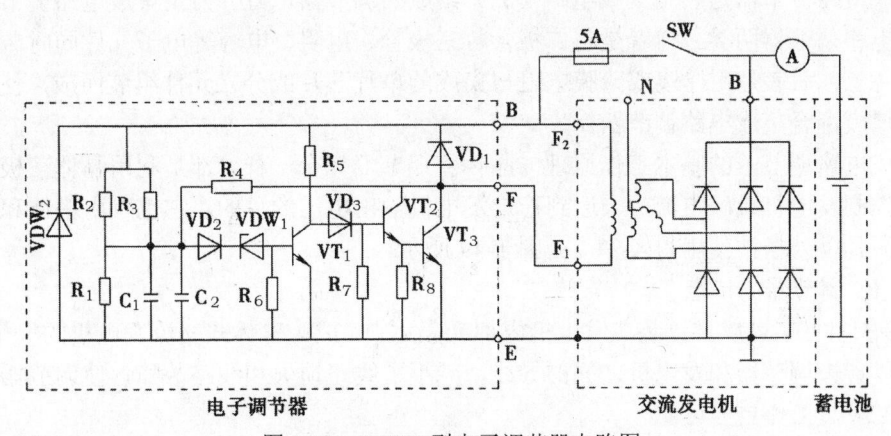

图 1-48　JFT106 型电子调节器电路图

JFT106 型电子调节器的工作过程如下：

（1）接通点火开关 SW，在发动机停转或转速较低时，R_1 上分到的电压低，VD_2、VDW_1

和 VT_1 截止，VD_3、VT_2、VT_3 导通，发电机由蓄电池激磁。激磁电路为：蓄电池正极→电流表 A→点火开关 SW→发电机 F_2 接柱→激磁绕组→发电机 F_1 接柱→调节器 F 接柱→VT_3、调节器 E 接柱→蓄电池负极。

（2）当发电机电压升高超过蓄电池电压，但尚低于调节电压时，VD_2、VDW_1 和 VT_1 仍处于截止状态，VD_3、VT_2、VT_3 继续导通，激磁电流由发电机自己供给，激磁电路同前所述。

（3）当发电机电压升高到调节电压时，VT_3 循环截止与导通，激磁电流循环切断与接通，从而使发电机电压控制在规定数值不变。

辅助元件的作用如下：

（1）电阻 R_3 的作用：R_3 为调整电阻，设计该电阻的目的是通过调整 R_3 的值使调节电压达规定值。阻阻增大，调节电压升高；反之，则调节电压降低。

（2）电容 C_1、C_2 的作用：C_1、C_2 称为降频电容，它们的作用是降低三极管开关频率，减小三极管的耗散功率，延长调节器的使用寿命。

（3）电阻 R_4 的作用：R_4 称为正反馈电阻，其作用是提高三极管的开关速度，减小三极管的耗散功率，延长调节器使用寿命。

（4）二极管的作用：VD_2 称为温度补偿二极管，其作用是提高调节器的热稳定性。VD_2 是负温度系数二极管，稳压管 VDW_1 是正温度系数二极管。当调节器工作温度升高或降低时，VD_2 的管压降可对 VDW_1 的稳定电压进行补偿。VD_3 称为分压二极管，其作用是保证复合管 VT_2、VT_3 处于截止状态时可靠截止。VDW_2 为稳压二极管，起过压保护作用。

（5）电阻 R_6、R_7、R_8 的作用：R_6 既是 VT_1 的偏压电阻，又是分流电阻，既能向 VT_1 提供正向偏压并稳定 VT_1 的静态工作点，又能通过分流来保护 VT_1；R_7 为三极管 VT_2 的偏压电阻，为 VT_2 提供正向偏压，并能稳定 VT_2 的静态工作点，使静态工作点不受温度影响；R_8 为 VT_3 的偏压电阻，为 VT_3 提供正向偏压和稳定 VT_3 的静态工作点。

4. 集成电路调节器（IC 调节器）

集成电路调节器是利用集成电路（IC）组成的调节器，可分为全集成电路调节器和混合集成电路调节器两类。前者是将二极管、三极管、电阻、电容等电子元件同时制作在一块硅基片上；后者是用厚膜或薄膜电阻与集成的单片芯片或分立元件组装而成，使用最广泛的是厚膜混合集成电路调节器。

集成电路调节器的基本工作原理与晶体管调节器完全一样，都是利用晶体三极管的开关特性控制发电机激磁电流，来达到稳定发电机输出电压的目的。它也有内搭铁和外搭铁之分，而且以外搭铁使用得较多，如图 1-49 所示。

1）IC 调节器的特点

（1）尺寸小，可以直接装在发电机内部或壳体上，成为整体式交流发电机的一个零件，这样可以省去调节器和发电机之间的导线，减小了线路损失和线路故障，使调节器的精度可达±0.3V，工作更为可靠。

（2）耐高温性能好，可在 130℃高温下正常工作。

（3）更加耐震，使用寿命长。

目前轿车上已大量采用集成电路调节器。

(a)

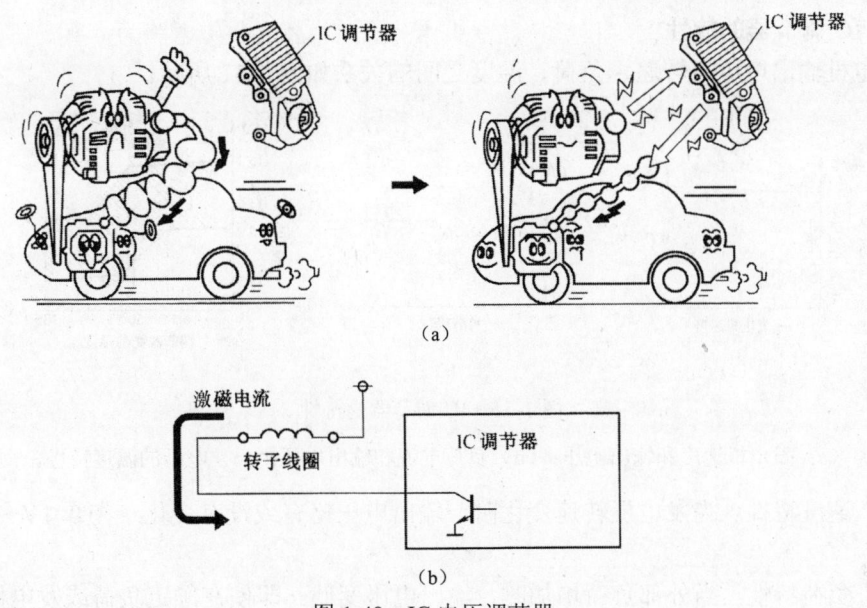

(b)

图 1-49 IC 电压调节器

2）IC 调节器的类型

IC 调节器主要由混合集成电路、散热片和连接器组成，如图 1-50 所示。

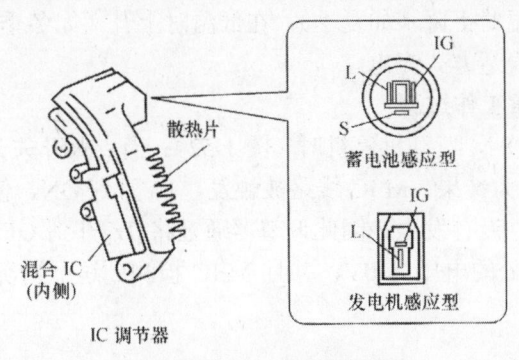

图 1-50 IC 调节器的类型

（1）蓄电池感应型。这一类型的 IC 调节器通过端子 S（蓄电池检测端子）来检测蓄电池的电压，并把输出电压调节到规定值。

（2）发电机感应型。这一类型的 IC 调节器通过检测发电机的内部电压来把输出电压调节到规定值。

3）IC 调节器的功能

（1）调节发电机输出电压。

（2）当检测到下述问题时，IC 调节器通过亮起放电警告灯发出警告：

① 转子线圈开路或短路；

② 端子 S 脱开；

③ 端子 B 脱开；

④ 过电压（由于端子 F 和 E 之间短路使蓄电池电压上升）。

4）IC 调节器的特性

发电机输出电压与转速、负荷、温度之间的关系如图 1-51 所示。

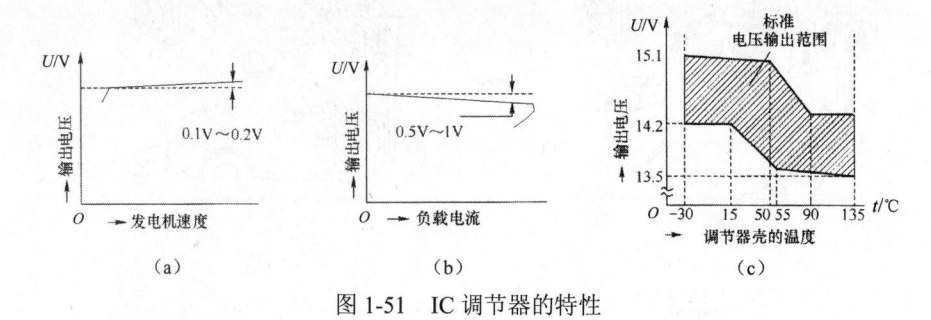

图 1-51 IC 调节器的特性

（a）发电机速度和输出电压；（b）负荷电流和输出电压；（c）电压的温度特性。

（1）速度特性。当发电机转速变化时，输出电压略有或没有变化（在 0.1V～0.2V 之间）。

（2）负荷特性。当外部负荷增加时，输出电压变低。即使在额定负荷或发电机有最大输出电流时，电压的变化在 0.5V～1V 之间。如果某个负荷超过发电机的能力，输出电压将突然跌落。

（3）温度特性。当温度上升时，输出电压一般变低。

因为输出电压在高温时下降（如夏季），在低温时上升（如冬季），因此在任何时候都应以符合蓄电池特点的合适方式充电。

5）IC 调节器的正常工作过程

（1）当点火开关为 ON，发动机停机时（图 1-52）：当点火开关开到 ON 时，蓄电池电压施加在 IG 端子上。作为结果，M·IC 线路被触发，Tr_1 开到 ON，使转子线圈允许电场电流通过。在这种情况下并没有发电，因此调节器通过将 Tr_1 开到 OFF，尽可能减少蓄电池的放电。此时，端子 P 处的电压为 0V，并且 M·IC 检测到这一情况，将 ON 信号发送到 Tr_2，点亮充电警告灯。

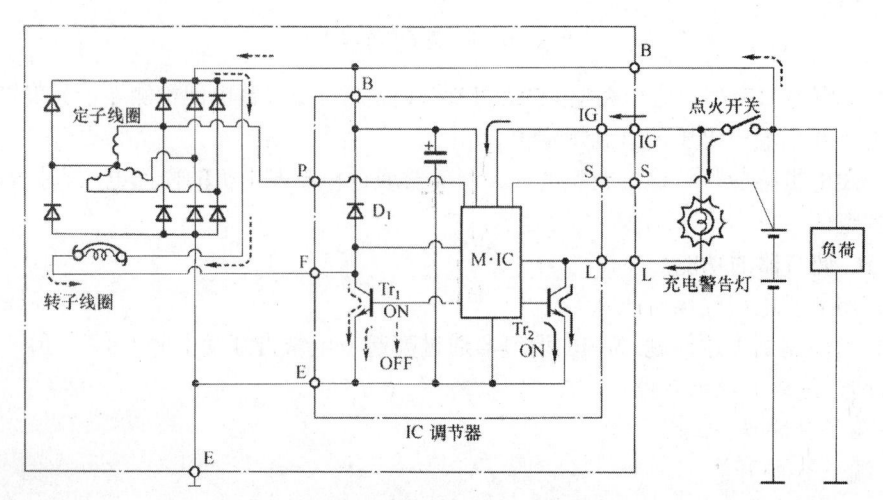

图 1-52 当点火开关为 ON，发动机停机时的工作过程

（2）当发电机发电且低于规定电压时（图 1-53）：发动机启动，并且发电机转速增加，M·IC 打开 Tr_1，以允许足够的电场电流流过，并且发电电压突然升高。此时，如果端子 B 处的电压超过蓄电池电压，电流流到蓄电池进行充电，并且给电气设备供电。结果，端子 P 处的电压增加。因此，M·IC 确定正在发电，并将 OFF 信号发送到 Tr_2，将充电警告灯关掉。

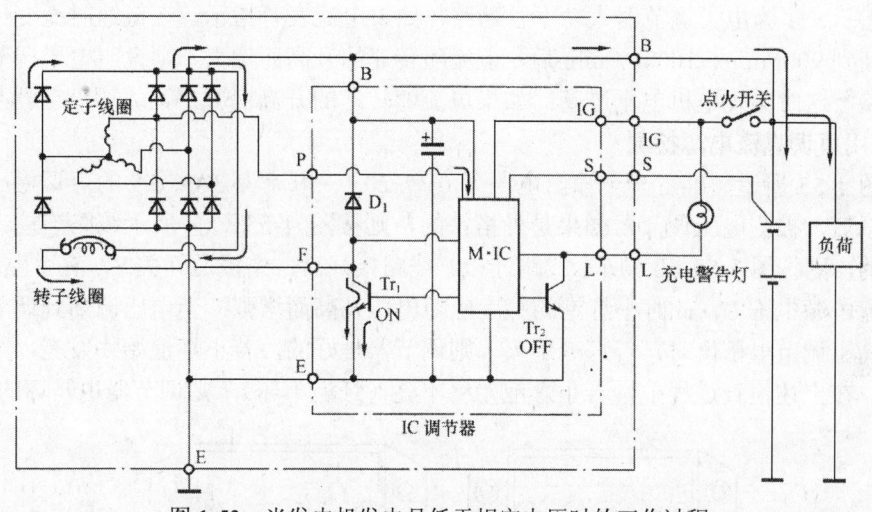

图 1-53 当发电机发电且低于规定电压时的工作过程

（3）当发电机发电且高于规定电压时（图 1-54）：如果 Tr_1 继续导通，端子 B 处的电压增加。然后，端子 S 处的电压超过规定电压，M·IC 检测到此情况，并关掉 Tr_1。结果，转子线圈的磁场电流经逆电动势吸收二极管被衰减，并且端子 B（所发电压）处的电压降低。然后，如果端子 S 处的电压降到低于要求电压，M·IC 检测到这一情况并将 Tr_1 打开到 ON，从而转子线圈的磁场电流增加，端子 B 处的电压（所发电压）也增加。IC 调节器通过重复上述的操作将端子 S 处的电压（蓄电池端子电压）调节为恒定电压（调节好的电压）。

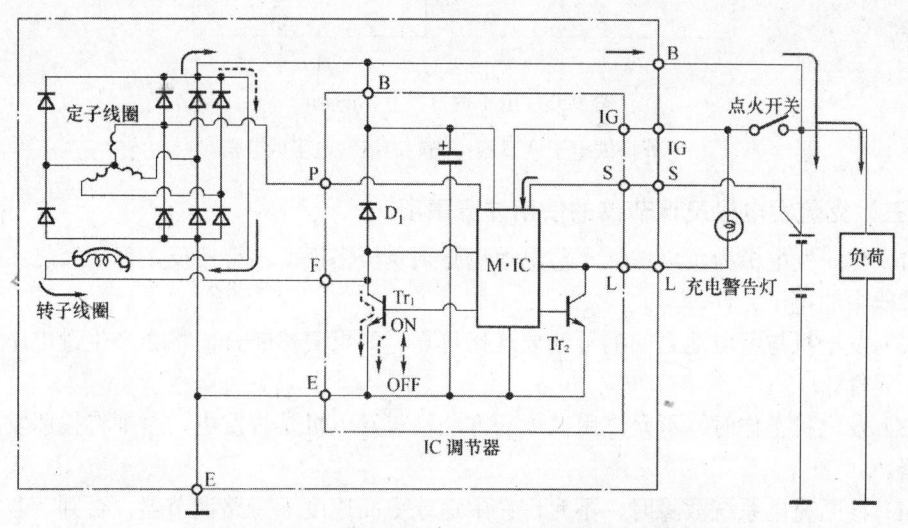

图 1-54 当发电机发电且高于规定电压时的工作过程

5. 电压调节器的检测

电压调节器损坏会导致发电机电压建立不起来、发电机电压失控等故障。根据电压调节器的电压调节原理，对电压调节器的检测可采用以下方法。

1）就车检查

用一个量程为 10A 左右的电流表串在调节器 F 与发电机 F 之间，启动发动机，如果电流表无指示，多为电子调节器大功率管断路；如果电流表有指示，在低速时无变化，而在转速升高到 900r/min～1000r/min 后，电流随转速的升高而增大，则说明电子调节器大功率管短路，这时的发电机电压过高；如果电流随转速的升高而减小，表明调节器是好的。

2）用可调直流电源检测

如图 1-55 所示，准备一个输出电压为 0V～20V、电流为 3A～5A 的可调稳压电源及充电指示灯，被测电压调节器如果是外搭铁的，则按图 1-55（a）所示线路连接；如果是内搭铁的，则按图 1-55（b）所示线路连接。线路接好后，先接通开关 S，然后由 0V 逐渐调高直流电源电压 U，此时小灯泡的亮度应随电压升高而增强。当电压调高到调节电压值或者略高于调节电压值时，若灯泡熄灭，则调节器是好的，若小灯泡始终发亮，则调节器是坏的。在上述检查过程中，若小灯泡始终不亮（灯泡不坏），则调节器也是坏的。

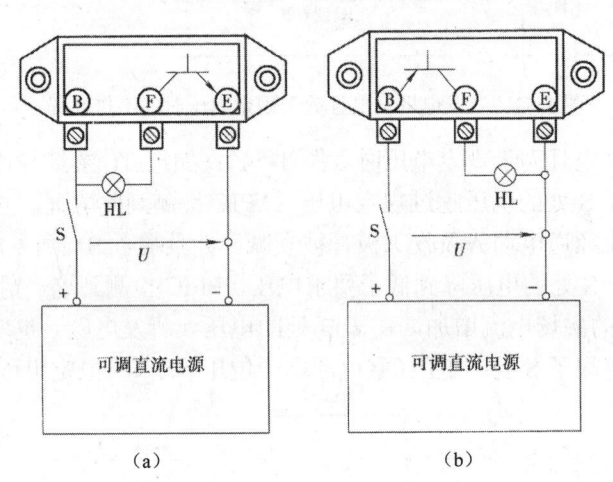

图 1-55 电子调节器好坏的判断

（a）外搭铁电子调节器；（b）内搭铁电子调节器。

（三）交流发电机及调节器的使用注意事项

（1）交流发电机为负极搭铁，蓄电池也必须负极搭铁，不得接反。否则会烧坏发电机与调节器中的电子元件。

（2）发电机与蓄电池之间的导线要连接可靠，如果突然断开，将会产生过电压，易损坏电子元件。

（3）发电机工作时，不允许用试火的方法检查发电机是否发电，否则将损坏发电机的整流器。

（4）诊断充电系统故障时，不允许在中速或更高速度下短路调节器，否则，若发电机无故障时，会因电压过高而击穿发电机整流二极管。

（5）发动机自行熄火时，应及时关闭点火开关，以防止蓄电池通过激磁电路放电。

（6）发电机拆卸时，必须首先拆下蓄电池的搭铁线，然后才可以断开发电机与调节器的线束。

（7）当线路故障没有排除时，不要更换新的调节器，这样做可能会损坏新的调节器。

（8）当发现发电机不发电或发电量小时，应及时到修理厂检修，否则易导致蓄电池充电不足。

项目四 汽车电源系统电路分析与故障诊断

一、项目描述

电源系统电路因车型而异,产生故障的原因也有所不同。当电源系统出现故障后,必须要分析其电路,根据故障现象分析故障原因,查找故障部位。通过本项目的学习,应能达到以下要求。

1. 知识要求

(1) 熟悉电源系统基本电路;
(2) 了解电源系统常见故障类型;
(3) 掌握电源系统故障诊断方法。

2. 技能要求

(1) 会分析典型车型电源系统的电路;
(2) 能进行电源系统的常见故障诊断。

3. 素质要求

(1) 安全文明生产,保证人身、工具和设备安全;
(2) 正确选择和使用工具;
(3) 拆装工艺合理,操作规范;
(4) 5S——整理(Seiri)、整顿(Seiton)、清扫(Seiso)、清洁(Seikeetsu)和素养(Shitsuke)。

二、项目实施

任务一　电源系统电路连接

1. 训练设备

(1) 桑塔纳3000整车电路台架4台；
(2) 桑塔纳3000电路图册4本；
(3) 万用表4只；
(4) 连接导线若干。

2. 训练步骤

(1) 在桑塔纳3000整车电路台架上找出电源系统主要部件及接线端子；
(2) 识读桑塔纳3000电源系统电路图；
(3) 绘制电源系统电路图；
(4) 根据绘制的电路图，进行线路连接。

任务二　电源系统的常见故障诊断

1. 训练设备

(1) 桑塔纳3000整车电路台架4台；
(2) 桑塔纳3000电路图册4本；
(3) 万用表4只；
(4) 连接导线若干。

2. 训练步骤

(1) 由老师在整车电路台架上进行故障设置。
① 发电机不发电。
② 发电机输出电压偏低。
(2) 在老师的指导下，由学生进行故障排除。

三、相关知识

（一）电源系统电路

1. 外装电压调节器的电源电路

CA1091电源电路如图1-56所示，由JF152D（或JF1522A）型交流发电机与JFT106（或JFT124）型晶体管电压调节器和6-QA-100型干荷电蓄电池组成，既由电流表也由放电警告灯来显示蓄电池充、放电状况，充电指示灯利用中性点电压，通过启动组合继电器控制。

K_2 为保护继电器常闭触点，除对起动机具有防止误启动作用外，还用来控制放电警告灯亮、灭；L_2 为保护继电器线圈，承受发电机中性点电压。

1) 充电指示灯电路

点火开关为 ON，蓄电池正极→起动机电源接线柱→30A 熔断丝→电流表→点火开关（ON）→充电指示灯→组合继电器 L 接线柱→常闭触点 K_2→搭铁→蓄电池负极，充电指示灯点亮。

启动后，发电机中性点电压加在组合继电器线圈 L_2 上，使触点 K_2 断开，充电指示灯熄灭。

2) 发电机磁场绕组电路

蓄电池正极→起动机电源接线柱→30A 熔断丝盒→电流表→点火开关→5A 熔断丝→发电机 F_2 接线柱→磁场绕组→发电机 F_1 接线柱→调节器 F 接线柱→搭铁→蓄电池负极（F_1 与 F_2 两接线柱上的导线可以互换）。

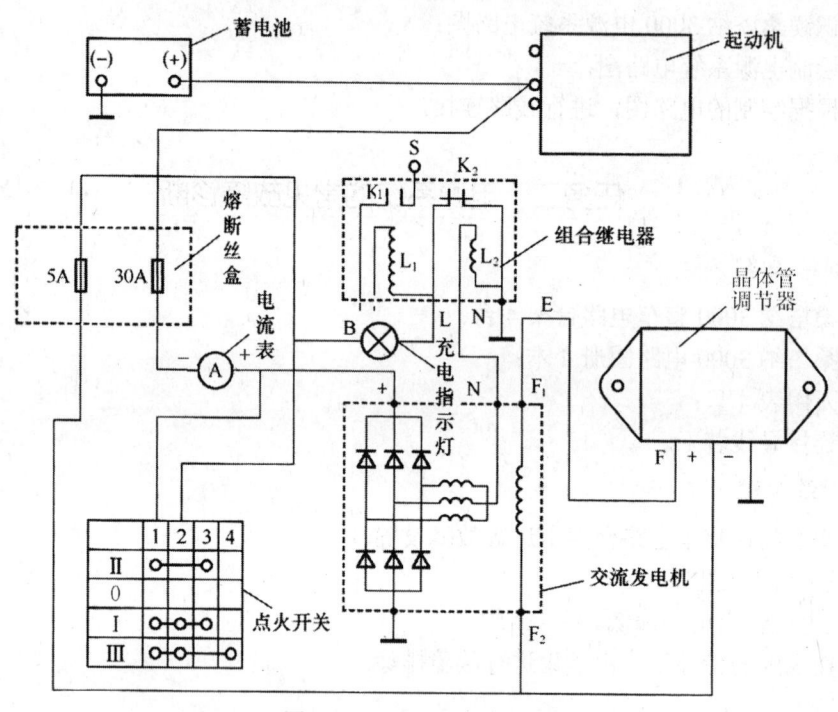

图 1-56 CA1091 电源电路

2. 内装电压调节器的电源电路

以上海桑塔纳轿车为例，如图 1-57 所示。当点火开关接通时，电流经黑色导线从点火开关 "15" 节点进入仪表板 14 孔黑色插件，经过仪表板印制线路板，来到 R_2 和充电指示灯串接线与 R_1 的并联电路，经过一只二极管再接到仪表板 14 孔位置的黑色插件，由蓝色导线与中央线路板上 A_{16} 连接。中央线路板 D_4 节点经 T_1 插件用蓝色导线接到发电机 D_+ 接线柱。

（二）电源系统故障诊断

1. 故障诊断基本方法

1）放电警告灯诊断

如果电源系统装有放电警告灯，可利用放电警告灯来诊断电源系统有无故障，方法如下：

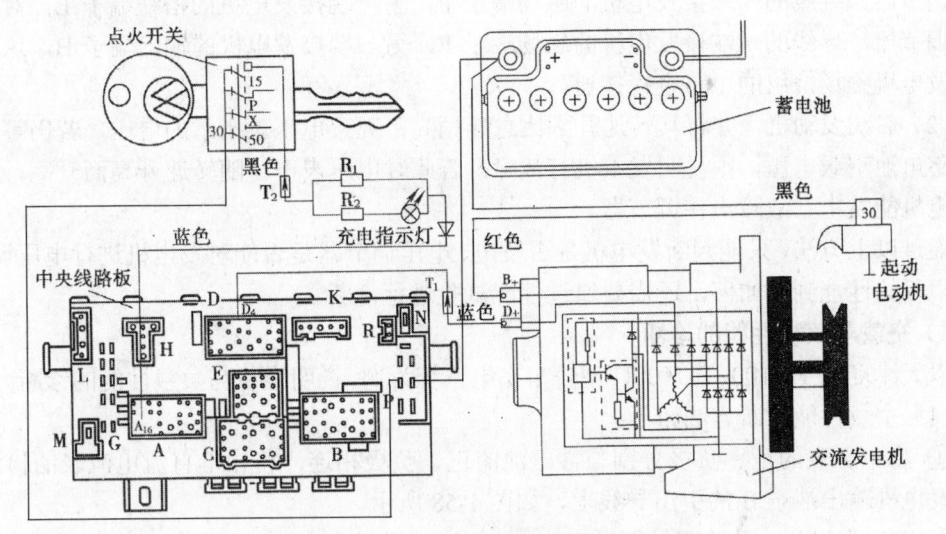

图 1-57　上海桑塔纳轿车电源系统电路

（1）首先预热发动机。启动发动机后，使其怠速或将发电机转速控制在 1200r/min 左右运转 10min，然后断开点火开关，使发动机停止运转。

（2）接通点火开关，即将点火开关转到 ON 位置上，并不启动发动机，观察放电警告灯是否发亮。

此时，放电警告灯应当发亮。如果不亮，说明放电警告灯线路（或充电指示控制器）有故障。

（3）启动发动机，并逐渐升高发动机转速（逐渐开大节气门），当发动机转速升高到 600r/min～800r/min（发电机转速升高到 1200r/min～1600r/min）时，观察放电警告灯是否熄灭。

如果放电警告灯未熄灭，说明发电机不发电；如果放电警告灯自动熄灭，说明放电警告灯线路正常，发电机能够发电。此时，调节器工作是否正常还需用万用表进行检测诊断。

2）用电压表诊断

（1）将直流电压表（万用表拨到直流电压 DC 挡）的正极接发电机输出端子（B），负极搭铁；

（2）记下此时电压表指示的电压，该电压即为蓄电池的空载电压，正常值为 12.7V 左右；

（3）启动发动机，逐渐加大加速踏板使发动机转速升高。

当发动机转速升到高于怠速转速（600r/min～800r/min）时，电压表指示的电压高于蓄电池的空载电压，并随转速升高而稳定在某一调节电压值不变，说明电压调节器良好；

若电压表指示的电压高于调节器的调节电压，且随发电机转速升高而升高，则说明发电机能发电，调节器有故障；若电压表指示的电压随发电机转速升高而保持蓄电池空载电压值不变或低于蓄电池空载电压值，则说明发电机或调节器有故障，此时可将发电机和调节器从车上拆下分别进行检测。也可继续进行以下检测：

（1）另取一根导线将调节器中大功率三极管的集电极与发射极短接。方法是：对外搭铁型调节器，导线的一端接发电机的磁场端子F，另一端接发电机的搭铁端子E；对内搭铁型调节器，导线的一端接发电机的磁场端子F，另一端接发电机的输出端子B，这样便可将发电机磁场绕组的电路直接接通。

（2）启动发动机，并将其转速升到比怠速稍高，观察电压表指示的电压，若仍等于或低于蓄电池空载电压，则说明发电机有故障；若此时电压表电压随转速升高而升高，则说明发电机能发电，故障出在调节器。

通过以上方法，只能判断发电机是否发电、电压调节器是否能对发电机进行电压调节。但发电机的性能到底如何，还需要通过性能试验进行诊断。

3）空载与负载性能的诊断

以天津夏利 TJ7100、TJ7100U 型轿车充电系统为例，说明空载与负载性能的诊断方法。

（1）空载性能诊断方法如下：

① 将电压表的正、负极分别与蓄电池的正、负极相连，将钳形直流电流表的检测夹夹到发电机输出端子B的引出导线上，如图1-58所示。

② 启动发动机，并将其转速升高到2000r/min运行，此时电压表指示的电压（调节电压）应为 13.9V～15.1V（25℃），电流表读数应小于 10A。调节电压过高或过低，应检修或更换调节器；电流过大说明蓄电池充电不足或有故障，应补充充电或更换蓄电池。

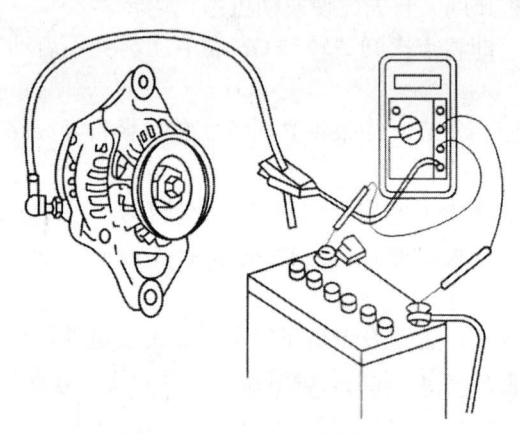

图1-58 检测充电系统性能

（2）负载性能诊断方法如下：

① 检测仪器的连接同空载性能诊断；

② 启动发动机并使其以2000r/min运行；

③ 接通前照灯和暖风电动机（夏季则接通空调器），此时调节器电压也应为 13.9V～15.1V，电流表读数应大于 30A。若小于 30A，则说明发电机功率不足，应拆下检修或更

换发电机。

2. 电源系统常见故障诊断

电源系统经常出现的故障主要有不充电、充电电流过小、过大或充电不稳等。故障原因可能是发电机、调节器、连接导线等，也有可能是蓄电池、电流表和充电指示灯故障。当发生故障时，应根据故障现象，结合电源系统电路特点认真分析，查找故障部位进行排除。

1) 外装调节器的电源系统故障诊断

（1）不充电。

① 现象：发动机中速运转时，电流表指示放电或充电指示灯亮。

② 原因分析：蓄电池与发电机之间的连接导线脱落或接触不良；发动机不发电，可能是硅二极管短路、断路，定子绕组或激磁绕组有短路、断路和搭铁故障，电刷在电刷架内卡住或磁场 F 接线柱绝缘损坏搭铁；调节器有故障，如电子调节器大功率三极管断路，使电压过低。

③ 故障诊断按图 1-59 进行。

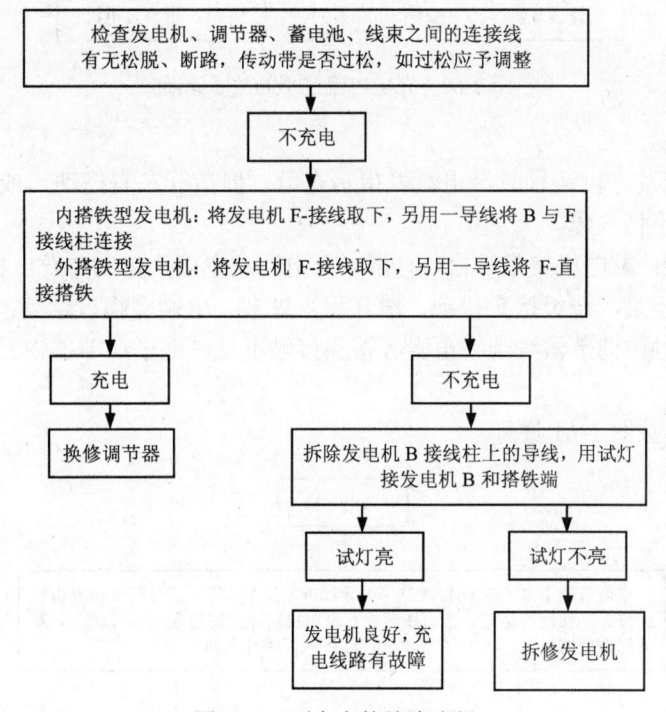

图 1-59　不充电的故障诊断

（2）充电电流过小。

① 现象：蓄电池接近充足电状态时，充电电流过小为正常现象。但若蓄电池存电不足而充电电流过小，则说明充电系统有故障。

② 原因分析：属于发电机的故障有：皮带过松、个别二极管断路，定子绕组有一相连接不良或断路，电刷磨损过度以及滑环油污使电刷与滑环接触不良；属于调节器的故障

有：触点烧蚀、脏污造成接触不良，电压调节过低。

③ 故障诊断按图 1-60 进行。

（3）充电电流过大。

充电电流过大多是由于调节器有故障引起的，如电压调整过高，调节器低速触点烧结，调节器调节线圈烧断或调节器搭铁不良等，可打开调节器盖进行调整或检修。对于电子调节器应更换新件。

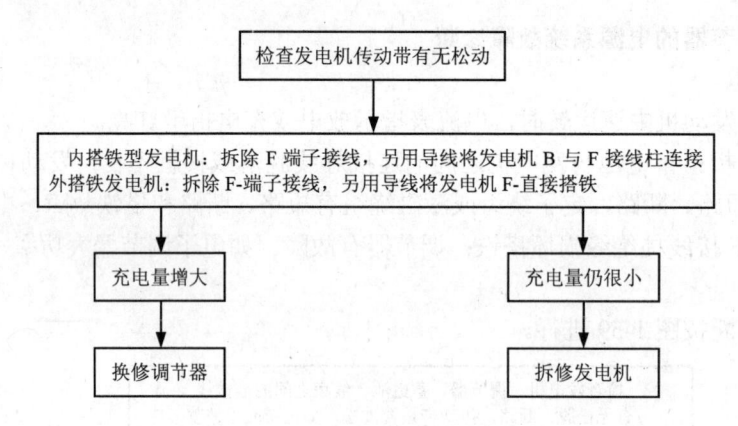

图 1-60 充电电流过小的故障诊断

（4）充电不稳。

① 现象：若发电机运行时，电流表指示充电，但指针左右摆动，或充电指示灯忽明忽暗，即为充电不稳故障。

② 原因分析：发电机皮带过松、打滑，充电回路中接头松动；发电机内部接触不良，如电刷弹簧弹力不足，绕组接头松动，滑环积炭过多，电刷磨损过度等；调节器有故障，如触点脏污或烧蚀，调节器线圈或电阻各接头接触不良，电子调节器中元件虚焊、元件稳定性差等。

③ 故障诊断按图 1-61 进行。

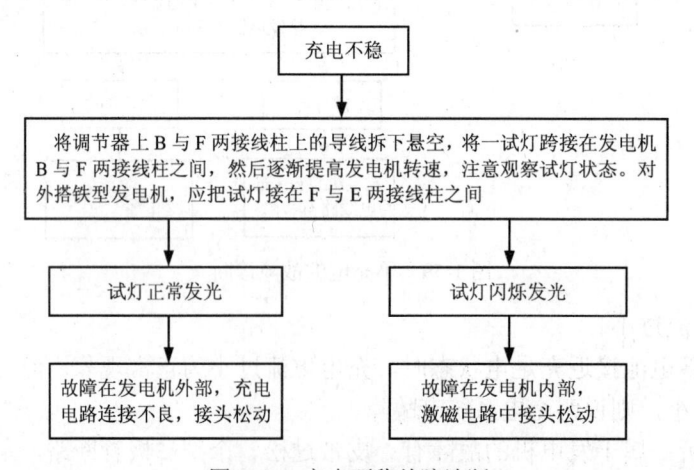

图 1-61 充电不稳故障诊断

2）内装调节器的电源系统故障诊断

（1）不充电故障诊断如图 1-62 所示。

（2）充电量过小故障诊断如图 1-63 所示。

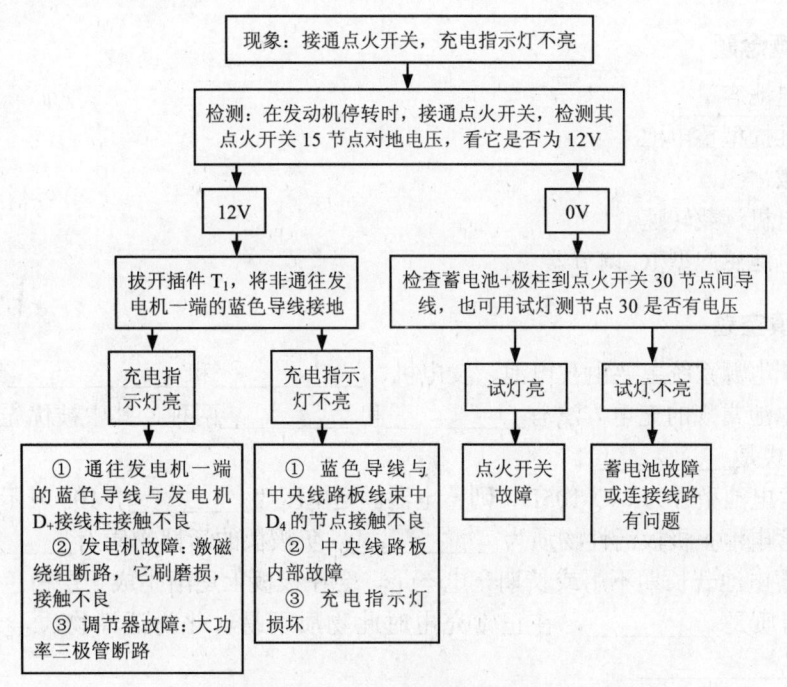

图 1-62　不充电故障诊断

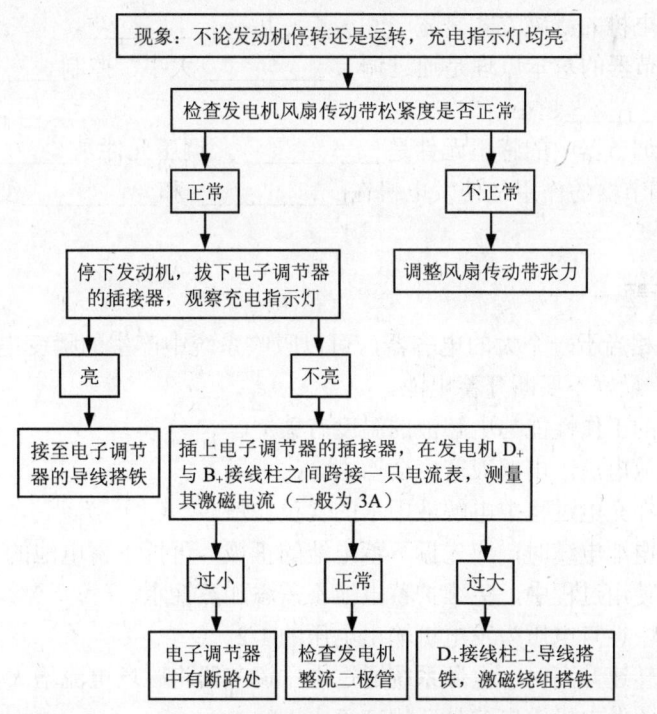

图 1-63　充电量过小故障诊断

自我测试题

（一）概念题

1. 蓄电池容量
2. 免维护型蓄电池
3. 它激
4. 发电机满载转速
5. 蓄电池感应型 IC 调节器

（二）填空题

1. 汽车电源系统主要由蓄电池、发电机、_____和_____组成。
2. 蓄电池常规的充电方法有_____和_____两种，其中被优先选作为初充电的充电方式是_____。
3. 若蓄电池型号为 6-Q-105D，则蓄电池额定电压为_____，105 表示_____。
4. 铅蓄电池正极板活性物质为_____，负极板的活性物质为_____。
5. 铅蓄电池若长期不用或长期充电不足，会在极板上逐渐生成一层白色的粗晶粒物质，这种物质是_____，在正常充电时此物质不易转化为活性物质，这种现象称为_____。
6. 交流发电机中，转子总成的作用是_____，定子总成的作用是_____。
7. 交流发电机的激磁方式是先_____后_____。
8. 电压调节器的基本原理是通过调节_____大小，控制_____。发电机转速越高，则_____越小。
9. 晶体管调节器中的感压元件是_____，调压元件是_____。
10. 电压调节器的作用是使发电机在_____和_____变化时保持输出电压恒定。

（三）判断题

1. 蓄电池相当于一个大的电容器，可以吸收系统中产生的瞬变电压，所以在发动机运转的过程中，最好不要断开蓄电池。（   ）
2. 蓄电池的工作性能与电解液的温度有关。（   ）
3. 蓄电池放电后，电解液密度会增大。（   ）
4. 蓄电池在充电过程中电解液中水的含量在增多。（   ）
5. 拆卸蓄电池电缆时，应先拆下蓄电池的正极，再拆下蓄电池的负极（   ）
6. 在合理使用过程中，免维护蓄电池不需添加蒸馏水。（   ）
7. 发电机中性点电压为发电机输出电压的 1/2。（   ）
8. 发动机转速升高时，电源系统通过电压调节器将磁场电流增大。（   ）
9. 汽车交流发电机输出的是三相交流电。（   ）

10．根据发电机外特性曲线，随着输出电流的增加，发电机的端电压随之下降。（　　）
11．根据发电机的输出特性，交流发电机自身具有限制最大输出电流的能力。（　　）
12．晶体管调节器利用晶体管的放大作用来控制发电机的激磁电流，从而使发电机电压保持稳定。（　　）
13．晶体管调节器中的感压元件是大功率三极管（　　）
14．普桑所采用的发电机为十一管整体式内搭铁型交流发电机。（　　）

（四）选择题

1．汽车蓄电池有下列哪些作用？（　　）
　　A．作为电源
　　B．稳压
　　C．在汽车充电系统发生故障时提供车辆所必需的电能
　　D．所有以上陈述都正确
2．蓄电池电解液温度过低，会使其容量（　　）。
　　A．增加　　　B．下降　　　C．不变　　　D．先增加后下降
3．蓄电池补充充电过程中，第一阶段的充电电流为其额定容量的（　　）。
　　A．1/10　　　B．1/15　　　C．1/20　　　D．1/30
4．在讨论蓄电池结构时，甲说 12V 蓄电池由 6 个单格电池并联组成，乙说 12V 蓄电池由 6 个单格电池串联组成，你认为（　　）。
　　A．甲正确　　B．乙正确　　C．甲乙都对　　D．甲乙都不对
5．铅蓄电池放电时，端电压逐渐（　　）。
　　A．上升　　　B．达到平衡状态　C．下降　　　D．不变
6．干荷电蓄电池在使用前，里面（　　）。
　　A．装满电解液　　　　　　B．有一半电解液
　　C．没有电解液　　　　　　D．电解液离极板 10mm～15mm
7．交流发电机的正极是从（　　）引出的。
　　A．正二极管的正极　　　　B．正二极管的负极
　　C．负二极管的正极　　　　D．负二极管的负极
8．交流发电机转子作用是（　　）。
　　A．发出三相交流电动势　　B．产生磁场
　　C．变交流为直流　　　　　D．输出转矩
9．交流发电机转子每转一圈，磁场则按正弦规律变化（　　）次。
　　A．3　　　　B．6　　　　C．9　　　　D．12
10．发电机出现不发电故障，短接触点式调节器的+与 F 接线柱后，发电机开始发电，这说明故障出现在（　　）。
　　A．发电机　　B．电压调节器　C．电流表　　D．线路
11．发电机调节器是通过调整（　　）来调整发电机电压的。
　　A．发电机的转速　　　　　B．发电机的激磁电流

C. 发电机的输出电流 D. 以上说法均不正确
12. 外搭铁型电压调节器中的大功率三极管接在调节器的（　　）之间。
A. "+" 与 "−" B. "+" 与 "F"
C. "F" 与 "−" D. B 和 C 都可以

学习领域二

发动机启动系统

项目五 发动机启动系统总体认识

一、项目描述

发动机的启动是由起动机来拖动的。启动时，点火开关拨到启动挡，接通起动机，电路由蓄电池向起动机提供大电流，起动机产生大转矩，把静止的发动机迅速拖动起来。通过本项目的学习，应能达到以下要求。

1. 知识要求

（1）了解启动系统作用、组成；
（2）熟悉启动系统各部件的作用；
（3）掌握启动系统基本工作过程。

2. 技能要求

（1）能使用常用工具拆装起动机总成；
（2）能使用常用工具拆装启动继电器总成。

3. 素质要求

（1）安全文明生产，保证人身、工具和设备安全；
（2）正确选择和使用工具；
（3）拆装工艺合理，操作规范；
（4）5S——整理（Seiri）、整顿（Seiton）、清扫（Seiso）、清洁（Seikeetsu）和素养（Shitsuke）。

二、项目实施

任务　发动机启动系统总体认识

1. 训练设备

(1) 汽车（或发动机台架）4 台；
(2) 常用拆装工具 4 套；
(3) 万用表 4 只；
(4) 感应式电流表 4 只。

2. 训练步骤

(1) 在汽车（或发动机台架）上找出启动系统主要部件；
(2) 进行起动机总成和启动继电器的拆装；
(3) 在启动过程中，测量蓄电池电压和放电电流；
(4) 绘制启动系统简单电路图。

三、相关知识

（一）启动系统的作用

启动系统的作用是启动发动机。发动机的启动是指静止的发动机在外力驱动下，从开始旋转到进入自行运行的全过程。

（二）启动系统的类型

发动机的启动方式有人力启动、辅助汽油机启动和电力启动 3 种形式。其中人力启动过去用在小功率发动机上，现在已淘汰，只在部分汽车上作为后备方式保留着；辅助汽油机启动主要用在一些大功率的柴油机上；电力启动具有操纵简单、启动迅速方便、重复启动性能好等优点，被现代汽车广泛采用。

（三）启动系统的组成

电力启动系统一般可分为起动机和启动控制电路两部分，主要包括起动机、蓄电池、点火开关（启动开关）、启动继电器等，如图 2-1 所示。

为了避免在发动机正常运转时，起动机再次投入工作和启动发动机后迅速停止工作，一些启动控制电路中还采取了相应的保护措施（如点火开关锁止、启动保护继电器等）。

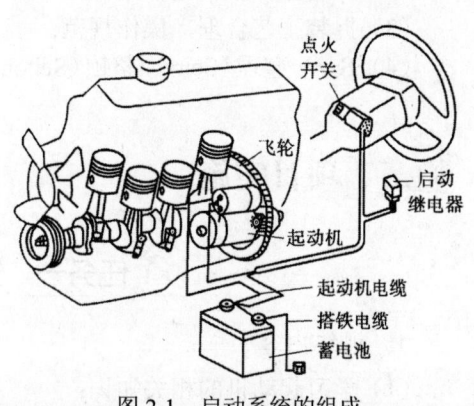

图 2-1　启动系统的组成

项目六 起动机正确使用与维修

一、项目描述

起动机包括直流串激式电动机、传动机构和控制装置。起动机出现故障后，必须对其进行拆装、检测与维修。通过本项目的学习，应能达到以下要求。

1. 知识要求

（1）掌握起动机组成和工作原理；
（2）熟悉起动机的基本构造。

2. 技能要求

（1）能使用常用工具拆装起动机总成；
（2）能够进行起动机拆装，并进行检测；
（3）能判断起动机的技术状况。

3. 素质要求

（1）安全文明生产，保证人身、工具和设备安全；
（2）正确选择和使用工具；
（3）拆装工艺合理，操作规范；
（4）5S——整理（Seiri）、整顿（Seiton）、清扫（Seiso）、清洁（Seikeetsu）和素养（Shitsuke）。

二、项目实施

任务一 绘制起动机电路原理图

1. 训练内容

（1）学习起动机的相关知识；

（2）绘制起动机电路原理图；
（3）填写学习工作单。

2. 训练目标

（1）掌握起动机的工作原理；
（2）熟悉启动控制过程。

任务二　起动机总成分解、零件检测与组装

1. 训练设备

（1）起动机 4 台；
（2）常用拆装工具 4 套；
（3）万用表 4 只；
（4）常用量具（游标卡尺）4 套。

2. 训练步骤

（1）进行起动机总成的分解；
（2）进行起动机主要部件的检测；
（3）进行起动机的组装。

任务三　起动机及启动继电器性能检测

1. 训练设备

（1）起动机 4 台；
（2）启动继电器 4 只；
（3）汽车电气万能试验台 4 台；
（4）万用表 4 只；
（5）可调直流稳压电源 4 台。

2. 训练步骤

（1）起动机的空转试验；
（2）起动机的全制动试验；
（3）电磁开关的吸合、释放试验；
（4）启动继电器的检测。

三、相关知识

（一）起动机类型

起动机的种类繁多，但常见起动机的电动机部分差别不大。因此起动机常按传动机构和控制装置的不同进行分类。

(1) 按控制装置的不同，起动机可分为以下两种。

① 机械操纵式起动机。用脚踏或手拉方式直接控制起动机主电路开关，接通或切断起动机电路。在新型汽车上这种形式的起动机已不再采用。

② 电磁操纵式起动机。以钥匙开关控制电磁开关，再由电磁开关控制起动机主电路。可以实现远距离控制，操作简便、省力，被现代汽车广泛采用。

(2) 按传动机构的不同，起动机可分为以下3种。

① 惯性啮合式起动机。启动时驱动齿轮借惯性力啮入飞轮齿圈，启动后驱动齿轮又靠惯性力自动与飞轮齿圈脱开。由于这种形式的传动机构不能传递大的转矩、可靠性差，因此现已很少采用。

② 电枢移动式起动机。靠起动机内部磁极的电磁力，使起动机电枢做轴向移动，将驱动齿轮啮入飞轮齿圈，发动机启动后，电枢回位，带动驱动齿轮脱离啮合。这种形式的起动机多用于大功率柴油机上。

③ 强制啮合式起动机。靠电磁力操纵，强制拨动驱动齿轮啮入和脱出飞轮齿圈。由于结构简单、工作可靠、操纵方便，被现代汽车广泛采用。

目前大多数汽车起动机的控制装置为电磁操纵式，而传动机构为强制啮合式，故称为电磁操纵强制啮合式起动机。

随着新材料和新技术的发展，出现了永磁起动机和减速起动机等新型起动机。

（二）起动机的组成

起动机由三大部分组成。

1. 直流串激式电动机

其作用是将电能转换为机械能，产生转矩。

2. 传动机构（或称啮合机构）

其作用是在启动发动机时，使起动机的小齿轮啮入发动机飞轮齿环，将起动机的转矩传递给发动机曲轴；在发动机启动后又能使起动机小齿轮与发动机飞轮齿环自动脱开。

3. 控制装置

即电磁开关，其作用是用来接通与切断起动机与蓄电池之间的电路。在有些汽车上，还具有串入和短路点火线圈附加电阻的作用。

（三）起动机构造和工作原理

1. 直流串激式电动机

1) 结构

直流串激式电动机主要由电枢、磁极、电刷、壳体等组成。

(1) 电枢。由电枢轴、电枢铁芯、电枢绕组和换向器等组成，如图2-2所示。电枢轴起固装电枢铁芯和换向器的作用，还伸出一定长度的花键，与啮合器总成内花键相配合传递电磁转矩。电枢铁芯由外圆带槽的硅钢片叠加而成，固装在电枢轴。为了得到较大的转矩，流经电枢绕组的电流很大（一般汽油发动机为200A～600A，柴油发动机可达1000A），因此电枢都采用较粗的矩形裸铜线绕制而成，一般采用波形绕法。

为了防止裸体绕组之间的短路,在铜线与铁芯和铜线与铜线之间均用绝缘纸隔开。并在槽口的两侧扎稳挤紧,以免起动机工作时,由于离心力的作用而使绕组甩出。

换向器的作用是向旋转的电枢绕组注入电流。它由许多截面呈燕尾形的铜片围合而成,如图2-3所示。铜片之间由云母绝缘,云母绝缘层应比换向器铜片外表面凹下0.8mm左右,以免铜片磨损时云母片很快突出。电枢绕组各线圈的端头均焊接在换向器的铜片上。

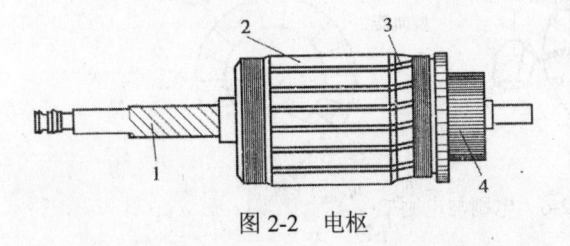

图2-2 电枢

1—电枢轴;2—电枢铁芯;3—电枢绕组;4—换向器。

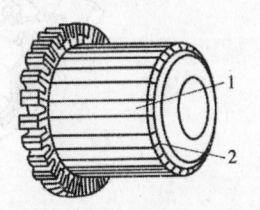

图2-3 换向器

1—铜片;2—云母片。

(2)磁极。磁极由低碳钢制成,其内端部扩大为极掌形。一般有两对4个磁极,有的多至6个。每个磁极上套装有激磁绕组,4个激磁绕组相互串联(或两个绕组串联后再并联),并与电枢绕组串联。激磁绕组按照一定规律绕制后,使4个磁极两两相对,即S极对S极,N极对N极,如图2-4所示。图中虚线为磁力线的回路。

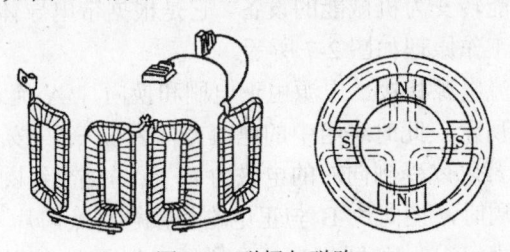

图2-4 磁极与磁路

激磁绕组的一端接在外壳的绝缘接线柱上,另一端与两个绝缘电刷相连。电动机内部电路如图2-5所示。两激磁绕组串联后再并联的电动机,可以在导线截面积不变的情况下增大启动电流,提高启动转矩。如QD124、ST614型起动机就是这种接法。

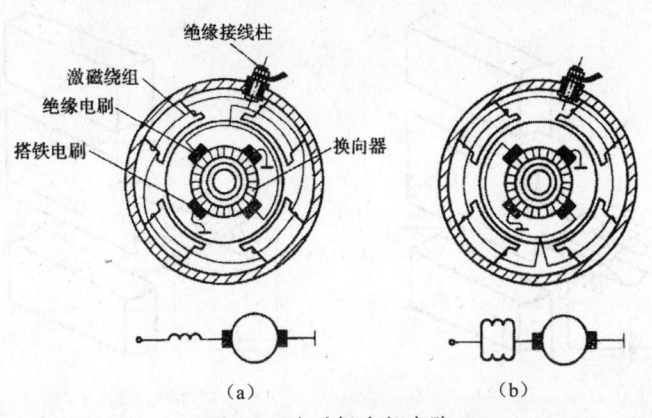

图2-5 电动机内部电路

(a)四个绕组相互串联;(b)两个绕组串联后再并联。

（3）电刷与电刷架。电刷由铜粉与石墨粉压制而成，以减少电阻，并增加耐磨性。电刷安装在电刷架内，在弹簧的作用下压紧在换向器上，如图2-6所示。

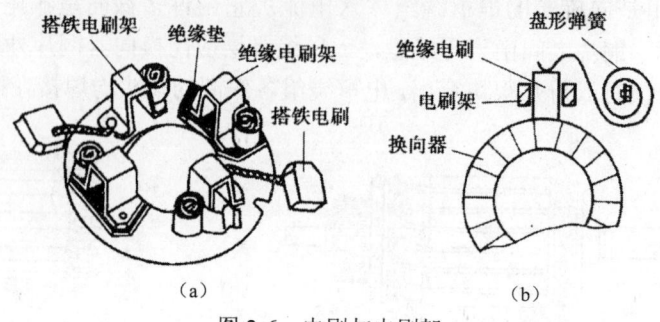

图2-6 电刷与电刷架

电刷分绝缘电刷（正电刷）和搭铁电刷（负电刷）。与磁场绕组相连的电刷叫绝缘电刷，安装时一定要保证绝缘；与机体相连的电刷叫搭铁电刷。

（4）壳体。壳体由低碳钢板卷曲焊接而成，一般留有4个检查窗口，便于电刷和换向器的日常维护，中部有一绝缘接线柱，内部与激磁绕组相连。

2）工作原理

直流电动机是将电能转变为机械能的设备，它是根据带电导体在磁场中受到电磁力作用这一原理制成的，其工作原理如图2-7所示。

电动机的电刷与直流电源相接。电源由正电刷和换向片 A 流入，从换向片 B 和负电刷流出，如图2-7（a）所示。此时绕组中的电流方向为 $a→d$，按左手定则可确定导线 ab 受到向左的电磁力 F，导线 cd 受到向右的电磁力 F，于是整个线圈受到逆时针方向的转矩而转动；当线圈转过半周时，换向片 B 与正电刷相接触，换向片 A 与负电刷相接触，线圈中电流的方向改变为由 $d→a$，如图2-7（b）所示。但因在 N 极和 S 极下面导体中的电流方向保持不变，电磁转矩的方向也就不变，使线圈仍按原来的逆时针方向继续转动。

由于一个线圈所产生的转矩太小，且转速不稳定，因此实际上，电动机的电枢上绕有很多线圈，换向片数也随线圈的增多而相应增加。

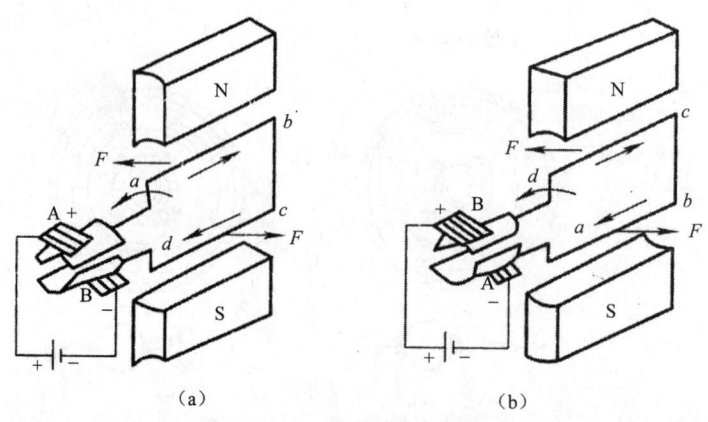

图2-7 直流电动机工作原理

（a）电流方向由 $a→b$；（b）电流方向由 $c→d$。

3）工作特性

直流串激式电动机的工作特性指转矩、转速、功率与电流之间的关系。

（1）转矩特性——启动转矩大。

直流串激式电动机的转矩特性如图2-8中的 M 曲线所示。

在起动机电路刚刚接通时，电动机处于完全制动状态（其转速 $n=0$），电枢电流达到最大值（称为制动电流），电动机产生最大转矩（称为制动转矩），正好满足了发动机启动瞬间需要大转矩的要求。这是起动机采用直流串激式电动机的主要原因。

（2）转速特性——轻载转速高、重载转速低。

直流串激式电动机具有轻载转速高、重载转速低的特性，如图2-8中的 n 曲线所示。刚开始启动时，由于电动机负载重，所以其转速低、转矩大，随着启动过程的进行，发动机转速增高，启动阻力减小，转矩也减小，正好满足发动机启动的需要，能够保证发动机可靠启动。这是起动机采用直流串激式电动机的又一主要原因。

（3）功率特性。直流电动机的输出功率与转矩 M 和转速 n 的乘积成正比，即

$$P = M \cdot n/9550 \text{（kW）}$$

如图2-8中的 P 曲线所示，当电动机完全制动（$n=0$）和空载（$M=0$）时，电动机的输出功率都等于零，当电枢电流约为制动电流的1/2时，电动机输出最大功率。

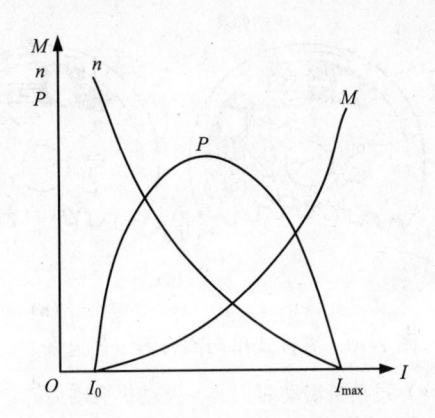

图2-8 直流串激式电动机的特性曲线

2. 传动机构

起动机传动机构由单向离合器和传动拨叉等部件组成，这里仅介绍单向离合器。单向离合器的作用是传递电动机转矩以启动发动机，在发动机启动后自动打滑，保证电枢不致飞散损坏。常用单向离合器有以下3种。

1）滚柱式单向离合器

（1）构造。滚柱式单向离合器的构造如图2-9所示。驱动齿轮与外壳制成一体，十字块与花键套筒制成一体，在外壳与十字块形成的4个楔形槽中分别装有一套滚柱与压帽弹簧，花键套筒外面装有移动衬套及缓冲弹簧。整个离合器总成利用花键套筒套装在电枢轴的花键上。

（2）工作过程。发动机启动时，拨叉使离合器总成沿电枢轴花键移动，驱动齿轮啮入发动机飞轮齿圈，然后起动机通电旋转，转矩由花键套筒传到十字块，这时滚柱在摩擦力

的作用下滚入楔形槽的窄端被卡死，迫使驱动齿轮带动发动机飞轮旋转，启动发动机，如图 2-10（a）所示。

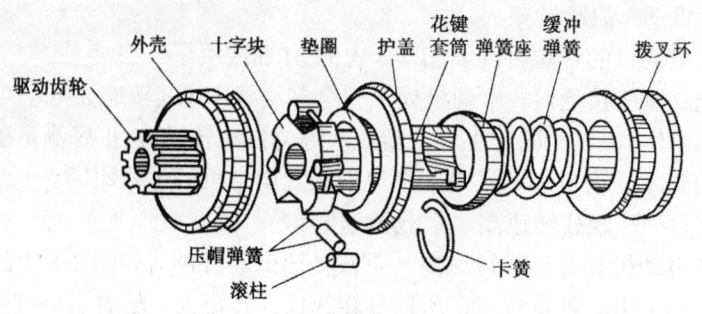

图 2-9 滚柱式单向离合器构造

发动机启动后，飞轮转速升高，飞轮齿圈变为主动轮带动驱动齿轮旋转，在摩擦力的作用下，滚珠滚入楔形槽的宽端而打滑，如图 2-10（b）所示，使发动机的转矩不能传递给电枢，防止电枢超速飞散。

滚柱式单向离合器结构简单、体积小、工作可靠，在现代汽车上被广泛采用。但它不能传递大的转矩，在大功率起动机上使用受到限制。

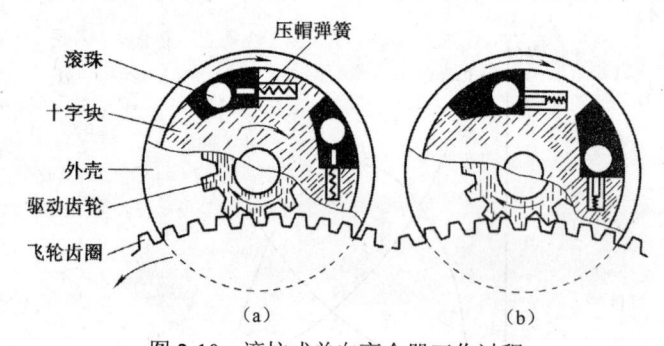

图 2-10 滚柱式单向离合器工作过程

（a）发动机启动时；（b）发动机启动后。

2）弹簧式单向离合器

（1）构造。弹簧式单向离合器的构造如图 2-11 所示，花键套筒装在电枢轴的螺旋花键上，驱动齿轮套在电枢轴的光滑部分上，驱动齿轮柄的圆柱部分与花键套筒的圆柱部分装在一起后，用两个月形键将它们连接，两部分之间能够相对转动，但不能作轴向相对移动。在它们外面包有一个扭力弹簧，弹簧的两端各有 1/4 圈内径较小，分别紧箍在齿轮柄和花键套筒上。扭力弹簧有圆形与方形截面两种形式。

（2）工作过程。发动机启动瞬间，电枢轴带动花键套筒稍有转动时，扭力弹簧顺着其螺旋方向将齿轮柄与花键套筒包紧，起动机转矩经扭力弹簧传递给驱动齿轮。发动机启动后，飞轮带动驱动齿轮旋转，其转速高于花键套筒，扭力弹簧被放松，齿轮与套筒间松脱打滑，发动机的转矩不能传递给起动机。

弹簧式离合器具有结构简单、寿命长、成本低等优点。但由于扭力弹簧的圈数较多，使其轴向尺寸较大，因此在小型起动机上使用受到限制。

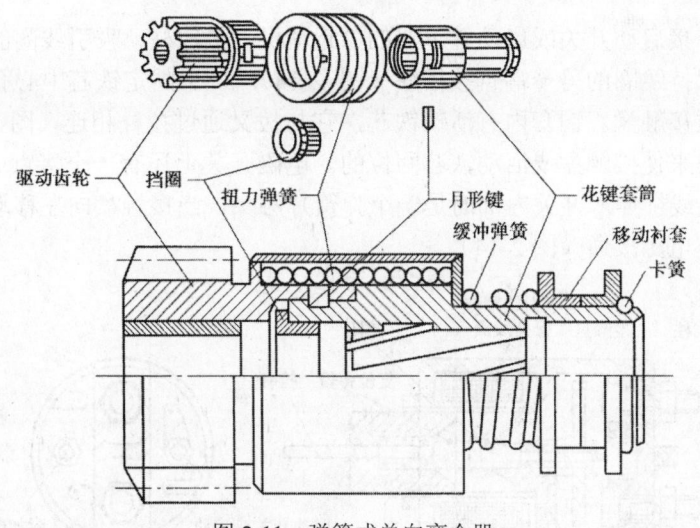

图 2-11 弹簧式单向离合器

3）摩擦片式单向离合器

（1）构造。摩擦片式单向离合器的构造如图 2-12 所示，花键套筒的外表面上有三线螺旋花键，套着内接合毂（主动毂），内接合毂上有 4 道轴向槽，用来插放主动摩擦片的内凸齿，被动摩擦片的外凸齿插在与驱动齿轮成一体的外接合毂（被动毂）的槽中，主、被动摩擦片相间排列。

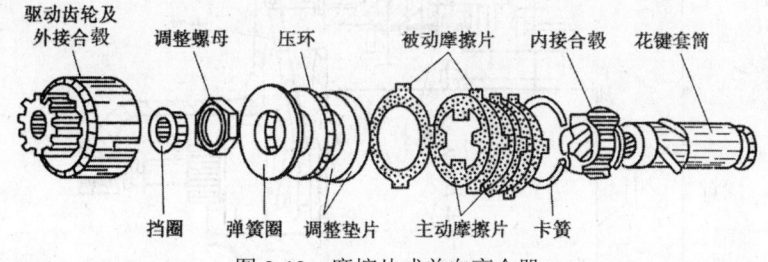

图 2-12 摩擦片式单向离合器

（2）工作过程。发动机启动瞬间，外接合毂是静止的，在惯性力作用下，内接合毂由于花键套筒的旋转而左移，从而使主、被动摩擦片压紧在一起，电枢转矩经内接合毂及主、被动摩擦片和外接合毂传给齿轮。发动机启动后，飞轮齿圈带动驱动齿轮旋转，于是内接合毂沿花键套筒的花键右移，使主、被动摩擦片放松而打滑，发动机的转矩不能传给起动机。

摩擦片式单向离合器可以传递较大转矩，并能在超载时自动打滑，可以防止因超载而损坏起动机。但由于摩擦片容易磨损、表面摩擦系数会逐渐变小，所以需经常检查和调整，另外其结构也比较复杂。

3. 控制装置

1）构造

控制装置即电磁开关的构造如图 2-13 所示，胶木盖上有两个主接线柱，它们伸入开关内部的部分为触点。电磁开关的另一端有铜套，上面绕着吸引线圈和保持线圈，两线圈的公共端引出一个接启动开关或启动继电器的"起动机"接线柱，吸引线圈的另一端接电动机主接线柱，保持线圈的另一端直接搭铁（图 2-14）。位于固定铁芯中心孔内的推杆上绝缘地安装着钢质接触盘。铜套内有活动铁芯，它与拨叉通过拉杆相连（图 2-14）。电磁开关内的弹簧是用来使接触盘或活动铁芯回位的。电磁开关上还有一个接点火线圈"开关"的接线柱，该接线柱伸入开关内部的是一个弹簧片触头，当接触盘向左移动时，该触头与接触盘接触而与电源接通（图 2-14）。

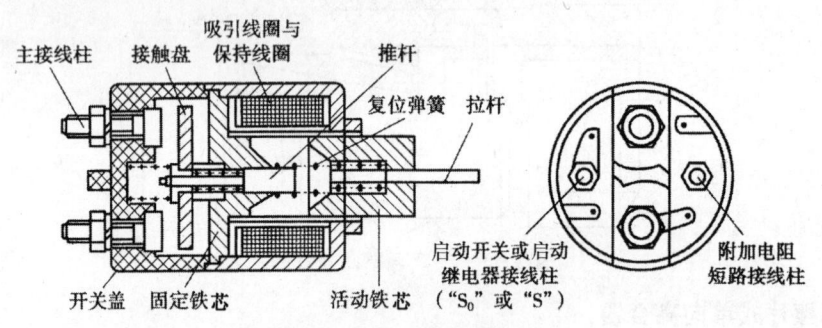

图 2-13 电磁开关的构造

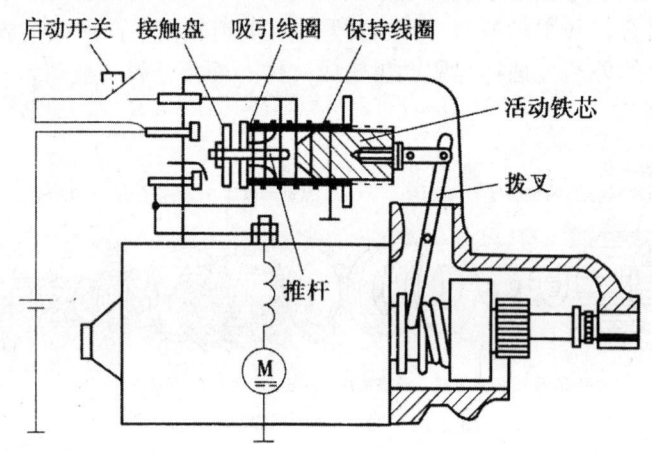

图 2-14 电磁操纵式起动机的原理电路

2）工作过程

图 2-14 是电磁操纵式起动机的原理电路，其工作过程如下。

（1）启动瞬间。刚接通启动开关时，吸引线圈和保持线圈的电流回路为：

蓄电池正极→启动开关（点火开关）→ ┌保持线圈─────┐ →蓄电池负极。此
　　　　　　　　　　　　　　　　　　└吸引线圈→电动机┘

时，吸引线圈和保持线圈产生的磁场方向相同，活动铁芯在电磁力的作用下克服弹簧的作用被吸入，同时带动拨叉将驱动齿轮推出，使驱动齿轮与发动机飞轮齿圈啮合，在它们即将完全啮合时，接触盘与各触点接触，将电动机主电路接通，电动机产生转矩带动发动机曲轴运转。

（2）启动过程。主电路接通后，接触盘将吸引线圈短路，而保持线圈仍有电流，且回路不变，这时在保持线圈的作用下，电磁开关仍保持在吸合位置上，起动机继续通电运转。

（3）启动后。刚断开启动开关时，吸引线圈和保持线圈构成的电流回路为：蓄电池正极→主接线柱及接触盘→吸引线圈→保持线圈→蓄电池负极。由于此时吸引线圈中的电流与启动瞬间该线圈中的电流方向相反，所以吸引线圈和保持线圈产生的磁场方向相反而相互抵消，于是活动铁芯在复位弹簧的作用下退回原位。接触盘退回时，切断了起动机主电路，拨叉将处于打滑状态的单向离合器拨回原位，齿轮脱离啮合，起动机停止工作。

（四）起动机的检测

起动机的检测主要包括激磁绕组、电枢绕组、电枢轴、电磁开关、单向离合器等的检测。

1. 激磁绕组的检测

激磁绕组的导线截面积比较大，发生短路的可能性很小。但如果大电流工作，通电时间过长，则很可能导致绝缘损坏，引起搭铁或短路等故障。如果极掌（铁芯）松动也会造成激磁绕组搭铁故障。

激磁绕组搭铁故障可用 220V 试灯检查，如图 2-15 所示。如果试灯亮，则表明有搭铁故障。

激磁绕组短路故障的检查，可将一个单格电池的电压加在激磁绕组的两端，同时用一铁片或螺丝刀在 4 个磁极上分别测试，感受其吸力的差异。如果某一磁极的吸力明显低于其他磁极，则表明该磁极上的绕组发生了短路故障。但是此种检查方法电流较大，所以动作要快，接通时间要短。

当查明激磁绕组确有匝间短路时，应重新包扎或更换。

激磁绕组断路故障的检查如图 2-16 所示。若阻值为∞，说明激磁绕组出现断路故障，一般是由于脱焊或虚焊引起，重新焊牢即可。

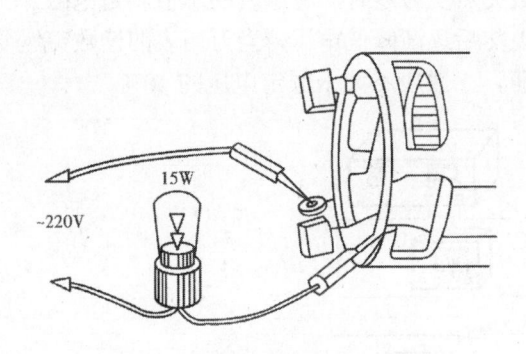

图 2-15 激磁绕组搭铁故障检查 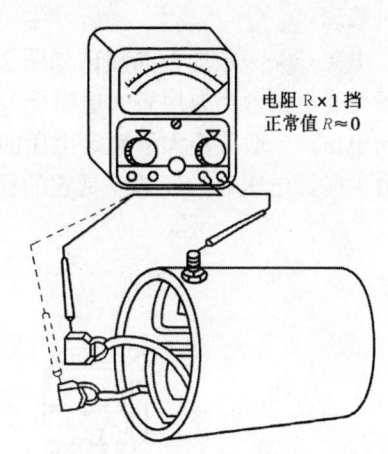　　图 2-16 激磁绕组断路故障的检查

2. 电枢总成的检测

电枢绕组的导线也较粗，假如焊在换向器上的线头脱焊，故障很直观，不必用仪器检查。短路和搭铁故障是比较常见的，可在电枢感应仪上检查。如图 2-17 所示，将电枢放置在感应仪的 V 形槽内，接通电源，试验金属片放置在被检查的电枢上，转动电枢，如果金属片有振动，则与其相对的电枢绕组有短路或搭铁故障。

换向器的故障多为表面烧蚀、云母层突出等。轻微烧蚀的用"00"号砂纸打磨即可。严重烧蚀或失圆时，应精车加工，但换向器的剩余厚度不得小于2mm，否则应更换。

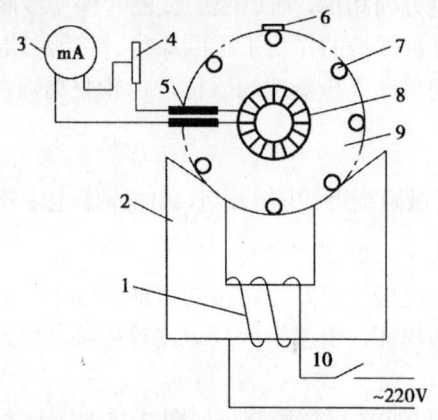

图 2-17 电枢感应仪

1—感应仪线圈；2—感应仪铁芯；3—毫安表；4—可变电阻；5—毫安表触针；
6—试验用金属片；7—电枢绕组；8—换向器；9—电枢铁芯；10—开关。

用千分表检查电枢轴，铁芯的径向跳动量不得大于 0.15mm。电刷的高度不得低于 2/3 标准尺寸。

3. 电磁开关的检测

电磁开关的故障多发生在触点、触头和接触盘上，如烧蚀、麻斑、接触面太小等。出现故障后需要及时用砂纸打磨或调整。假如某个线圈发生短路、断路或搭铁等故障，也应及时修理。

电磁开关吸放能力的测试如图2-18所示。将可调电源的电压调至最低，闭合开关后，逐渐提高电压，当万用表（电阻挡）的读数突然变为零时，电压表的示值就是电磁开关的吸合电压，一般应不大于额定电压的75%。然后逐渐降低电压，当万用表的读数突然变为无穷大时，电压表的读数就是它的释放电压，一般应不大于额定电压的40%。

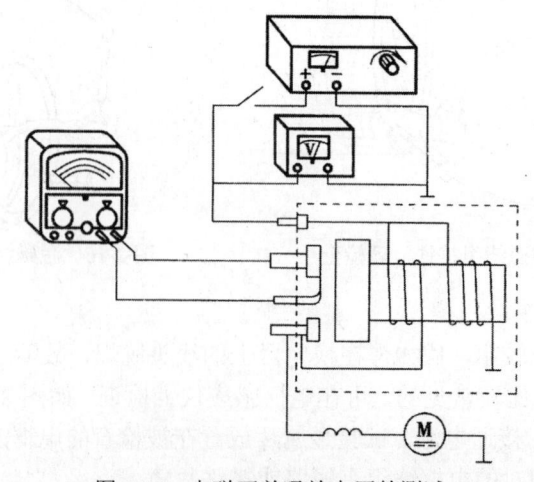

图 2-18 电磁开关吸放电压的测试

4. 单向离合器的检测

单向离合器的检查可以在虎钳上进行。滚柱式单向离合器在 25.5Nm 以上的转矩下不打滑；摩擦片式单向离合器应能在 117Nm～176Nm 转矩之间不打滑。否则就应进行修理或更换。

（五）起动机的试验

起动机修复后，通常进行下列两种试验，如不符合要求，应重新检修。

1. 空载试验

测量起动机的空载电流和空载转速并与标准值比较，以判断起动机内部有无电路和机械故障，其试验方法如下：

将起动机夹在虎钳上，按图 2-19 接线。接通起动机电路（每次试验不要超过 1min，以免起动机过热），起动机应运转均匀，电刷下无火花。记下电流表、电压表的读数，并用转速表测量起动机转速，其值应符合技术规定。

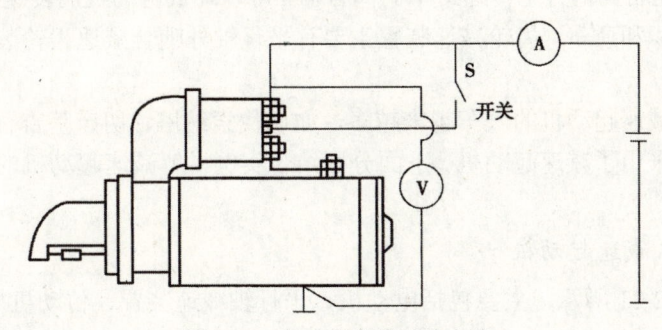

图 2-19 起动机空载试验电路

若电流大于标准值，而转速低于标准值，表明起动机装配过紧或电枢绕组和磁场绕组内有短路或搭铁故障；若电流和转速都小于标准值，则表明起动机线路中有接触不良的地方（如电刷弹簧压力不足，换向器与电刷接触不良等）。

2. 全制动试验

全制动试验应在空载试验的基础上进行，空载试验不合格的起动机不应进行全制动试验。

全制动试验的目的是测量起动机在完全制动时所消耗的电流（制动电流）和制动力矩，以判断起动机主电路是否正常，并检查单向离合器是否打滑，其试验方法如下：

如图 2-20 所示，将起动机夹持在试验台上，使杠杆的一端夹住起动机驱动齿轮，电路连接与空载试验相同。按下开关 S，起动机通电，呈制动状态，观察单向离合器是否打滑，并迅速记下电流表、电压表及弹簧秤的读数，其值应符合技术规定。

若制动力矩小于标准值而电流大于标准值，则表明磁场绕组或电枢绕组中有短路和搭铁故障；若力矩和电流都小于标准值，表明线路中接触电阻过大；若驱动齿轮锁止而电枢轴有缓慢转动，则说明单向离合器有打滑现象。

全制动试验应注意：每次试验通电时间不要超过 5s，以免损坏起动机及蓄电池；试验过程中，工作人员应避开弹簧秤夹具，防止发生人身事故。

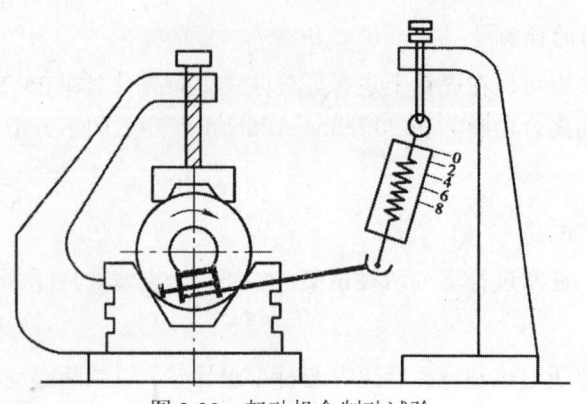

图 2-20 起动机全制动试验

（六）减速起动机的基本结构和工作原理

减速起动机与常规起动机的主要区别是：在传动机构和电枢轴之间安装了一套齿轮减速装置，通过减速装置把力矩传递给单向离合器，可以降低电动机的转速，增大输出力矩，减小起动机的体积和质量。齿轮减速装置主要有平行轴外啮合减速齿轮装置和行星齿轮减速装置两种形式。

目前，采用减速起动机的汽车越来越多，如现代索纳塔、切诺基吉普车、奥迪、本田和丰田轿车等都采用了减速起动机。下面分别结合实例讲解减速起动机的结构组成和工作原理。

1. 平行轴式减速起动机

其结构如图 2-21 所示，主要包括电动机、平行轴减速装置、传动机构和控制装置。

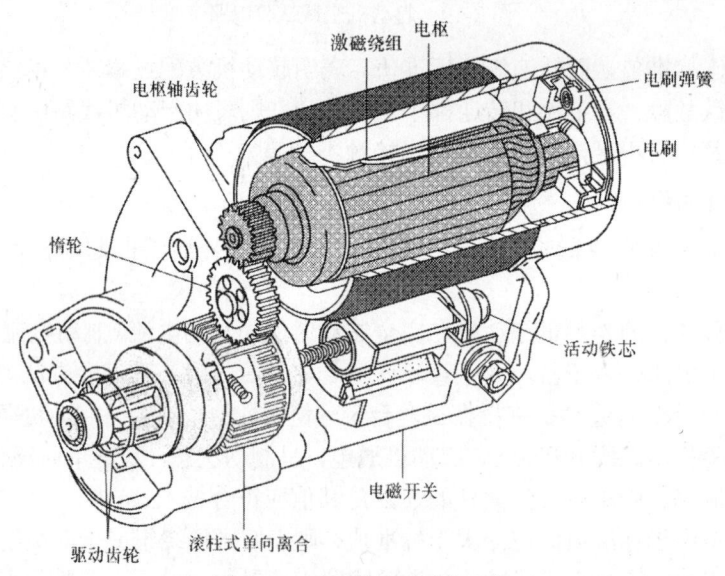

图 2-21 平行轴式减速起动机

（1）电动机。该电动机 4 个磁场绕组相互并联后，再与电枢绕组串联，仍为串激式电动机，如图 2-22 所示。基本部件与常规起动机相似，此处不再重复其工作原理。

（2）传动机构及减速装置。传动机构和减速装置的位置关系如图 2-21 所示。图 2-23 所示为减速装置中齿轮的啮合关系和传动机构中单向离合器示意图。

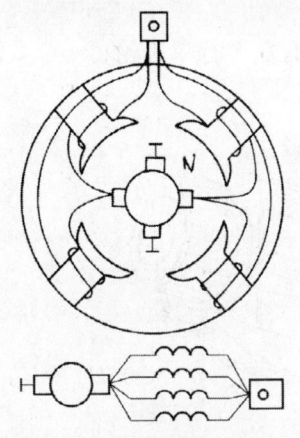

图 2-22　激磁绕组的连接

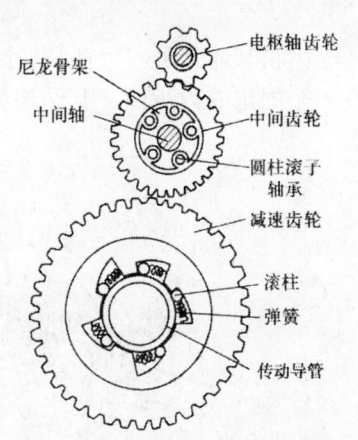

图 2-23　减速齿轮啮合关系和单向离合器

滚柱式单向离合器设置在减速齿轮内毂，其内毂制成楔形空腔，传动导管装入时，将空腔分割成 5 个楔形腔室，腔室内放置滚柱和弹簧。平时在弹簧张力作用下，滚柱滚向楔形腔室窄端，传递动力时，由滚柱将传动导管和减速齿轮卡紧成一体。离合器的工作原理和常规起动机中的滚柱式单向离合器工作原理相同，此处不再分析。

减速齿轮装置采用平行轴外啮合减速齿轮装置，该装置中设有 3 个齿轮，即电枢轴齿轮、惰轮（中间齿轮）及减速齿轮。从图 2-23 中可以看出，与常规起动机相比，该减速装置传动比较大，输出力矩也较大。

2. 行星齿轮式减速起动机

行星齿轮式减速起动机的结构如图 2-24 所示。

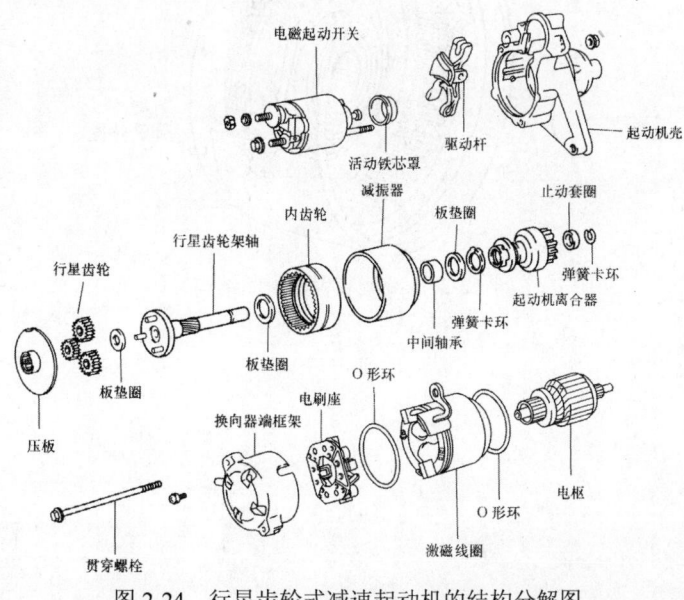

图 2-24　行星齿轮式减速起动机的结构分解图

（1）电动机。该电动机的结构有两类，一类与常规起动机类似，它采用激磁线圈产生磁场，此处不再重复。另一类采用永久磁铁代替激磁绕组，减小了起动机的体积，提高了起动性能。

（2）行星齿轮减速装置。行星齿轮减速装置中设有 3 个行星齿轮、一个太阳轮（电枢轴齿轮）及一个固定的内齿圈，其结构如图 2-25 所示。

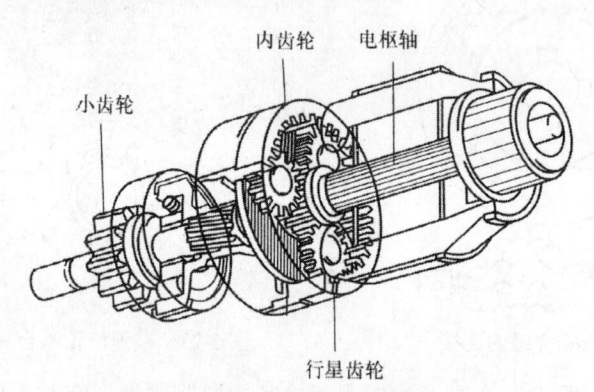

图 2-25 行星齿轮减速装置

内齿圈固定不动，行星齿轮支架是一个具有一定厚度的圆盘，圆盘和驱动齿轮轴制成一体。3 个行星齿轮连同齿轮轴一起压装在圆盘上，行星齿轮在轴上可以边自转边公转。驱动齿轮轴的一端制有螺旋键齿，与离合器传动导管内的螺旋键槽配合。

如图 2-26 所示，为了防止起动机中过大的扭力对齿轮造成损坏，弹簧垫圈把离合器片压紧在内齿轮上，当内齿圈受到过大的扭力时，离合器片和弹簧垫圈可以吸收过大的扭力。

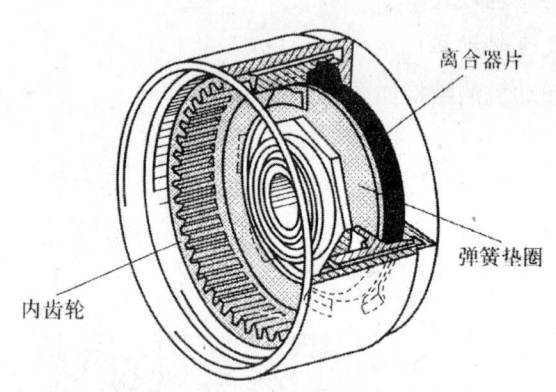

图 2-26 减速装置内齿圈结构

项目七 启动控制电路分析与故障诊断

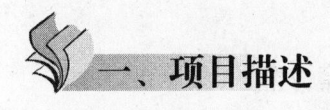

一、项目描述

启动系统电路因车型而异，产生故障的原因也有所不同。当启动系统出现故障后，必须要分析其电路，根据故障现象分析故障原因，查找故障部位。通过本项目的学习，应能达到以下要求。

1. 知识要求

（1）熟悉启动系统基本控制电路；
（2）了解启动系统常见故障类型；
（3）掌握启动系统故障诊断方法。

2. 技能要求

（1）会分析典型车型启动系统的电路；
（2）能进行启动系统的常见故障诊断。

3. 素质要求

（1）安全文明生产，保证人身、工具和设备安全；
（2）正确选择和使用工具；
（3）拆装工艺合理，操作规范；
（4）5S——整理（Seiri）、整顿（Seiton）、清扫（Seiso）、清洁（Seikeetsu）和素养（Shitsuke）。

二、项目实施

任务一　连接启动系统电路

1. 训练设备

（1）桑塔纳 3000 整车电路台架 4 台；
（2）桑塔纳 3000 电路图册 4 本；
（3）万用表 4 只；
（4）连接导线若干。

2. 训练步骤

（1）在桑塔纳 3000 整车电路台架上找出启动系统主要部件及接线端子；
（2）识读桑塔纳 3000 启动系统电路图；
（3）绘制桑塔纳 3000 启动系统电路图；
（4）根据绘制的电路图，在整车电路台架上进行线路连接。

任务二　进行启动系统的常见故障诊断

1. 训练设备

（1）桑塔纳 3000 整车电路台架 4 台；
（2）桑塔纳 3000 电路图册 4 本；
（3）万用表 4 只；
（4）连接导线若干。

2. 训练步骤

（1）由老师在整车电路台架上进行故障设置。
① 起动机不转（控制电路故障）；
② 起动机不转（主电路故障）。
（2）在老师的指导下，由学生进行故障排除。

三、相关知识

（一）启动控制电路

现代汽车的启动电路大多由点火开关启动挡控制的，但电路有较大差别。

1. 无继电器的启动控制电路

一些装用小功率起动机的微型车、轿车（如桑塔纳、丰田等轿车），直接由点火开关的启动挡控制起动机电磁开关。电路连接情况如图 2-27 所示。

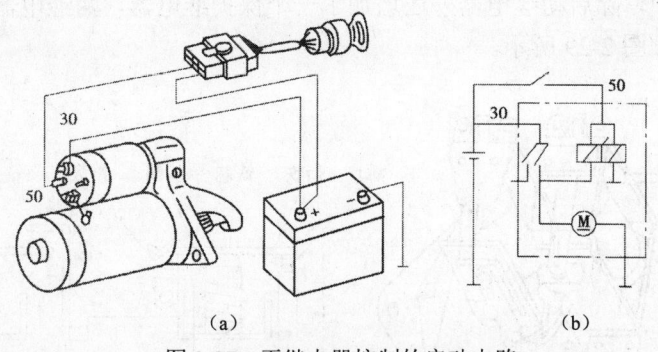

图 2-27　无继电器控制的启动电路

（a）接线图；（b）原理图。

无继电器控制的启动电路的工作过程与图 2-14 所示的工作过程相同。

2. 带启动继电器的启动控制电路

较大功率起动机的控制电路中增加了启动继电器。由继电器的触点控制电磁开关的大电流，而用点火开关启动挡控制继电器线圈的小电流。因此启动继电器的作用就是以小电流控制大电流，保护点火开关。其电路如图 2-28 所示。

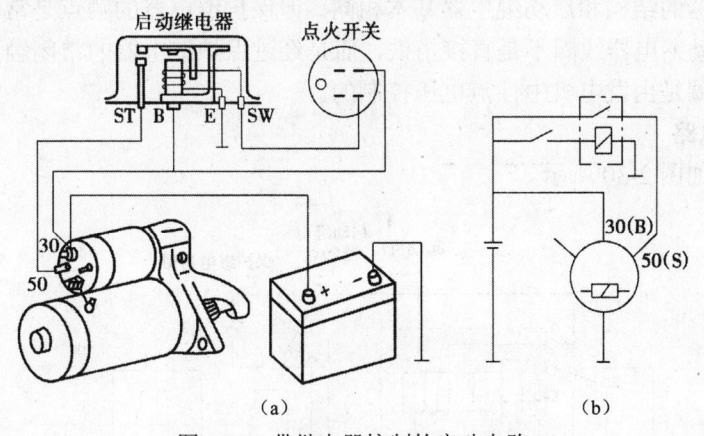

图 2-28　带继电器控制的启动电路

点火开关置于启动挡时，启动继电器线圈有电流通过，产生磁场，铁芯对动铁产生电磁吸力，克服弹簧的作用使触点闭合，接通了起动机电磁开关的电路，回路为：蓄电池正极→继电器"B"接线柱→继电器触点→继电器"ST"接线柱→电磁开关→蓄电池负极。电磁开关通电后，起动机的工作情况与图 2-14 所示的相同。

3. 带启动保护继电器的启动控制电路

所谓起动机的保护，是指发动机启动后，若未及时放松点火开关，起动机会自动停止工作，防止起动机"飞车"；若发动机正常运转时，即使将点火开关转至启动挡，起动机也不会投入工作，防止起动机驱动齿轮与飞轮相碰而产生"打齿"现象。带保护继电器的启动电路以解放 CA1092 型汽车启动系统为例。

1）复合继电器

在启动电路中，除启动继电器外还增加了一个保护继电器，两继电器组合在一起，构成复合继电器，如图2-29所示。

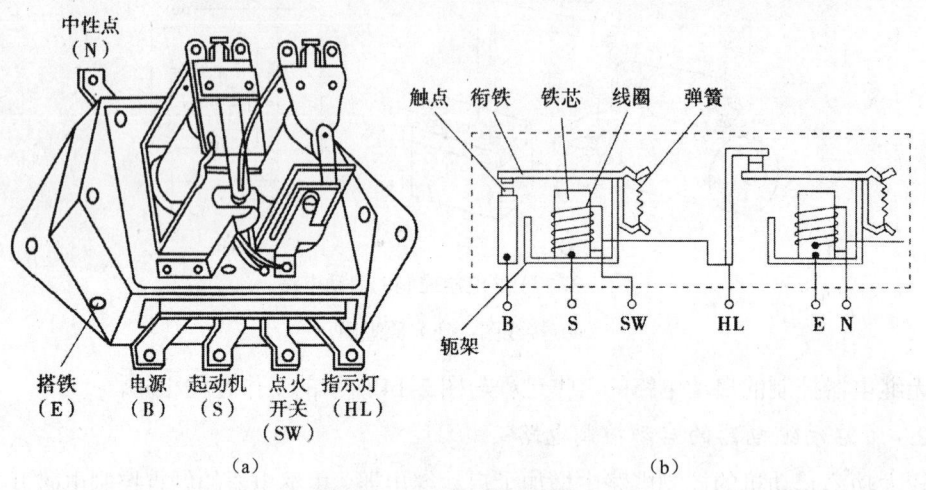

图 2-29　JD71型复合继电器

（a）结构图；（b）电路图。

保护继电器的结构和启动继电器基本相同，但保护继电器的触点是常闭合的。在复合继电器中，启动继电器线圈不是直接搭铁，而是经过保护继电器的常闭触点后再搭铁，保护继电器的线圈是由发电机中性点电压控制的。

2）保护电路

保护电路如图2-30所示。

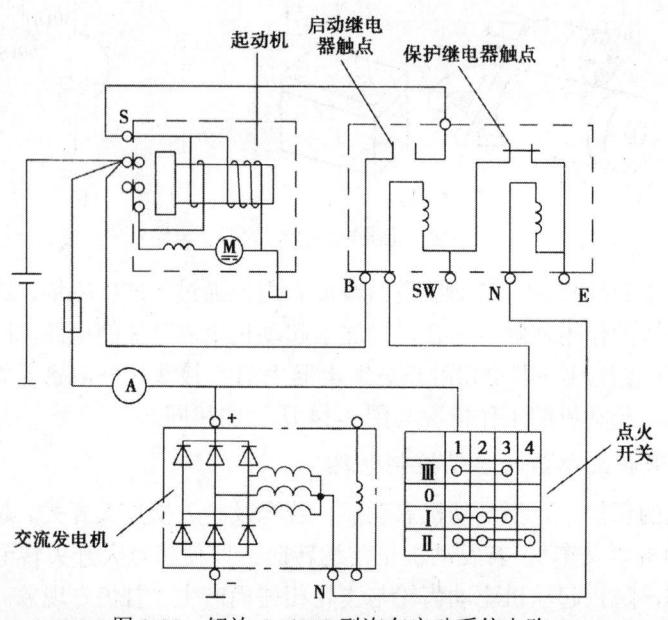

图 2-30　解放CA1092型汽车启动系统电路

3）工作过程

发动机启动后，保护继电器线圈的电流回路为：发电机中性点 N→保护继电器线圈→搭铁→发电机负极。由于此时发电机中性点电压已较高，保护继电器触点被打开，切断了启动继电器线圈的电流，启动继电器的触点被打开，起动机即自动停止工作。

发动机正常运转时，由于误操作或其他原因，点火开关被拧到启动挡时，因发电机中性点电压始终使保护继电器线圈通电，其触点一直打开着，启动继电器线圈不会有电流通过，因此起动机电磁开关不能通电工作，防止了齿轮的撞击，对起动机起到保护作用。

发动机停转后，发电机中性点电压消失，保护继电器线圈的电流为零，其触点闭合，此时又可按需要重新启动发动机。

4. 搭载自动变速器汽车的驱动保护

装用自动变速器的汽车在自动变速器上有一个开关，与点火开关启动挡串联后，再接起动机的"50"接线柱，如图2-31所示。只有自动变速器处于驻车挡（P挡）或空挡（N挡）时，该开关才闭合，在其他挡位上均断开，从而保证了汽车正常行驶时，起动机不投入工作，实现了驱动保护。

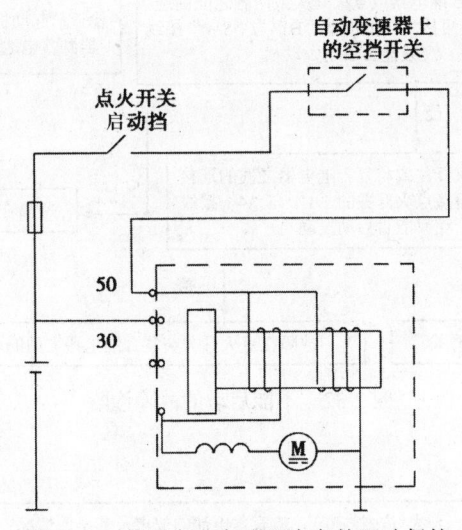

图2-31 装用自动变速器汽车的驱动保护

（二）启动系统的故障诊断

启动系统常见故障有起动机不转、起动机运转无力、起动机异响等。

1. 起动机不转

以解放CA1092载货汽车启动系统复合继电器控制电路为例，分析启动电路的故障诊断方法步骤，其控制电路如图2-30所示。

出现此故障的原因可能在蓄电池、起动机（电动机或电磁开关）、继电器、连接线路等，按照图2-32所示查找故障所在部位。

2. 起动机运转无力

出现此故障，按照图2-33所示查找故障所在部位。

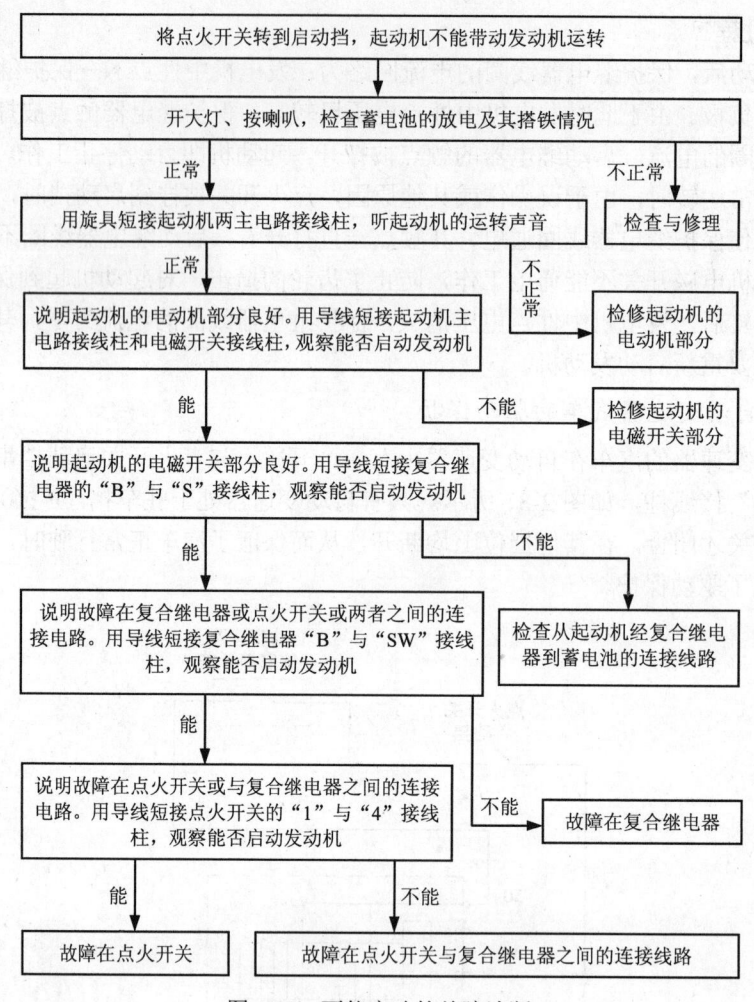

图 2-32 不能启动的故障诊断

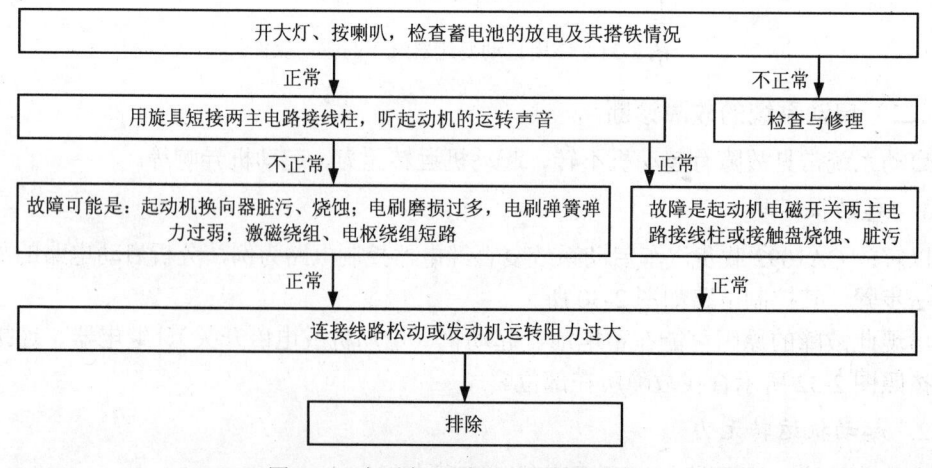

图 2-33 起动机运转无力的故障诊断

3．起动机异响

启动过程中，起动机电磁开关内产生周期性的敲击声，无法启动发动机，此故障原因是电磁开关内保持线圈短路、断路或蓄电池严重亏电。

自我测试题

（一）概念题

1．直流串激电动机
2．强制啮合式起动机
3．电枢移动式起动机

（二）填空题

1．电磁式起动机的电磁开关中两个线圈分别是_____、_____。
2．起动机一般由_____、传动机构和_____三大部分组成。
3．直流串激电动机主要由机壳、磁场、_____、_____及电刷等组成。
4．减速起动机在_____和_____之间安装了一套齿轮减速装置。
5．启动发动机时，每次启动时间不得超过_____；连续启动的间隔时间不得少于_____。
6．启动继电器的作用是_____，_____。

（三）判断题

1．直流串激电动机的作用是将电能转变为机械能，产生电磁转矩。（   ）
2．直流电动机磁场绕组是否搭铁，可用万用表检验，也可用交流试灯检验。（   ）
3．用交流试灯检验直流电动机搭铁情况，若试灯亮，则说明电枢绕组有搭铁故障。（   ）
4．所谓直流串激电动机就是指电动机内的电枢绕组和换向器串联。（   ）
5．直流串激式起动机的转矩与电枢电流的平方成正比。（   ）
6．电枢的作用是在电动机中产生磁场。（   ）
7．在起动机启动的过程中，吸引线圈被短路。（   ）
8．发动机启动过程中，转速越高，流过电动机的电流越小。（   ）
9．起动机中单向离合器的作用是为了防止空载时飞车。（   ）
10．如果起动机电磁开关的保位线圈接地不良，起动机小齿轮无法推出。（   ）

（四）选择题

1．直流串激式电动机在轻载时，电枢电流（   ），转速（   ），转矩（   ）。
  A．小…低…大   B．大…低…小
  C．小…高…小   D．大…高…小

2. 永磁式起动机是将（　　）用永久磁铁取代。
   A．电枢绕组　　　B．磁场绕组　　　C．吸引线圈　　　D．脉冲绕组

3. 引起起动机运转无力的原因是（　　）
   A．蓄电池亏电　　　　　　　　　C．吸引线圈断路
   C．换向器脏污　　　　　　　　　D．电磁开关中接触片烧蚀、变形

4. 起动机空转的原因之一是（　　）。
   A．蓄电池亏电　　　　　　　　　B．单向离合器打滑
   C．电刷过短　　　　　　　　　　D．以上说法均不正确

5. 在起动机的解体检测过程中，（　　）是电枢的不正常现象。
   A．换向器片和电枢轴之间绝缘　　B．换向器片和电枢铁芯之间绝缘
   C．各换向器片之间绝缘　　　　　D．以上说法均不正确

6. 在判断起动机不能运转的过程中，在车上短接电磁开关端子30和端子C时，起动机不运转，说明故障在（　　）。
   A．起动机的外部电路　　　　　　B．电磁开关
   C．电机本身　　　　　　　　　　D．不能进行区分

7. 减速起动机和常规起动机的主要区别在于（　　）不同。
   A．直流电动机　　B．控制装置　　C．传动机构　　D．控制装置和传动机构

8. 起动机驱动轮的啮合位置由电磁开关中的（　　）线圈的吸力保持。
   A．保持　　　　　B．吸引　　　　C．初级　　　　D．次级

9. 下列不属于起动机控制装置作用的是（　　）。
   A．使可动铁芯移动，带动拨叉使驱动齿轮和飞轮啮合或脱离
   B．使可动铁芯移动，带动接触盘使起动机的两个主接线柱接触或分开
   C．产生电磁力，使起动机旋转
   D．以上说法都正确

10. 起动机的电枢主要由电枢轴、电枢铁芯、电枢绕组和_____等组成。
    A．磁极　　　　　B．换向器　　　C．电刷　　　　D．磁场绕组

学习领域三

发动机点火系统

项目八 点火系统总体认识

一、项目描述

汽油发动机是靠火花塞点燃汽缸内可燃混合气的。点火系统性能的好坏直接影响发动机的工作性能。点火系统由点火线圈产生点火高电压，由分电器把点火高电压分送到各缸的火花塞，点燃汽缸内的可燃混合气。通过本项目的学习，应能达到以下要求。

1. 知识要求

（1）了解点火系统的作用、组成；
（2）熟悉点火系统的类型；
（3）了解点火系统各部件的作用；
（4）了解点火系统基本工作原理。

2. 技能要求

能使用工具拆装点火系统主要部件。

3. 素质要求

（1）安全文明生产，保证人身、工具和设备安全；
（2）正确选择和使用工具；
（3）拆装工艺合理，操作规范；
（4）5S——整理（Seiri）、整顿（Seiton）、清扫（Seiso）、清洁（Seikeetsu）和素养（Shitsuke）。

二、项目实施

任务　发动机点火系统总体认识

1. 训练设备
(1) 汽车（或发动机台架）4台；
(2) 常用拆装工具4套；
(3) 万用表4只。

2. 训练步骤
(1) 在汽车（或发动机台架）上找出点火系统主要部件；
(2) 指出点火系统各部件的作用；
(3) 拆装分电器总成、点火线圈总成、火花塞总成；
(4) 绘制简单（传统）的点火系统电路图。

三、相关知识

（一）点火系统功用

汽油机汽缸内的混合气由点火系统所产生的高压电火花点燃。点火系统的作用是将蓄电池或发电机提供的低压电变为高压电，按照发动机的工作顺序和点火时间的要求，适时、准确地将高压电分配给各缸火花塞，使之跳火，点燃可燃混合气。

（二）对点火系统的基本要求

1. 能产生足以击穿火花塞电极间隙的高电压

火花塞电极之间产生火花的电压称为击穿电压。为了保证可靠点火，点火系统必须留有一定的次级电压储备量，使之在各种困难的情况下均能提供足够的击穿电压。但过高的次级电压又会给绝缘带来困难，使成本增高。因此，次级电压通常被限制在30kV以内。

2. 火花塞产生的电火花应具有足够的能量

仅有高电压也不能保证可靠点火，要使混合气可靠地被点燃，一般要求电火花的能量为50mJ～80mJ，启动时应大于100mJ。

3. 点火时间要符合发动机工况的要求

首先，点火系统应按照发动机的工作顺序依次为各个汽缸点火。

其次，对于每一个汽缸而言，必须是在最有利的时刻点火，以使发动机产生的功率最大、油耗最小、排放污染最小。

点火时刻是用点火提前角来表示的。点火提前角是指从火花塞跳火开始到活塞压缩行程上止点为止的一段时间内发动机曲轴所转过的角度。通常把发动机发出功率最大和油耗最小时的点火提前角称为最佳点火提前角。点火提前角过大（点火过早）不仅使发动机功率下降、燃料消耗增加，还会引起爆燃，加速机件的损坏。点火提前角过小（点火过迟）会导致燃烧压力降低、发动机功率下降，引起发动机过热、油耗增加。

（三）点火系统的类型

由蓄电池和发电机提供电能的点火系统称为蓄电池点火系统。

1. 按点火控制方式不同分

1）机械触点式点火系统

由断电器触点开、闭控制点火线圈初级电流通断。

2）电子点火系统

由电子点火器中的大功率三极管控制点火线圈初级电流通断。分为普通电子点火系统和微机控制点火系统。

2. 按储存点火能量的方式分

1）电感蓄能式点火系统

点火系统产生高压前，从电源获取的能量是由电感线圈以磁场能的方式储存，即以点火线圈建立磁场能量的方式储存点火能量。

2）电容储能式点火系统

点火系统产生高压前，从电源获取的能量以蓄能电容建立电场能量的方式储存。目前使用的绝大部分点火系统为电感储能式。

3. 按点火信号产生的方式分

普通电子点火系统由分电器中的点火信号发生器产生点火信号。按点火信号产生的方式分为以下几种。

1）电磁感应式点火系统

由分电器轴驱动的导磁转子转动改变磁路磁阻，使感应线圈的磁通量发生变化而产生点火电压信号。

2）霍耳效应式点火系统

由分电器轴驱动的导磁转子转动，使通过霍耳元件的磁通量变化而产生点火信号。

3）光电效应式点火系统

由分电器轴驱动的遮光转子转动，通过阻挡和穿过发光二极管光线的变化，使光敏三极管产生点火信号。

4）电磁振荡式点火系统

由分电器轴驱动的耦合转子转动，通过振荡电路起振和不起振的变化，再经滤波电路滤波后而得到点火信号。

微机控制点火系统由 ECU 根据传感器的信号判断发动机工况，然后产生与之相对应的点火信号。

（四）点火系统的基本组成

以传统点火系统为例，传统点火系统由电源、分电器、点火线圈、火花塞、点火开关等组成，如图 3-1 所示。

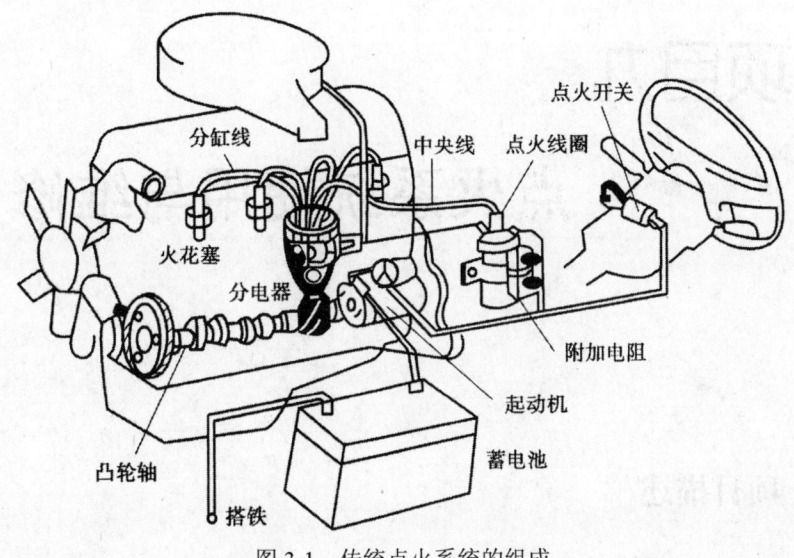

图 3-1 传统点火系统的组成

1. 电源

电源为蓄电池或发电机，其作用是供给点火系统所需的低压电能。启动时由蓄电池供电，启动后由发电机供电。

2. 分电器

分电器主要包括配电器、断电器、电容器、点火提前装置等部件。在发动机凸轮轴的驱动下，按时接通或切断点火线圈初级电流，并将点火线圈产生的高压电根据发动机的点火顺序依次送到各缸的火花塞，同时能随发动机转速、负荷的变化自动调整点火提前角。

3. 点火线圈

点火线圈将电源提供的低压电转变成高压电。点火线圈上附加电阻为正温度系数的热敏电阻，启动时附加电阻被短路，可以提高初级电流和次级电压，增强启动时火花塞的跳火能量；在发动机低速运转时，又能防止点火线圈因初级电流过大而过热。

4. 火花塞

火花塞将高压电引入汽缸燃烧室，产生电火花点燃混合气。

5. 点火开关

点火开关控制点火系统低压电路的通断以及发动机的启动、运转和熄火。

项目九 点火系统使用与维修

一、项目描述

点火系统类型和组成因车型而异,点火控制的方式也有所区别。点火系统出现故障后,必须对其进行拆装、检测与维修。通过本项目的学习,应能达到以下要求。

1. 知识要求

(1) 熟悉传统点火系统组成、电路及工作过程;

(2) 掌握普通电子点火系统组成、电路及工作过程;

(3) 掌握微机控制点火系统组成、电路及工作过程。

2. 技能要求

(1) 会使用常用工具拆装点火系统各总成;

(2) 能够对点火系统主要部件进行检测;

(3) 能判断点火系统的技术状况。

3. 素质要求

(1) 安全文明生产,保证人身、工具和设备安全;

(2) 正确选择和使用工具;

(3) 拆装工艺合理,操作规范;

(4) 5S——整理(Seiri)、整顿(Seiton)、清扫(Seiso)、清洁(Seikeetsu)和素养(Shitsuke)。

二、项目实施

任务　点火系统的性能检测

1. 训练设备

（1）汽车（或发动机台架）4台；

（2）点火正时灯4只；

（3）常用拆装工具4套；

（4）万用表4只；

（5）示波器4只。

2. 训练步骤

1）点火正时的检查与调整

（1）启动发动机，预热至正常工作温度；

（2）急速增减油门，通过听发动机声音来判断点火正时；

（3）用点火正时灯检查点火正时；

（4）进行点火正时的调整。

2）点火系统高压点火波形测试

（1）连接示波器；

（2）启动发动机；

（3）测试波形并记录。

3）点火系统主要部件检测

三、相关知识

（一）传统点火系统

1. 传统点火系统的工作原理

传统点火系统的工作原理如图3-2所示。

接通点火开关，启动发动机，发动机凸轮轴带动分电器轴旋转，断电器凸轮使断电器触点反复地开、闭。当触点闭合时，接通点火线圈的初级电流，点火线圈储存磁场能量；当触点断开时，初级电流消失，在点火线圈的次级绕组感应出高压电，再通过配电器分配到各缸火花塞，使火花塞电极间产生电火花点燃混合气。

1）传统点火系统的高、低压电路

（1）低压电路。如图3-2中实线箭头所示，低压电路在触点闭合时以蓄电池或发电机为电源，以附加电阻及点火线圈初级绕组为负载，其电流回路为：蓄电池或发电机正极→电流表→点火开关ON挡→附加电阻→点火线圈初级绕组→断电器活动触点→固定触点→搭铁→蓄电池或发电机负极。启动时附加电阻被短路。

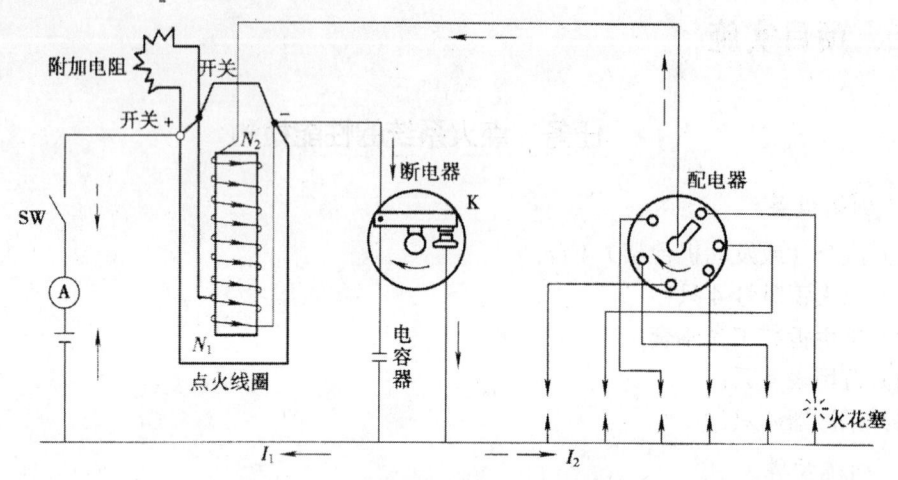

图 3-2 传统点火系统的工作原理图

（2）高压电路。如图 3-2 中虚线箭头所示，高压电路在触点从闭合到断开瞬间以点火线圈次级绕组为高压电源，以火花塞电极间隙为负载，其电流回路为：点火线圈次级绕组正极→附加电阻→点火开关→电流表→蓄电池或发电机→搭铁→火花塞侧电极→中心电极→配电器→点火线圈次级绕组负极。

2）传统点火系统的工作过程

传统点火系统的工作过程可分为以下 3 个阶段。

（1）触点闭合，初级电流增长。如图 3-3 所示，触点闭合时，低压电路接通，初级电流增长，初级电流在点火线圈的铁芯中形成磁场，储存了磁场能。初级电流增长时，不仅在点火线圈初级绕组中感应出自感电动势，也在次级绕组中产生互感电动势，但由于磁通的增加较慢，次级绕组中产生的互感电动势很低（1.5kV～2kV），还不能击穿火花塞电极间隙。

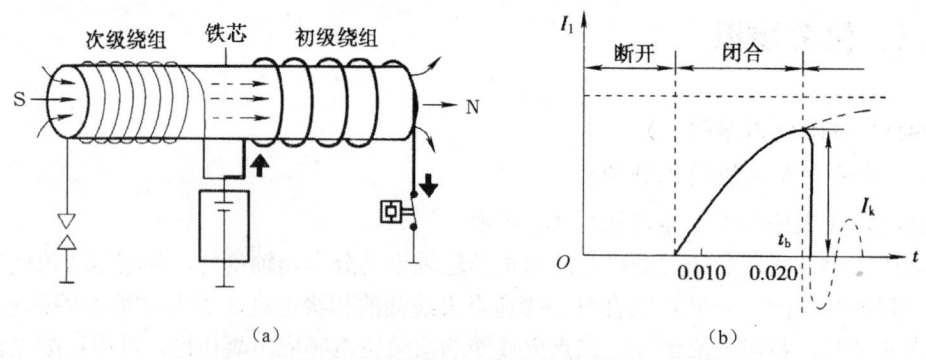

图 3-3 触点闭合、初级电流增长

(a) 触点闭合时的低压电路；(b) 初级电流增长曲线。

（2）触点断开，次级绕组产生高电压。如图 3-4 所示，当触点断开时，初级电流迅速消失，铁芯储存的磁场能也随之迅速变化，在两个线圈中都感应出电动势。初级绕组只产生 200V～300V 的自感电动势，而次级绕组产生的互感电动势高达 15kV～20kV，完全能够击穿火花塞的电极间隙。

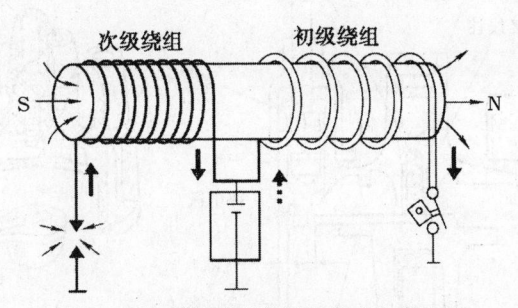

图 3-4　触点断开时次级绕组产生高电压

（3）火花塞电极间火花放电。点火线圈次级绕组产生的电压上升到火花塞的击穿电压时，火花塞的电极间隙被击穿，产生电火花，储存在点火线圈及其系统中的能量以电火花的形式释放出来。

2. 传统点火系统主要部件

1）分电器

传统点火系统的分电器主要由配电器、断电器、电容器、离心及真空点火提前装置等部件组成，如图 3-5 所示。

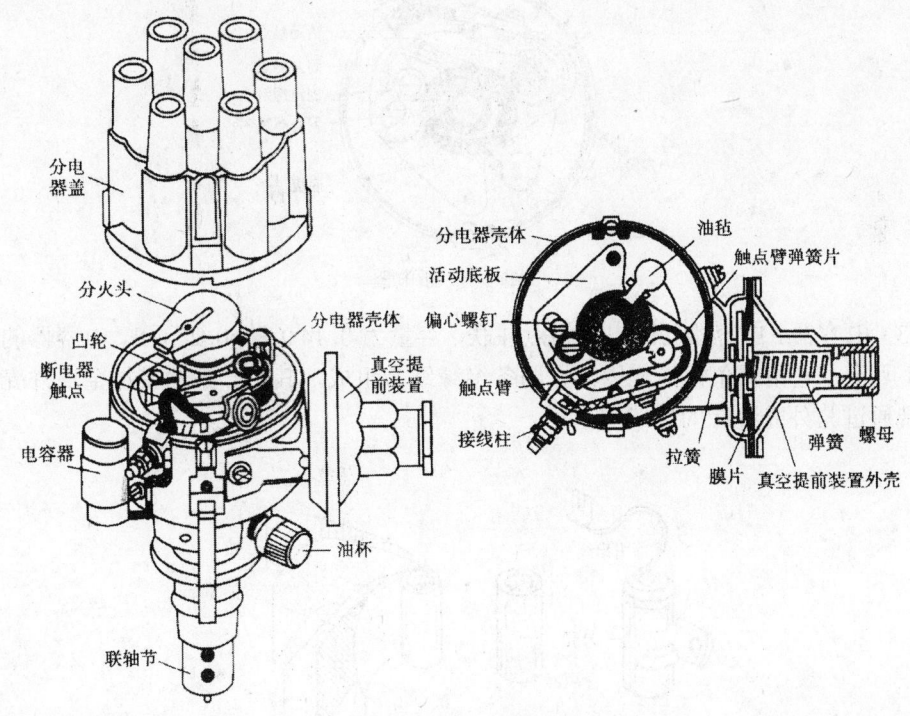

图 3-5　分电器

（1）配电器。配电器的结构如图 3-6 所示，它由分火头和分电器盖组成。分火头上有一个导电片，分火头插在断电器凸轮的顶端，随分电器轴一起，其作用是按发动机的工作顺序依次分配高压电至各缸火花塞。

图 3-6 配电器

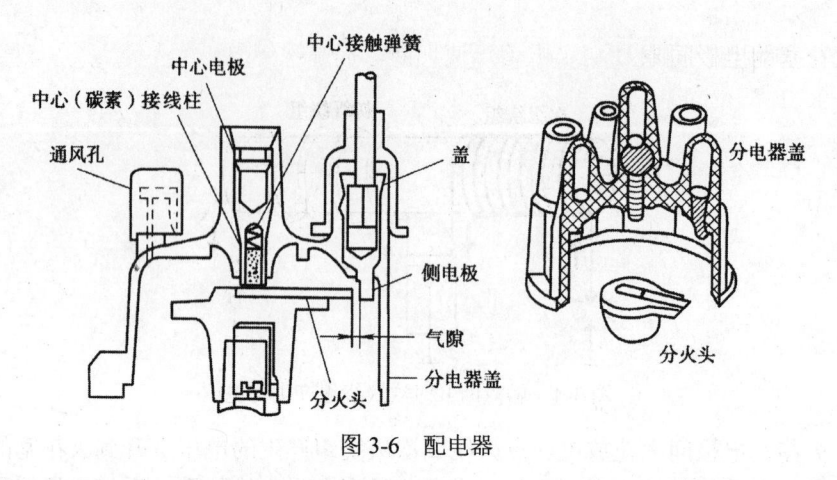

(2) 断电器。断电器的结构如图 3-7 所示,它由一对触点和凸轮组成,其作用是周期性地接通和切断低压电路。触点(俗称白金)由钨合金制成,一触点固定,另一触点活动并与壳体上的接线柱相连,触点间隙一般为 0.35mm～0.45mm;凸轮的凸角数与发动机汽缸数相等,凸轮由分电器轴驱动。

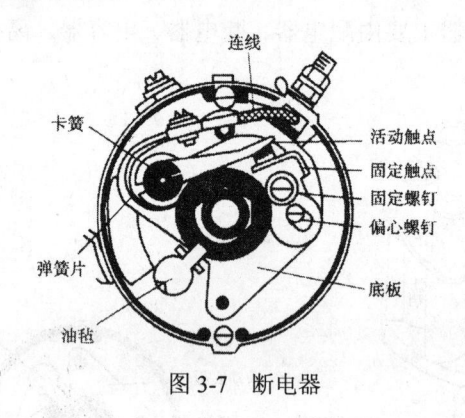

图 3-7 断电器

(3) 电容器。电容器与断电器触点并联,容量为 0.14μF～0.25μF。电容器的结构如图 3-8 所示,它由两条铝箔或锡箔、两条绝缘纸带组成,其中一条箔带接金属外壳,另一条箔带通过与外壳绝缘的导线引出。

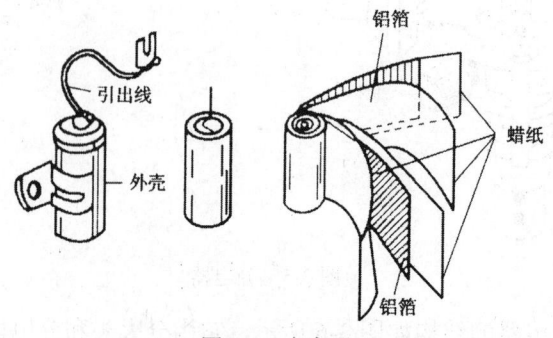

图 3-8 电容器

电容器的作用是吸收触点打开时初级绕组产生的自感电动势(200V～300V),减少触点火花,保护触点,同时使初级电流迅速切断,提高次级电压。

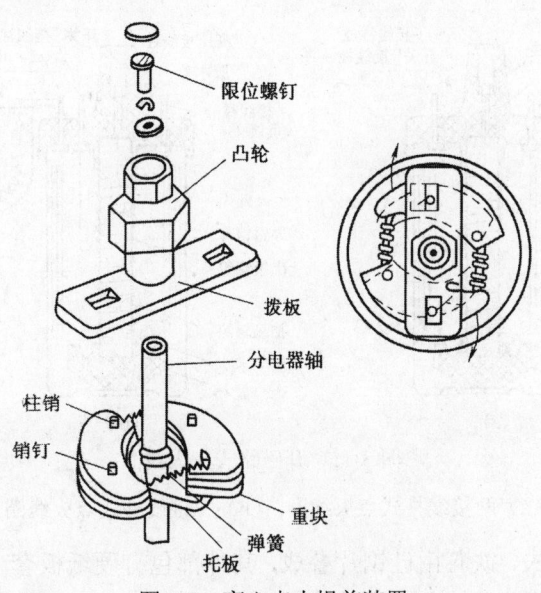

(4)离心点火提前装置。离心点火提前装置通常装在断电器固定底板的下部,其作用是在发动机转速发生变化时,自动调整点火提前角。发动机转速越高,点火提前角越大。

离心点火提前装置的结构如图3-9所示,当发动机转速升高时,离心块在离心力的作用下克服弹簧拉力向外甩开,离心块上的销钉便推动拨板带着凸轮沿分电器轴旋转方向多转过一个角度,使凸轮提前顶开触点,点火提前角增大;反之,点火提前角减小。

图3-9 离心点火提前装置

(5)真空点火提前装置。真空点火提前装置的作用是在发动机负荷变化时,自动调整点火提前角。在同一转速下,发动机负荷增大,点火提前角应随之减小。真空点火提前装置的内部构造及工作原理如图3-10所示。当发动机负荷减小时,节气门开度小,小孔处的真空度较大,吸动膜片克服弹簧力向右拱曲,拉杆拉动活动底板并带着断电器触点逆着分电器轴旋转方向转动一定角度,使触点提前打开,点火提前角增大;反之,点火提前角减小。怠速时,真空孔已位于节气门上方,真空度很小,点火提前角处于最小值。

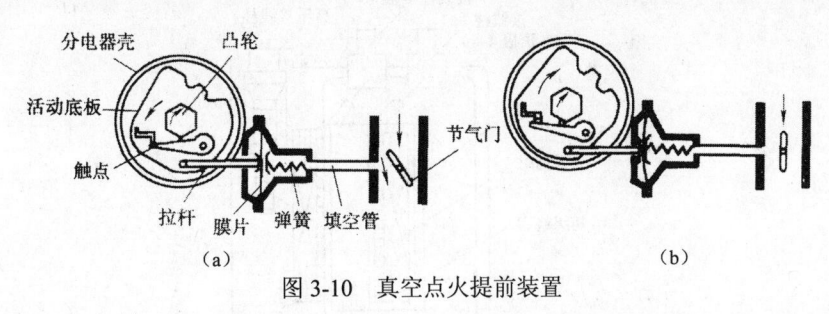

图3-10 真空点火提前装置

(a)节气门开度小时;(b)节气门开度大时。

2)点火线圈

按磁路的结构形式不同,点火线圈分为开磁路式和闭磁路式两种。传统点火系统中广泛使用开磁路式点火线圈,闭磁路式点火线圈多用于电子点火系统。

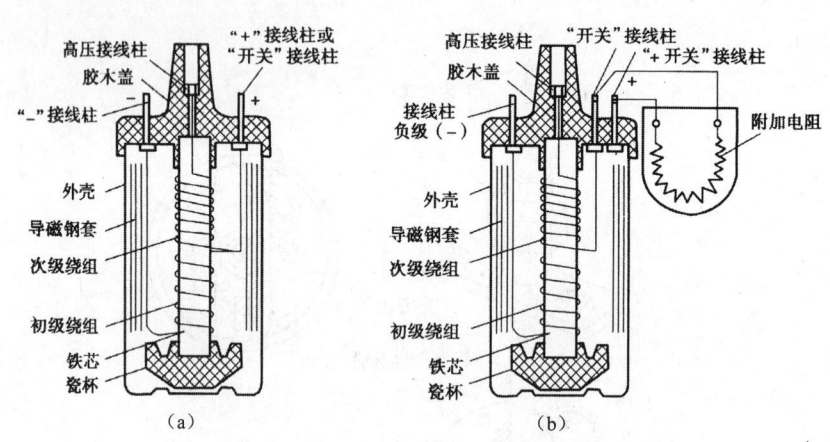

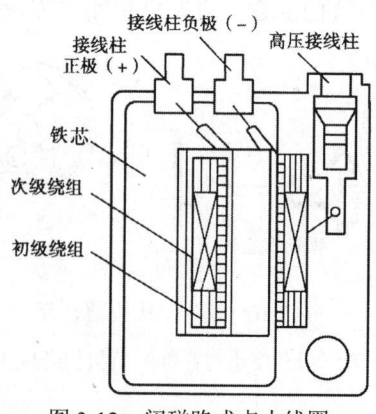

（1）开磁路式点火线圈。开磁路式点火线圈的结构如图3-11所示，它的上端装有胶木盖，其中央端头的孔为高压线插孔，其他接线柱为低压接线柱。根据低压接线柱的数目不同，点火线圈有两接线柱式和三接线柱式之分。两接线柱式点火线圈的低压接线柱上分别标有"+"、"−"的标记。三接线柱式点火线圈与两接线柱式的主要区别是外壳上装有一个附加电阻，为固定该电阻，又增加了一个低压接线柱，附加电阻接在标有"开关"和"+开关"两个低压接线柱上。

图3-11 开磁路式点火线圈

（a）两接线柱式点火线圈；（b）三接线柱式点火线圈。

为了减少涡流损失，铁芯由硅钢片叠成，其外部包有硬纸板套，在套上先绕次级绕组。次级绕组的特点是线径很小、匝数很多（11000匝～26000匝）。初级绕组绕在次级绕组的外边，以利于散热。初级绕组的特点是线径较大、匝数较少（230匝～370匝）。外壳的底部有瓷杯，在外壳内填满沥青或变压器油，以防潮气侵入，前者称为干式点火线圈，后者称为油浸式点火线圈。

（2）闭磁路式点火线圈。闭磁路式点火线圈的结构如图3-12所示。它的优点是漏磁少，磁路的磁阻小，能量转变效率高达75%（开磁路式点火线圈只有60%）。

图3-12 闭磁路式点火线圈

3）火花塞

（1）火花塞的结构。火花塞的结构如图 3-13 所示。火花塞的电极间隙一般为 0.6mm～0.7mm。采用稀混合气燃烧时，火花塞电极间隙有增大至 1.0mm～1.2mm 的趋势。

（2）火花塞的热特性。火花塞的热特性是指火花塞裙部的温度特性。实践证明，火花塞裙部温度保持在 500℃～600℃时，落在绝缘体上的油滴能立即烧去，通常将这个温度称为火花塞的自净温度。低于这个温度时，火花塞易产生积炭；高于这个温度时，在火花塞表面易产生炽热点，引起早燃。因此，要使火花塞正常工作，就要保证火花塞的裙部温度为自净温度。

火花塞的热特性主要决定于绝缘体裙部的长度。绝缘体裙部长的火花塞，其受热面积大，传热距离长，散热困难，裙部温度高，称为热型火花塞；反之，裙部短的火花塞，其受热面积小，传热距离短，散热容易，裙部温度低，称为冷型火花塞，如图 3-14 所示。常用热值用数字 3～9 来表示，热值数越大，表示散热能力相对越好，热特性越冷；反之，热特性越热。

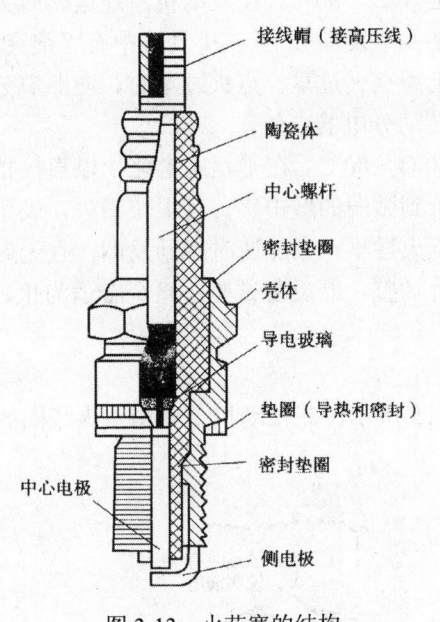

图 3-13 火花塞的结构

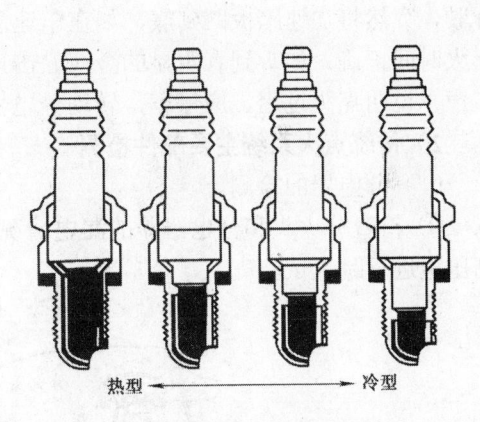

图 3-14 热型和冷型火花塞

热型火花塞用于低压缩比、低转速、小功率的发动机中；冷型火花塞用于高压缩比、高转速、大功率的发动机中。

3. 传统点火系统的检测

点火系统是汽油发动机的重要组成部分，点火系统能否适时地发出火花，能否充分地点燃混合气，对发动机的工作性能影响很大。因而对点火系统的正确使用提出了较高的要求。

1）点火正时的调整

为了保证发动机汽缸中的混合气在正确的时刻被点燃，必须要对点火正时进行调整。

点火正时均以第一缸为基准，一般调整步骤如下：

（1）检查断电器触点间隙，并将触点间隙调整至规定范围（一般为 0.35mm～0.45mm）。

（2）找出第一缸压缩行程上止点的位置。方法是先拆下第一缸的火花塞，用大拇指堵住火花塞孔，摇转曲轴，当感到有较大的气体压力从手指上冲上来时，再慢慢转动曲轴，使正时记号或指针与规定的符号对准。

（3）确定断电器触点刚打开时的位置。旋松分电器壳体夹板固定螺钉（东风 EQl090 型汽车则为松开压板的紧固螺栓），拔出中央高压线，使其端头离开缸体 3mm～4mm 处。接通点火开关，然后将分电器壳体顺正常旋转方向转动，使触点闭合。再反向转动壳体至中央高压线端头与缸体之间跳火，也即触点处于刚打开位置。

（4）按点火顺序接好高压线。第一缸的高压线应插在正对分火头的旁电极的插座内，然后顺着分火头的旋转方向，按点火次序接好通往其他各缸火花塞的高压线。一般六缸发动机的点火次序是 1—5—3—6—2—4，四缸发动机为 1—3—4—2 或 1—2—4—3（如 BJ492，却为逆时针旋转）。

（5）启动发动机，检查点火正时。使水温上升到 70℃～80℃，在发动机怠速运转时突然加速。如转速不能随节气门的打开而立即增高，感到"发闷"，且在排气管中有"突突"声，则为点火过迟；如发现机内出现金属敲击声，则为点火过早。点火过早时，应顺着分电器轴旋转方向转动分电器壳体；过迟时，则反向转动分电器壳体。

（6）汽车在行驶中进行检查。将发动机预热至 70℃～80℃，在平坦的道路上以直接挡行驶，突然将加速踏板踏到底，如在车速急增时能听到微弱的敲击声，且很快消失，表示点火时间正确；如听到有明显的金属敲击声，说明点火过早；如加速时感到发闷，且无敲击声，说明点火过迟，应停车，转动分电器壳体进行调整，经反复试验，直至合适为止。

2）传统点火系统主要部件检测

（1）分电器的检测。

① 检查分火头和分电器盖的漏电情况。如图 3-15 所示，在发动机上利用点火线圈的高压电进行跳火试验。

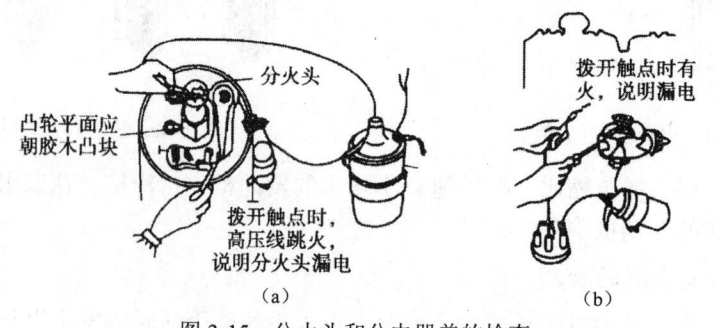

图 3-15 分火头和分电器盖的检查

（a）检查分火头；（b）检查分电器盖。

② 点火提前装置的检查。如图 3-16 所示，离心点火提前装置在分电器轴固定不动时，使凸轮向其工作方向转至极限，放松时应立即回位；真空提前装置在手动真空泵对其施加负压时，膜片能带动拉杆移动，负压消失，拉杆能迅速回位。

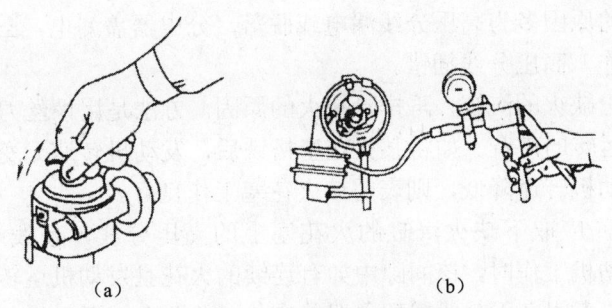

图 3-16 点火提前装置的检查
（a）检查离心点火提前装置；（b）检查真空点火提前装置。

（2）点火线圈的检测。
① 观察点火线圈的外表，若绝缘盖破裂或外壳破裂，应更换。
② 用万用表测量点火线圈的初级绕组、次级绕组和附加电阻的阻值，应符合规定值，必要时进行跳火试验。

（3）火花塞的检查。
① 对火花塞的性能检查可采用单缸断火试验，根据发动机的运行情况判断好坏。
② 观察绝缘体裙部的颜色，若呈浅褐色，且干净，说明选型正确；若为黑色，说明太冷；若为白色，且电极有烧蚀的痕迹，说明太热。
③ 检查火花塞电极间隙，一般为 0.6mm～0.7mm，电子点火系统为 1.0mm～1.2mm。

4．传统点火系统的故障诊断

传统点火系统的故障主要表现为无火、缺火、火花弱和点火不正时等，将会造成发动机不能启动或运转不正常。

1）发动机不能启动

先按喇叭或开大灯，确定电源供电是否正常。确知电源供电正常后，再判断故障是在高压电路还是在低压电路。打开发动机罩，拔出分电器中央高压线，使其距汽缸体4mm～6mm，接通点火开关，摇转曲轴，查看火花情况。

（1）火花强。表明低压电路和点火线圈良好，故障在分电器、高压线和火花塞等高压电路中。再从火花塞上端拆下高压线头，摇转曲轴对机体试火，如无火应检查分火头、分电器盖及高压分线是否漏电；有火花时需检查点火正时和火花塞的工作情况。

（2）无火花。表明低压电路有短路、断路或点火线圈、中央高压线有故障，可开、闭触点，观察电流表指针读数。
① 若电流表指示放电 3A～5A 并间歇摆动，则低压电路良好，表明故障发生在高压电路；
② 若电流表指针不摆动，指示为零，表明低压电路有断路；
③ 若电流表指示放电 3A～5A 而不摆动或指示大电流放电，表示低压电路中有搭铁故障。

2）发动机工作不正常

（1）有一缸或几缸缺火。发动机如有一缸或几缸缺火就会运转不均匀，排气管中排出黑烟并放炮。产生的原因多为高压分线漏电或脱落，分电器盖漏电，凸轮磨损不均，火花塞工作不良或不工作，高压分线插错。

检查时应先找出缺火的汽缸，再排除缺火的原因。方法是用螺丝刀将火花塞接线柱逐个搭铁，听发动机运转的声音。如将某火花塞搭铁后，发动机转速无变化，表明该火花塞不工作；反之如发动机转速降低，则表明该火花塞工作良好。

一个缸不工作，应取下缺火汽缸的火花塞上的高压分线，使线端距火花塞接线柱3mm～4mm。在发动机工作时，该间隙中如有连续的火花且发动机运转随之均匀，表明火花塞积炭；如无火花表明高压分线或配电器盖有故障。两个缸不工作时，应检查点火顺序是否正确。

如有几个汽缸同时不工作，应拔下配电器盖中央高压线作跳火试验。如有火，表明高压电供应正常，故障在配电器盖、高压分线或火花塞；如跳火断续，表明断电器凸轮、电容器或点火线圈有故障。

（2）点火时间不当。发动机不易启动、行驶无力、加速发闷、排气管放炮、发动机过热，应检查点火是否过迟、触点间隙是否偏小、分电器壳是否松动；摇转曲轴启动时反转、加速时爆震，应检查点火是否过早、触点间隙是否过大。

（3）高速不良。发动机低、中速工作良好，高速时工作不平稳，排气管放炮并有断火现象，应检查触点间隙是否过大，触点弹簧弹力是否过弱，火花塞间隙是否过大，也可能是点火线圈工作不良。

（二）普通电子点火系统

1. 基本组成

传统点火系统有一些难于克服的缺点，因此现代汽车都采用电子点火系统，其基本组成如图3-17所示。

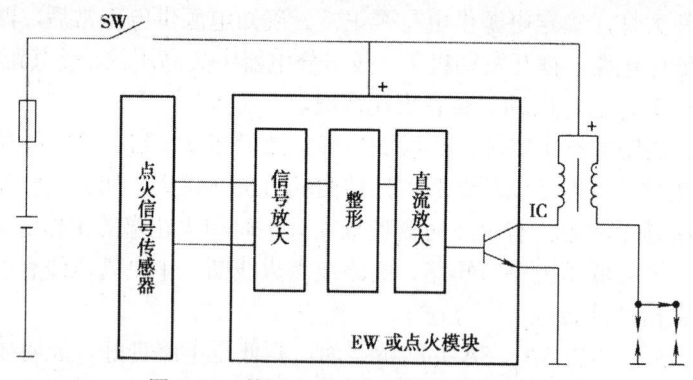

图3-17 普通电子点火系统的基本组成

点火信号发生器（传感器）装在分电器内，它的作用是根据发动机各缸的工作需要，产生相应的点火信号。

电子点火模块（也称为点火控制器或点火电子组件）是由半导体元器件组成的电子开关电路，其主要作用是接收点火信号发生器（传感器）输出的点火信号，并利用晶体三极管的导通和截止，来控制点火线圈初级电路的通、断。

2. 基本工作原理

当发动机曲轴转动时,点火信号传感器产生对应汽缸的点火脉冲信号,此脉冲信号经电子点火模块进行信号放大、波形整理、直流放大后,控制点火模块内大功率三极管的导通和截止。三极管导通时,点火线圈初级电流形成回路,点火线圈储存磁场能;在三极管由导通转变为截止的瞬间,点火线圈初级电流突然消失,使得次级绕组感应出20kV～25kV的高电压,经配电器按点火顺序配送至工作缸火花塞跳火。

与传统点火系统相比,电子点火系统具有以下优点:

(1) 消除触点所带来的缺点,如触点烧蚀、触点间隙的变化对点火正时的影响。

(2) 次级电压高且稳定,火花能量大,对火花塞积炭不敏感,故障少,寿命长,对无线电干扰小。

(3) 可实现初级电流导通角控制、点火提前角控制、爆燃限制等功能。能适应高转速、高压缩比以及满足燃用稀混合气的现代新型发动机的发展需要。

(4) 提高了发动机的动力性、经济性和冷启动性,降低了排气污染。

电子点火系统按点火信号发生器的不同分为电磁感应式、霍耳效应式、光电式、电磁振荡式等。

3. 电磁感应式电子点火系统

以解放CA1092型汽车的电磁感应式电子点火系统为例进行说明,如图3-18所示。它由电源、WFD663型电磁感应式分电器、6TS2107型电子点火模块、JDQl72型高能点火线圈、火花塞和点火开关等部件组成。

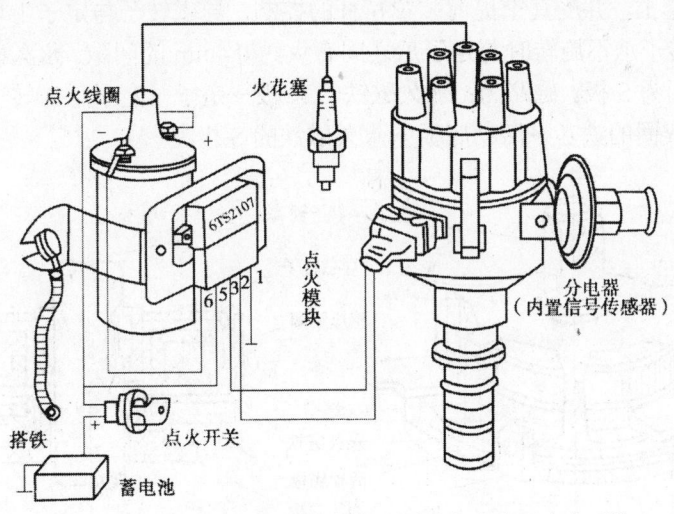

图3-18 解放CA1092型汽车的电磁感应式电子点火系统

1) 工作原理

如图3-19所示,接通点火开关SW,启动发动机,发动机凸轮轴带动分电器轴转动时,由磁感应式信号传感器输出的点火脉冲信号(交变电动势)送入点火控制器的②、③端。当点火信号电压下降至某值(−100mV)时,点火模块内的大功率三极管导通,点火线圈通过5A～6.5A的初级电流。其低压电路为:电源正极→点火开关SW→点火线圈"+"接线柱→初级绕组→点火线圈"－"接线柱→点火模块⑥端→点火模块内大功率三极管→①端→搭铁→电源负极。当点火信号电压升到某值（+100mV）以上时，点火模块内的大功率三极管截止，初级电流被切断，使次级绕组产生高压电，经配电器送至火花塞跳火。其高压电路与传统点火系统基本相同。

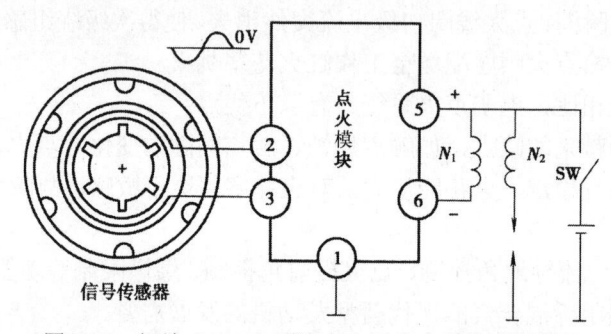

图3-19 解放CA1092型汽车电子点火系统工作原理

2）主要部件的结构

（1）磁感应式分电器。磁感应式分电器包括磁感应式信号传感器、配电器、离心和真空提前装置四大部分。在结构上主要由磁感应式信号传感器取代了传统分电器的断电器，而配电器、离心和真空提前装置的工作原理与传统分电器基本相同。

如图3-20所示，磁感应式信号传感器主要由导磁转子、感应线圈、定子、永久磁片等组成。感应线圈和底板固定在分电器壳内，定子、永久磁铁和活动底板三者用铆钉铆合后套装在底板的轴套上，并受真空提前装置拉杆的控制，导磁转子与定子上均有与发动机汽缸数相同的爪，转子爪不旋转时与定子爪之间有大约0.4mm的间隙。永久磁铁一个表面为N极，另一个表面为S极。磁路为：永久磁铁的N极→定子→定子爪与转子爪之间的空气隙→转子→感应线圈的铁芯→活动底板→永久磁铁的S极。

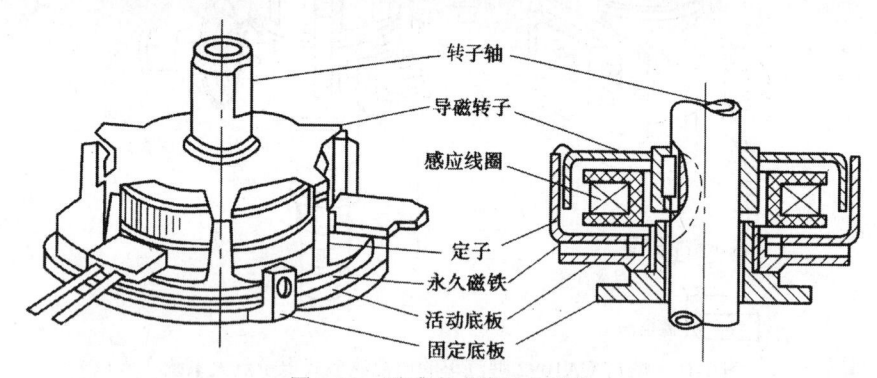

图3-20 磁感应式信号传感器

当分电器轴带动信号转子转动时，磁路的空气隙不断变化，使穿过感应线圈的磁通量也发生变化，磁通量增加（或减少）的速率最大那一时刻，传感线圈产生的感应电动势达到最大值（正向或反向），转子转一周产生与汽缸数目相同的交变信号，其幅值与转速成正比，该交变信号加在电子点火控制器的②、③端作为点火触发信号。感应线圈的磁通及其产生的感应电动势随信号转子转角变化的规律如图3-21所示。

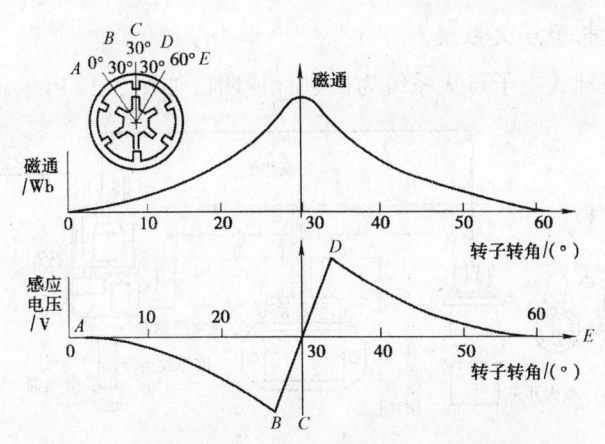

图 3-21 感应线圈的磁通与感应电动势变化的规律

（2）电子点火模块。6TS2107 型点火模块的内部电路由型号 89S01 的专用点火集成电路和大功率达林顿管等外围元件组成。它采用厚膜混合电路技术制造及全密封的结构，其外形如图 3-22 所示。

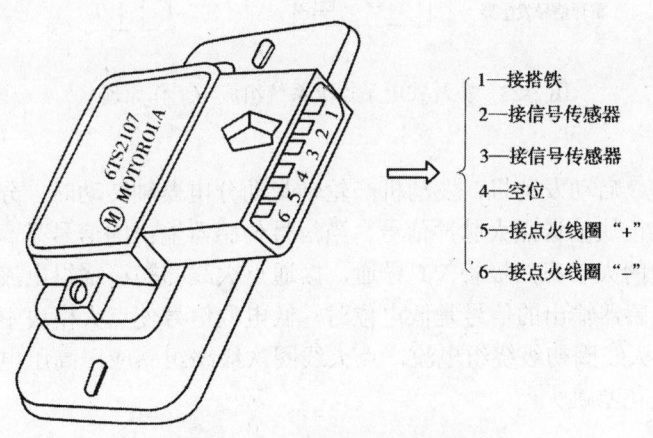

图 3-22　6TS2107 型点火模块

6TS2107 型点火模块除点火功能外，还有以下附加功能。

① 恒电流控制功能：限定点火线圈初级电流峰值和控制其流通时间比率，防止电源电压变化时点火能量和次级电压发生变化，避免低速时点火线圈过热。

② 停车断电保护功能：如果由于某种原因使发动机到达点火时刻之前停止运转，并且点火开关仍接通时，该点火模块可在 0.5s 内缓慢地切断点火线圈初级电流，以免点火线圈长时间通电，温度过高，造成点火模块和点火线圈失效。

③ 低速推迟点火：发动机在启动工况时转速很低，为便于迅速启动，点火模块设计有低速（小于 150r/min）推迟点火的功能。

④ 超压保护功能：当电源电压超过 30V 时，点火模块能自动停止点火系统的工作，以免损坏点火装置。

⑤ JDQl72 型高能点火线圈：初级绕组电阻值为 $0.7\Omega \sim 0.8\Omega$，次级绕组电阻值为 $3k\Omega \sim 4k\Omega$。使用时不能用普通点火线圈来代替，以免点火线圈过热和次级电压的降低。

4. 霍耳效应式电子点火系统

以桑塔纳轿车霍耳式电子点火系统为例进行说明，如图3-23所示。

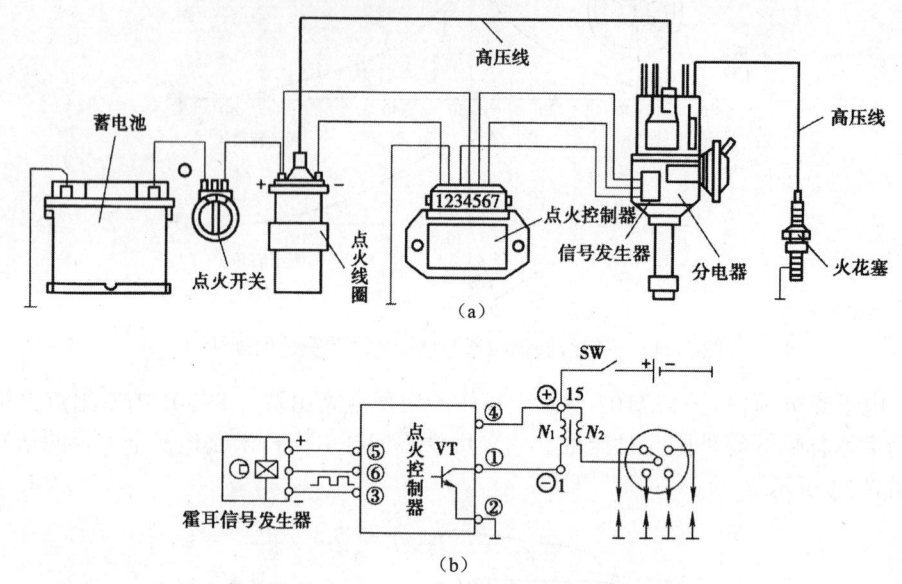

图3-23 霍耳式电子点火系统组成与工作原理

1）工作原理

接通点火开关，启动发动机，发动机凸轮轴带动分电器轴转动时，分电器内的霍耳式信号传感器向点火模块输送点火脉冲信号。当信号传感器输出的信号是高电位时，高电位信号使点火模块中的大功率三极管VT导通，接通点火线圈初级绕组电流，点火线圈储存磁场能；当信号传感器输出的信号是低电位时，低电位信号使点火模块中的大功率三极管VT截止，切断点火线圈初级绕组电流，点火线圈次级绕组感应出高压电，经配电器按点火顺序送给各缸火花塞跳火。

2）主要部件

（1）霍耳式分电器：如图3-24所示，主要由霍耳信号发生器、配电器、点火提前装置等组成。

霍耳式电子点火系统的点火信号发生器是根据霍耳效应的原理制成的，故因此而得名。

如图3-25所示，当电流I通过放在磁场中的半导体基片（即霍耳元件）且电流方向与磁场的方向垂直时，在垂直于电流与磁通的半导体基片的横向侧面上即产生一个与电流和磁通密度成正比的电压，称为霍耳电压U_H。

霍耳电压U_H可用下式表示：

$$U_H=(R_H/d) \cdot I \cdot B$$

式中 R_H——霍耳系数；
 d——半导体基片厚度；
 I——电流；
 B——磁通密度。

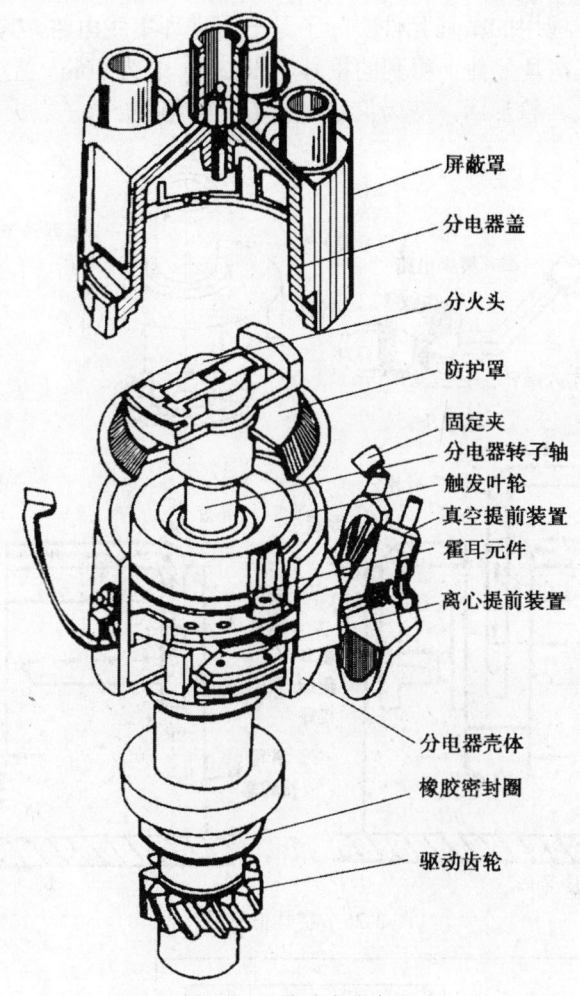

图 3-24 霍耳式分电器

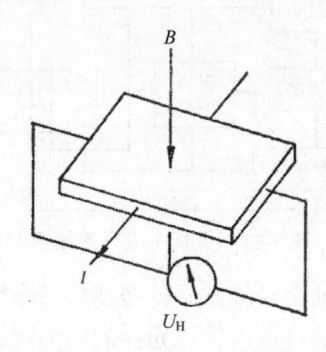

（标注：屏蔽罩、分电器盖、分火头、防护罩、固定夹、分电器转子轴、触发叶轮、真空提前装置、霍耳元件、离心提前装置、分电器壳体、橡胶密封圈、驱动齿轮）

图 3-25 霍耳效应原理

由上式可知，当电流 I 为定值时，霍耳电压 U_H 随磁通密度 B 的大小而变化；同时也可以看出，霍耳电压的高低与磁通的变化率无关。

霍耳信号发生器的结构如图 3-26 所示，主要由触发叶轮、永久磁铁、霍耳元件（集成电路）等组成。触发叶轮由分电器轴带动，且触发叶轮的叶片数与发动机的汽缸数相等。

在霍耳信号发生器中应用的霍耳元件实际上是一个霍耳集成电路,其内部集成电路原理如图 3-27 所示。因为在霍耳元件上得到的霍耳电压 U_H 一般为 20mV 左右,因此必须把 20mV 的霍耳电压进行放大、整形后,变为信号电压 U_G 再输送给电子点火器。

图 3-26 霍耳信号发生器

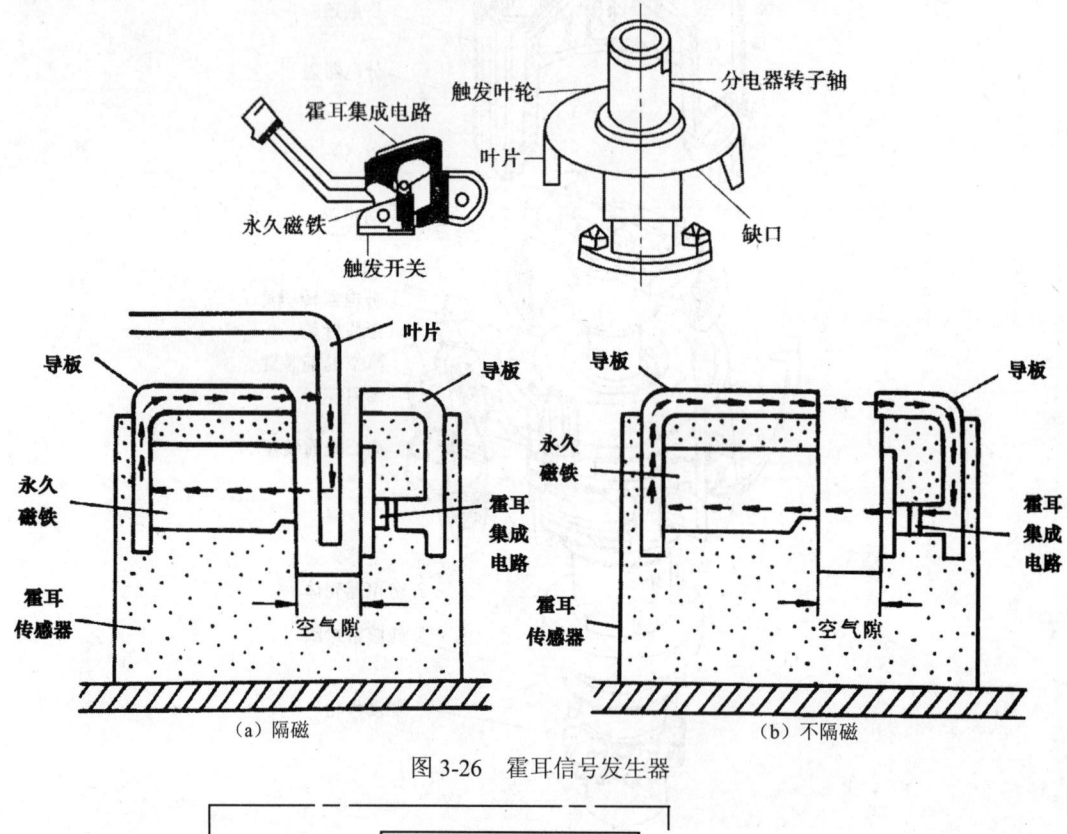

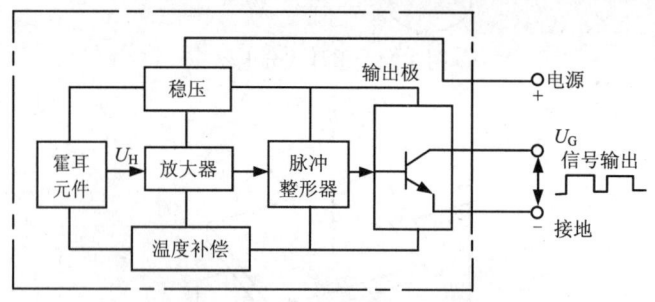

图 3-27 霍耳集成电路原理图

当发动机工作时,分电器轴带动触发叶轮转动,每当触发叶轮的叶片进入永久磁铁和霍耳元件之间的气隙时,原来垂直进入霍耳元件的磁力线被叶片遮住,霍耳元件的磁路被触发叶轮的叶片旁路,因此霍耳元件不产生霍耳电压,霍耳集成电路输出极的晶体管处于截止状态,其集电极电位为高电位 11V~12V,即此时信号发生器的输出信号为 11V~12V;当触发叶轮的叶片离开此气隙时,永久磁铁的磁力线则可垂直进入霍耳元件,于是在霍耳元件中便会产生霍耳电压,霍耳集成电路输出极的晶体管处于导通状态,其集电极电位为低电位 0.3V~0.4V,这时霍耳信号发生器输出信号为 0.3V~0.4V。故触发叶轮每转一周,霍耳信号发生器便可产生 4 个脉冲信号，将此信号输送给点火控制器便可实现对点火系统的控制。霍耳电压受汽车发动机的转速影响小，可靠性高。霍耳感应式电子点火系统在欧洲应用较为广泛。

（2）点火控制器：桑塔纳轿车点火控制器内部采用意大利生产的 L497 专用点火集成块。

点火器的作用是接收点火信号，控制点火线圈初级电流通断。另外，该点火控制器具有初级电流上升率的控制、闭合角控制、停车断电保护和过电压保护等功能。

（3）高能点火线圈：初级绕组电阻为 0.5Ω～0.76Ω，次级绕组电阻为 2.4kΩ～3.5kΩ。

5. 电子点火系统的检测

1）电磁感应式电子点火系统的检测

以解放 CA1092 型汽车电子点火系统为例进行说明。

（1）点火信号发生器的检测。如图 3-28 所示，用万用表测量点火信号发生器感应线圈的电阻，应为 600Ω～800Ω；用万用表测量检查点火信号发生器感应线圈与外壳是否短路，指针不动为正常；打开分电器盖和防尘罩，观察转子爪和定子爪安装是否正确。

（2）点火模块的检测。

① 搭磁试火法。如图 3-29 所示，在点火信号发生器良好的情况下，使点火线圈高压线端头与机体间保持 5mm～7mm 的间隙，此时接通点火开关，用螺丝刀短接转子爪与定子爪，然后急速分开，观察高压线端头与机壳间隙处是否有火花。有火说明点火装置低压回路、点火线圈及中心高压线均正常；无火则说明点火模块可能有故障。

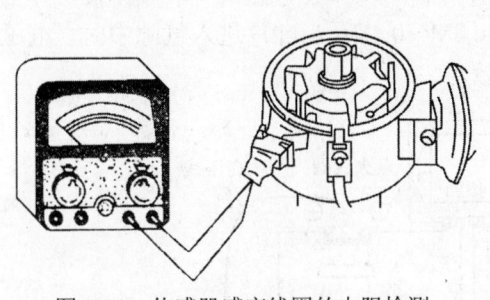

图 3-28 传感器感应线圈的电阻检测 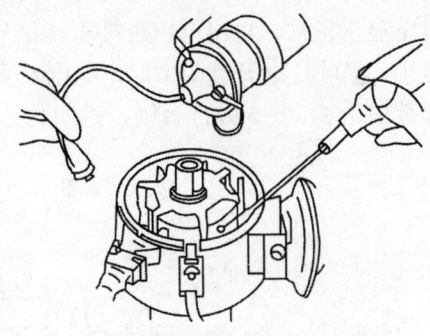　　　　图 3-29 搭磁试火法检测点火模块

② 用直流电源检查。拔下 6TS2107 点火模块插接器，按图 3-30 所示电路连接好，检查时用 a 端接触一下蓄电池的负极，灯泡应亮 0.5s 后熄灭。调换 2、3 端子引线后，再用 a 端接触一下蓄电池的负极，小灯泡应不亮。因为 2、3 端子是信号传感器输出端子，2 与 3 交替为"－"和"＋"，使初级绕组通或断，灯应亮或不亮。如果检查结果不符合上述要求，说明点火模块有故障，应更换。

③ 换件比较法。在确认低压电路正常，认为点火模块有故障的可能性较大的情况下，用相同型号的点火模块替换怀疑有故障的点火模块进行性能比较。

（3）高能点火线圈的检测。用万用表检查点火线圈的初、次级绕组是否有短路、断路或绝缘损坏，其阻值应符合标准值。

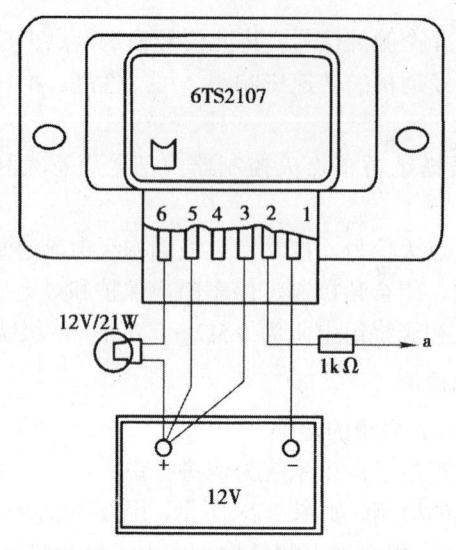

图 3-30 用直流电源检查点火模块

2）霍耳式电子点火系统的检测

以桑塔纳汽车电子点火系统为例进行说明。

（1）霍耳信号传感器的检测。测量霍耳信号传感器的输入和输出电压，霍耳信号传感器需要输入一定的电压时才能正常工作。如图 3-31 所示，先将电压表的"+"、"－"表笔分别接与分电器相连接的插接器"红黑"线端和"棕白"线端，接通点火开关，电压表的读数应为 11V～12V，否则说明点火模块没有给霍耳信号传感器提供正常的工作电压。若电压显示正常，再用电压表接霍耳信号传感器"绿白"线端和"棕白"线端，转动分电器转子，当叶片离开气隙中时，电压表读数应为 0.3V～0.4V；当叶片进入气隙中时，电压表读数应为 11V～12V，否则，说明传感器已失效。

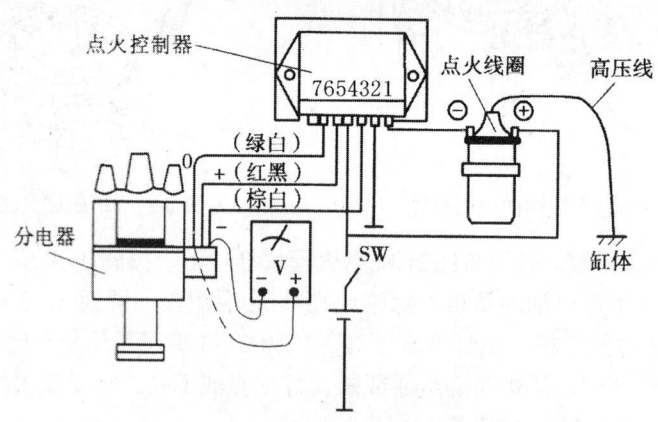

图 3-31 测量霍耳信号传感器的输出电压

（2）点火模块的检查。在电路连接良好的情况下，可将分电器上信号传感器的插接器拔下，用一根电线与插接器中的"绿白"线相连，接通点火开关进行跳火试验，如图 3-32 所示。接通点火开关后，用连接信号传感器插接器的电线反复搭铁，观察有无高压火花产生。如果有，说明点火模块良好；否则说明点火模块有故障，应更换。

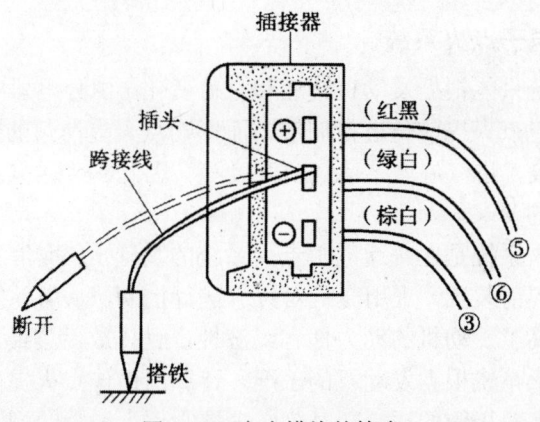

图 3-32 点火模块的检查

6. 电子点火系统故障诊断

点火系统故障是造成发动机不工作或工作不正常的主要原因之一。电子点火系统常见的故障有不点火、火花弱、点火时间不当等。

若发动机不能启动，可按图 3-33 进行诊断。

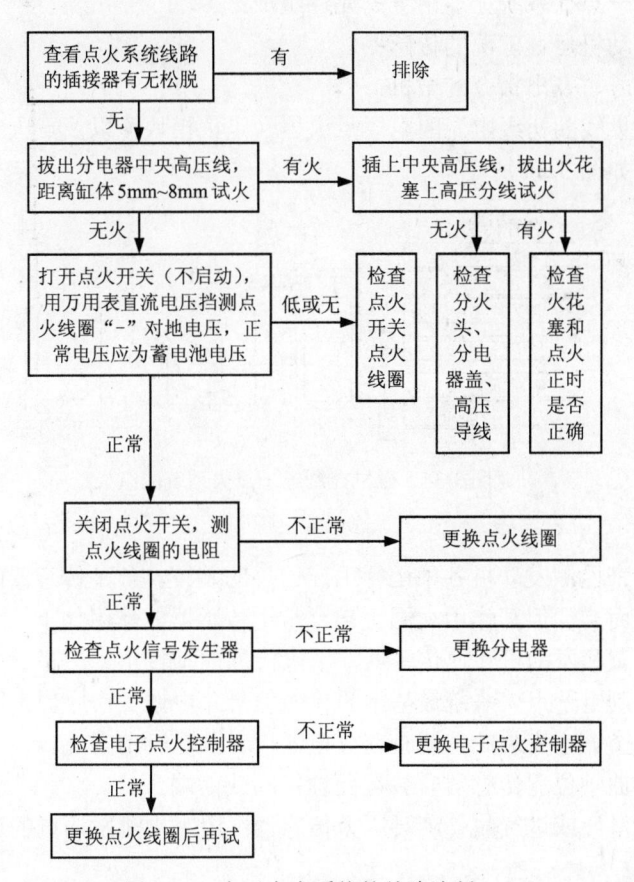

图 3-33 电子点火系统的故障诊断

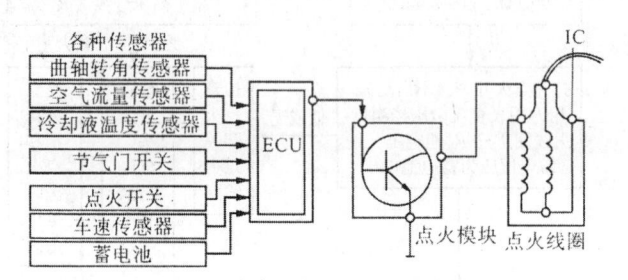

（三）微机控制电子点火系统

普通电子点火系统只能根据发动机转速和负荷变化，由分电器中的离心点火提前装置和真空点火提前装置对点火提前角进行调节。而影响点火提前角的因素除转速和负荷外，还有发动机冷却液温度、进气温度、节气门开度等。因此，普通电子点火系统不能满足发动机最佳点火提前角的要求。

微机控制电子点火系统是在普通电子点火系统的基础上，取消了分电器中的离心点火提前装置和真空点火提前装置，采用微机对点火进行控制，从而使发动机在各种工况都有最佳的点火时刻，提高了发动机的动力性和经济性，且排放污染最小。

微机控制电子点火系统根据发动机的工况，计算出最佳点火提前角及闭合角，通过控制电子点火器中大功率三极管的通、断时刻，来控制点火线圈的初级电流，使发动机的动力性、经济性、排放等方面的性能达到最优。另外，微机控制点火系统由微机根据爆震传感器的信号对点火提前角进行反馈控制，使汽油机在大部分运行工况都处于爆震的临界状态，使汽油机的动力性潜力得到了充分发挥。

1. 微机控制电子点火系统的组成

微机控制电子点火系统主要由下列元件组成：

（1）监测发动机运行工况的传感器；

（2）处理信号、发出指令的微机；

（3）控制点火线圈初级电流的电子点火器（点火模块）以及点火线圈、分电器、高压线、火花塞等，如图3-34所示。

图3-34 微机控制电子点火系统的组成

1）传感器

传感器是用来检测发动机各种运行工况信息的装置。各种传感器的结构、类型、数量和安装位置因车而异，但其作用大同小异，常用传感器的作用如下：

（1）曲轴位置和发动机转速传感器：用来检测曲轴转角、活塞上止点位置和发动机转速。它是微机控制电子点火系统最基本的输入信号，根据工作原理不同分为磁感应式、霍耳式和光电式3类。它安装的位置有在分电器内、凸轮轴前后端、飞轮壳上等不同形式，也有个别车型的曲轴位置传感器安装在曲轴中间或前端。

（2）空气流量计或进气歧管绝对压力传感器：用来检测发动机的进气量，提供发动机的负荷信号。

（3）节气门位置传感器：用来检测节气门的开度和加速信号，分触点式和可变电阻式两种结构形式。

(4) 冷却液温度传感器：用来检测发动机冷却液温度信号。
(5) 进气温度传感器：用来检测进气温度信号。
(6) 车速传感器：用来检测车速信号。
(7) 爆震传感器：用来检测汽缸爆震信号。
(8) 空调开关：提供空调系统工作信号。
(9) 空挡开关：用来检测自动变速器是否挂入空挡位置。

这里主要介绍爆震传感器。

爆震传感器一般安装在发动机的缸体上，有磁致伸缩式和压电式两种类型，压电式又分为共振型和非共振型。

① 磁致伸缩式爆震传感器。磁致伸缩式爆震传感器是应用最早的爆震传感器，其结构如图3-35所示。用高镍合金组成的磁芯外侧设有永久磁铁，在磁铁上绕有感应线圈。当发动机产生爆震时，机体会产生振动。机体的振动使磁芯受振而偏移致使感应线圈中的磁力线发生变化，线圈将产生感应电动势，此电动势即为爆震传感器的输出电压信号。输出电压的大小与发动机振动的频率有关，当传感器固有振动频率与发动机的振动频率相同时将产生谐振，此时，传感器输出的电压最大，其输出特性如图3-36所示。

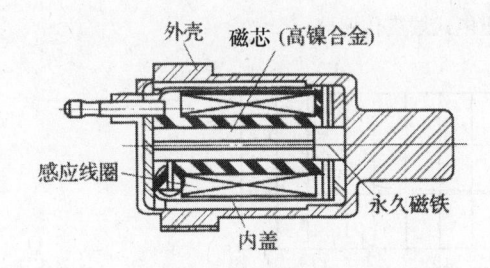

图3-35 磁致伸缩式爆震传感器结构 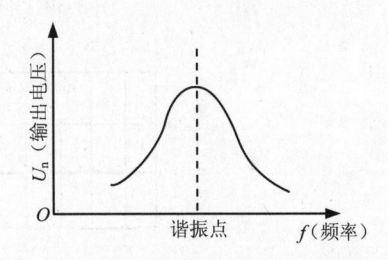　　图3-36 磁致伸缩式爆震传感器的输出特性

② 共振型压电式爆震传感器。共振型压电式爆震传感器的结构如图3-37所示，主要由压电元件和振荡片组成。压电元件紧压在振荡片上，振荡片又固定在传感器的基座上。振荡片随发动机的振动而振荡，波及压电元件，使其变形而产生电压信号。当发动机爆震时的振动频率与振荡片的固有频率相等时，振动片将产生共振，此时，压电元件将产生最大的电压信号，如图3-38所示。因该爆震传感器在爆震时输出的电压比较高，因此无需使用滤波器即可判别有无爆震产生。

③ 非共振型压电式爆震传感器。这种爆震传感器的结构如图3-39所示。它由平衡重、压电元件、壳体、电器连接装置等构成。两个压电元件同极性相向对接，平衡重将加速度变换成作用于压电元件上的压力，输出电压从这两个压电元件的中央取出，平衡重由螺钉固定在壳体上。该爆震传感器构造简单，制造时不需要调整。

当发动机爆震时，安装在发动机缸体上的爆震传感器内部平衡重因受振动的影响而产生加速度，因此，在压电元件上受到加速时惯性力的作用而产生压电信号。在爆震产生时，这种传感器输出的电压不是很大，具有平缓的输出特性，如图3-40所示。因此，必须将反映发动机振动频率的输出电压信号送至识别爆震的滤波器中，判别是否有爆震产生的信号。

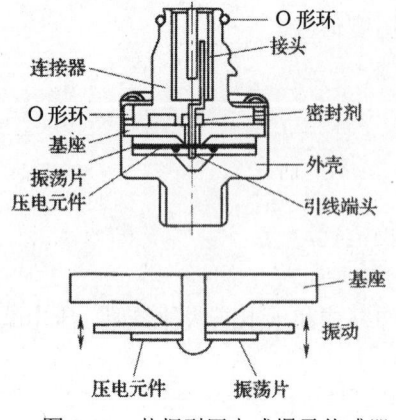

图 3-37 共振型压电式爆震传感器

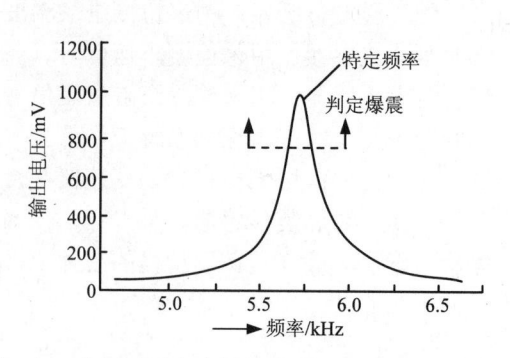

图 3-38 共振型压电式爆震传感器输出电压与频率关系

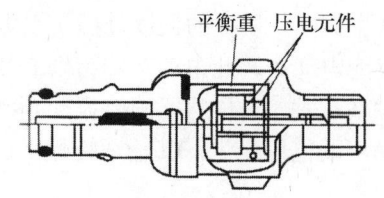

图 3-39 非共振型压电式爆震传感器

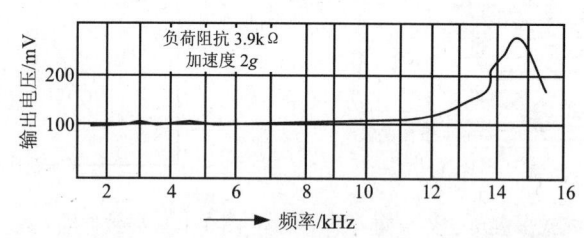

图 3-40 非共振型压电式爆震传感器输出电压与频率关系

2）电控单元（ECU）

发动机工作时，ECU 接收各种传感器送来的信号，用内存的程序和数据进行运算、处理、判断后，输出最佳点火提前角和点火线圈初级电流导通时间的控制信号（点火信号），并发送给电子点火器（点火模块），控制点火模块动作，达到准确控制点火的目的。

3）电子点火器

电子点火器（点火模块）是电控单元的执行器之一。它按电控单元输送的指令，通过内部的大功率三极管导通和截止，控制点火线圈初级电流的通断。

一般点火模块还具有闭合角控制、恒流控制及过电压保护等功能。有的发动机不另设点火模块，大功率三极管组合在 ECU 内部，由 ECU 直接控制点火线圈中初级电流的通断。

微机控制电子点火系统的点火线圈、分火头、分电器盖、高压线及火花塞等部件的结构与普通电子点火系统基本相同。

2. 微机控制电子点火系统的控制

1）控制电路分析

点火系统电路如图 3-41 所示。

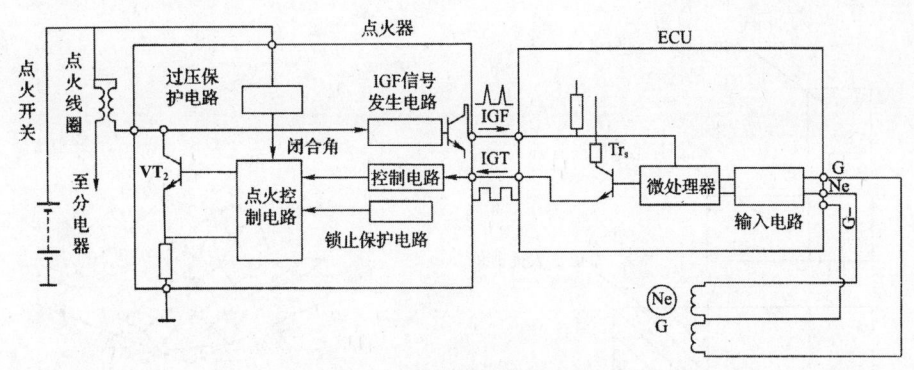

图 3-41 微机控制电子点火系统

ECU 通过传感器得到发动机的转速和负荷的大小信号，查阅存于 ECU 内部存储器中的最佳控制参数，获得这一工况下的点火提前角和点火线圈初级电路通电时间，将其转换成点火正时信号（IGT）送至电子点火器。

当 IGT 信号为高电平时，点火线圈初级电流被接通，点火线圈储存能量；当 IGT 信号为低电平时，点火线圈初级电流被切断，次级绕组中感应出高电压，再由分电器送至相应缸的火花塞产生电火花。

点火线圈初级电流被切断时，触发 IGF 信号发生电路，输出一个点火确认信号 IGF 并反馈给 ECU。如果点火器中的功率三极管不能正常导通和截止，则 ECU 的微处理器接收不到反馈信号 IGF，即表明点火系统发生故障，ECU 立即终止燃油喷射。

2）控制内容

微机控制电子点火系统的控制内容包括点火提前角的控制、通电时间控制和爆震控制 3 个方面。

（1）点火提前角的控制。

发动机启动时，电控单元不进行最佳点火提前角调整控制，而是根据发动机转速信号 Ne 和启动开关信号输入，以固定不变的点火提前角点火。当发动机转速超过一定值时（大于 500r/min），则自动转入由电控单元控制的最佳点火提前角计算及控制程序。

发动机启动后，电控单元对最佳点火提前角的计算和控制一般按照如下步骤进行：

首先根据 G 信号和 Ne 信号确定初始点火提前角；然后根据发动机转速和负荷确定基本点火提前角；最后根据有关传感器的信号确定修正点火提前角。

这 3 项点火提前角的代数和即为实际的最佳点火提前角：

最佳点火提前角=初始点火提前角+基本点火提前角+修正点火提前角（或点火延迟角），如图 3-42 所示。

① 初始点火提前角。发动机电控单元把 G_1 或 G_2 信号出现后第一个 Ne 信号过零点定位压缩行程上止点前 10°，并以这个角度作为点火正时计算的基准点，称之为初始点火提前角。

② 基本点火提前角。发动机处于非怠速工况时，电控单元根据发动机转速和负荷（曲轴每转进气量）信号，从预置存储在 ECU 存储器中基本点火提前角脉谱（图 3-43）中找出相应工况的基本点火提前角。

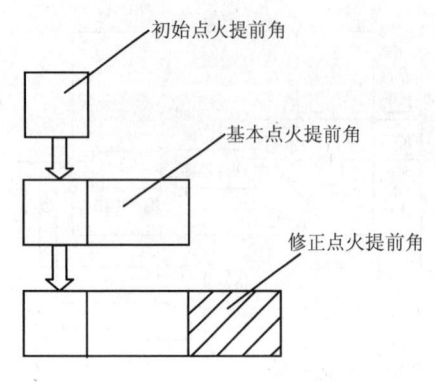

图 3-42　实际点火提前角的组成 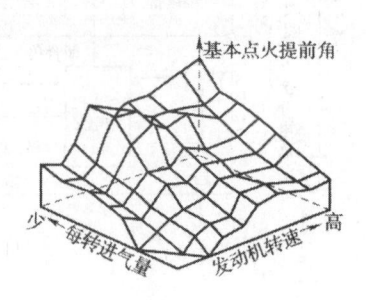　　　　图 3-43　基本点火提前角脉谱图

③ 修正点火提前角。除了转速和负荷外，其他对点火提前角有重要影响的因素均归入到修正点火提前角中。修正点火提前角所包括的修正值有：暖机修正、过热修正、怠速稳定性修正。

暖机修正指发动机冷启动后，当冷却液温度低时，应增大点火提前角。暖机过程中，随冷却液温度升高，点火提前角的变化趋势如图 3-44 所示。修正曲线的形状与提前角的大小随车型而异。

过热修正指当发动机处于正常运行工况（怠速触点 IDL 断开），冷却液温度过高时，为了避免爆燃发生，应将点火提前角推迟。过热修正曲线的变化趋势如图 3-45 所示。

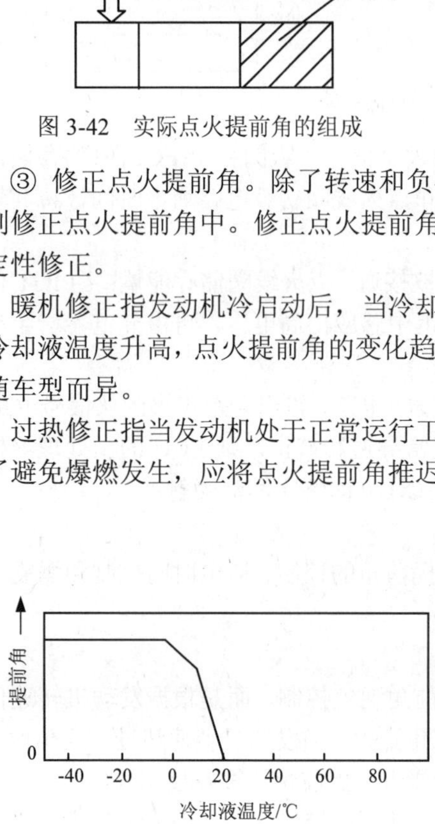

图 3-44　暖机时点火提前角控制 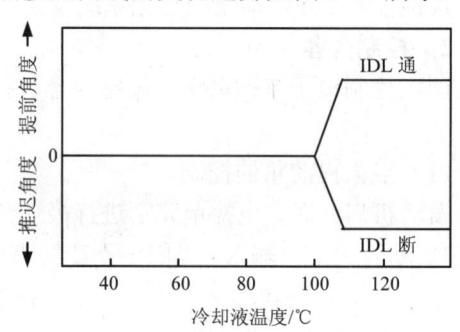　　　　图 3-45　点火提前角的过热修正

怠速稳定性修正指发动机在怠速期间，由于发动机负荷变化（如空调、动力转向等）而使转速改变，ECU 不断地计算发动机的平均转速，当平均转速低于规定的怠速目标转速时，ECU 根据两者的差值大小相应地增加点火提前角；当平均转速高于规定的怠速目标转速时，相应地推迟点火提前角，如图 3-46 所示。

当 ECU 计算出的实际点火提前角超过一定范围时，发动机将不能正常运转。为了防止出现这种情况，在电控点火系统中，由电控单元对实际点火提前角的数值范围进行限制。最大和最小点火提前角的一般范围为：最大点火提前角 35°～45°，最小点火提前角 -10°～0°。

（2）点火线圈通电时间控制。

通电时间控制又称为闭合角控制。对于电感储能式点火系统而言，次级线圈高压的最大值与初级断开电流成正比，而初级线圈被断开瞬间所能达到的断开电流值与初级线圈接通时间长短有关。但是，如果通电时间过长，点火线圈又会发热，并使电能消耗增大。因此，要控制一个最佳的通电时间，以兼顾上述两方面的要求。

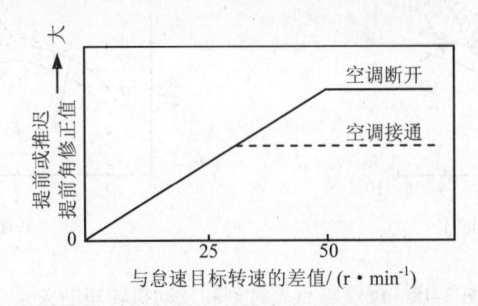

图 3-46　点火提前角的怠速稳定性修正

影响初级线圈通过电流的主要因素有发动机转速和蓄电池电压。为了保证在不同的蓄电池供电电压和不同的转速下都具有相同的初级断开电流，电控单元根据蓄电池电压和发动机转速信号，从预置的闭合角数据表中查出相应的数值，对闭合角进行控制。

当发动机转速升高时，适当增大闭合角，以防止初级线圈通过电流值下降，造成次级高压下降，点火困难。蓄电池电压下降时，基于相同的理由，也应适当增大闭合角，如图 3-47 所示。

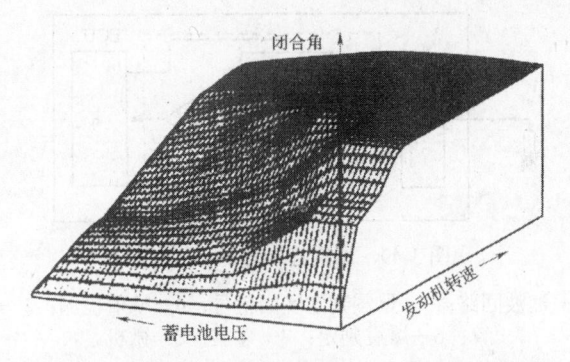

图 3-47　闭合角与发动机转速和蓄电池电压的关系

（3）爆震控制。

① 爆震控制的功能。爆震是汽油机运行过程中最有害的一种故障现象。如果汽油机持续爆震，火花塞电极或活塞就可能产生过热、烧损等现象，导致发动机损坏，因此必须防止爆震的发生。爆震与点火时刻存在着密切的关系。点火时刻提前，燃烧的最大压力就高，因而容易产生爆震。图 3-48 所示为爆震与点火时刻、发动机转矩的关系。

发动机发出的最大转矩的点火时刻（MBT）是在开始发生爆震点火时刻（爆震界限）的附近。对无爆震控制的点火系统，为了防止爆震的产生，其点火时刻的设定远离爆震边缘，这样势必降低发动机效率，增加燃油消耗。

有爆震控制功能的点火系统能使点火时刻到爆震边缘只有一个较小的余量，这样既可控制爆震的发生，又能更有效地得到发动机的输出功率。这种控制是用一个爆震传感器检测发动机有无爆震现象，并将信号送至发动机 ECU，ECU 根据此信号来调整点火提前角，爆震时推迟点火，没有爆震时则提前点火，以保证在任何工况下的点火提前角都处于接近发生爆震的最佳角度。

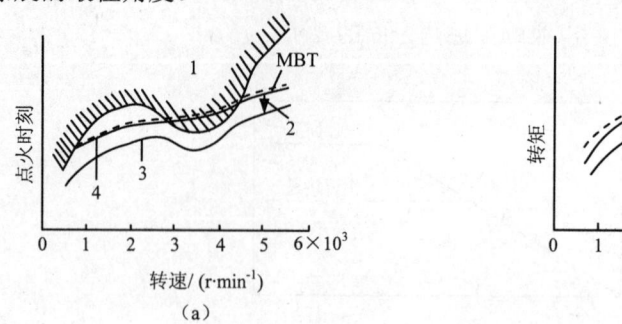

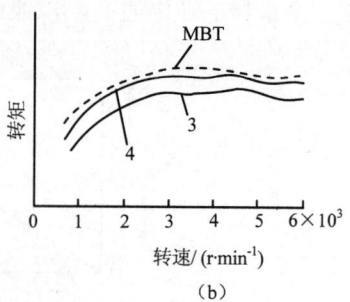

图 3-48 爆震与点火时刻和发动机转矩的关系
1—爆震范围；2—余量幅度；3—无爆震控制时；4—有爆震控制时。

② 爆震控制。要控制爆震，首先必须判断爆震是否产生。图 3-49 所示是把爆震传感器的输出信号进行滤波处理后并判别爆震是否产生的程序。来自爆震传感器的信号含有各种频率的电压信号，先经滤波电路，将爆震信号与其他振动信号分离，只允许特定范围频率的爆震信号通过滤波电路，再将此信号的最大值与爆震强度基准值进行比较，如大于爆震强度的基准值，表示产生爆震（图 3-50），则将爆震信号输入微机，由微机进行处理。

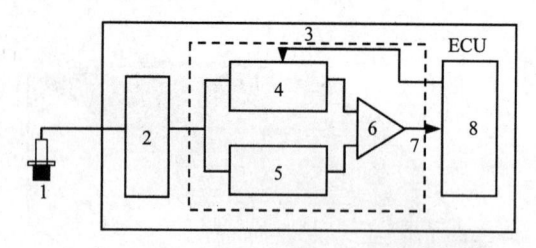

图 3-49 爆震控制输入处理回路
1—爆震传感器；2—滤波回路；3—爆震判定区间信号；4—峰值检测；5—比较基准能量级计算；6—爆震判定；7—爆震；8—微机。

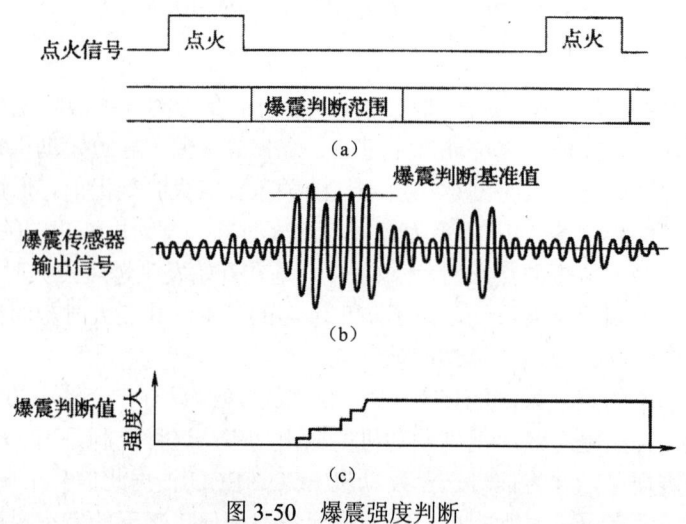

图 3-50 爆震强度判断

爆震强度的大小以超过基准值的次数来计量，其次数越多，则爆震强度越大；次数越少，爆震强度越小。

当发动机发生爆震时，微机通过爆震传感器输入信号和比较电路判断出发动机是否产生爆震，并根据爆震强度输入信号，由微机控制点火提前角的大小。在检测到发动机爆震时微机立即把点火提前角逐渐减小，直至无爆震产生。随后，又逐渐地增大点火提前角，一直到产生爆震时，又恢复前述的反馈控制，其控制原理如图 3-51 所示。

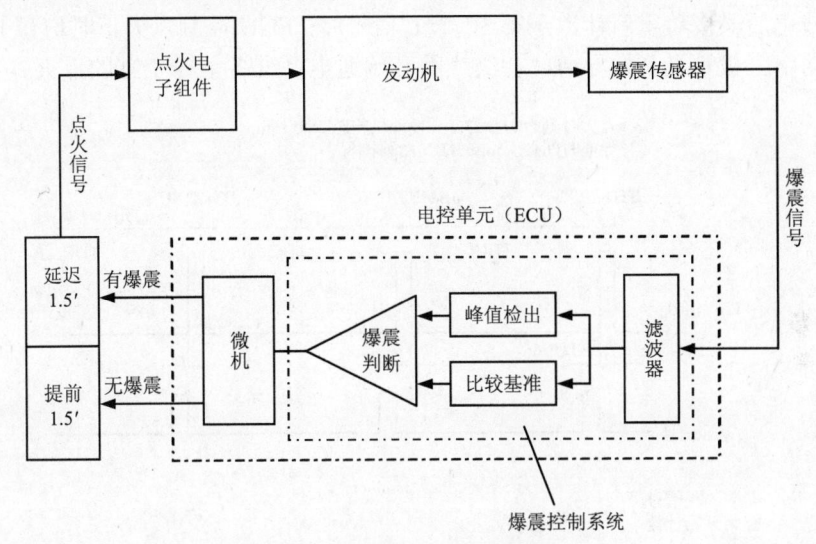

图 3-51　爆震反馈控制原理

3）控制方法

以采用磁脉冲式曲轴位置传感器为例说明其控制方法，如图 3-52 所示。六缸发动机在某工况下，发动机的转速为 2000r/min，ECU 计算出最佳点火提前角为上止点前 30°曲轴转角，初级线圈所需通电时间为 5ms（相当于曲轴转 90°）。

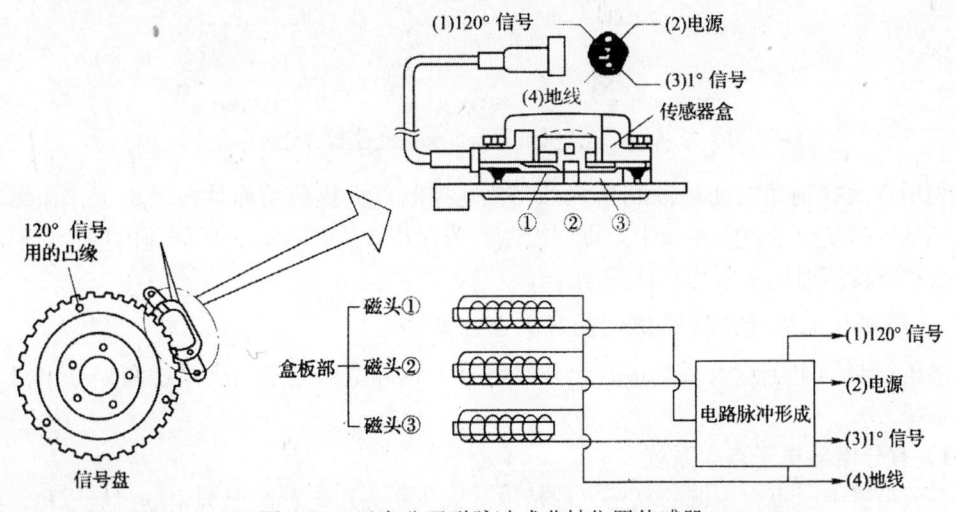

图 3-52　日产公司磁脉冲式曲轴位置传感器

该发动机电控点火系统各种控制信号的时序如图3-53所示。Ne信号分度为1°（即1°信号），转换成方波的上止点G信号（即120°信号）上升沿在压缩上止点前70°，方波信号宽度为4°曲轴转角。ECU接收到上止点信号后，在方波的下降沿处即上止点前66°处开始用G信号进行计数。当ECU计数到第36个1°信号，即压缩上止点前30°时，ECU控制点火正时信号IGT正好处于下降沿，于是功率三极管截止，切断初级电路，感应出高压电实现点火。出于六缸发动机的点火间隔为120°，而该工况的通电闭合角为90°。因此，ECU从功率管截止后又接着重新计数至第30个1°信号时，ECU控制点火正时信号IGT处于上升沿，使功率三极管又开始导通，初级线圈开始通电，准备下一个缸的点火。

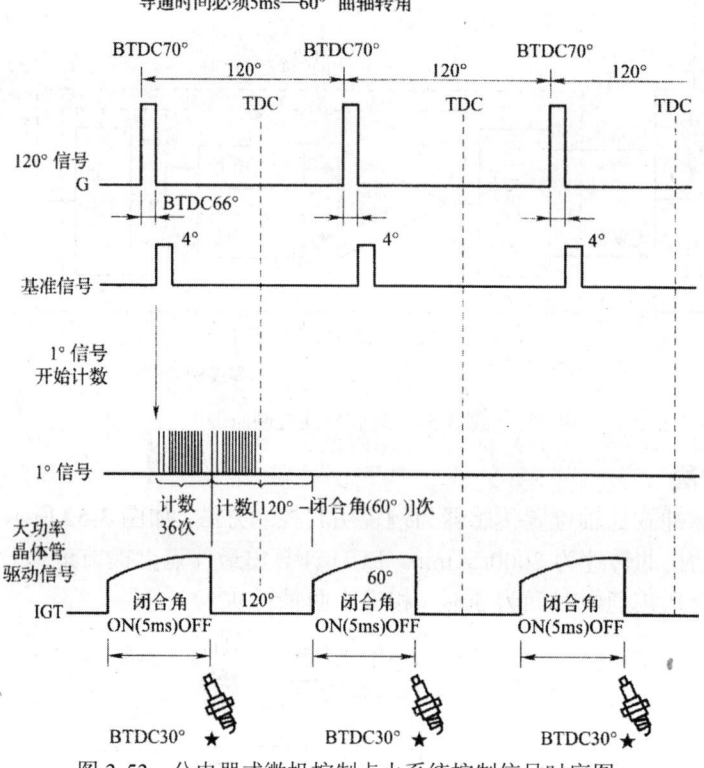

图3-53 分电器式微机控制点火系统控制信号时序图

利用点火提前角的闭环控制系统可有效地控制点火提前角而使发动机工作在爆震的边缘。微机控制电子点火系统中，爆震控制一般仅用于大负荷、中低转速的场合，而在部分负荷和高转速时则多采用开环控制。

3. 微机控制电子点火系统的高压配电方式

微机控制的电子点火系统按有无分电器分为有分电器电子点火系统和无分电器电子点火系统。

1) 有分电器电子点火系统

有分电器电子点火系统的高压电都是由分火头将高压电分配至分电器盖旁电极，再通过高压线送至各缸火花塞。这种机械配电方式存在如下不足：

（1）点火能量损失大。分火头和分电器盖旁电极间的跳火损失了一部分能量，且也是一个主要的无线电干扰源。

（2）工作可靠性差，故障率高。分电器在高压下工作，分火头、分电器盖及高压导线等容易漏电，会造成火花减弱、缺火或完全断火等故障。

（3）点火时刻控制精度低。分电器机械传动的误差和零件的磨损会影响点火时刻的控制精度。

（4）发动机布置结构受限制。分电器安装的位置和占有的空间给发动机的布置结构造成了一定的困难。

2）无分电器电子点火系统

无分电器电子点火系统取消了分电器，其配电方式可分为双缸同时点火式和单独点火式两大类，而双缸同时点火式又分为点火线圈分配式和二极管分配式两种，如图3-54所示。

（1）双缸同时点火方式。双缸同时点火方式是指点火线圈每一次产生高压，使成对的两缸火花塞跳火。当然，只有一缸是有效点火，而另一缸是无效点火。配对的无效点火缸恰好处在排气行程，缸内的温度较高而压力很低，火花塞电极间隙的击穿电压很低，故对有效点火缸火花塞的电极电压和跳火放电能量影响很小。

① 点火线圈分配方式。如图3-54（a）所示，在点火线圈组件中有2个（4个缸）或3个（6个缸）独立的点火线圈，每个点火线圈供给成对的两个火花塞工作。点火模块中有与点火线圈数量相等的大功率三极管，每一个三极管分别控制一个点火线圈工作。点火模块根据ECU输出的点火控制信号，按点火顺序轮流触发三极管导通和截止，控制每一个点火线圈轮流产生高压电，通过高压导线直接供给成对的两缸火花塞工作。

有些点火线圈分配式同时点火系统，在点火线圈次级还接有一个高压二极管，此二极管的作用是阻止初级绕组通路时次级绕组产生的电压加在火花塞上，以防止误点火。

② 二极管分配方式。如图3-54（b）所示，点火线圈采用两个初级绕组、一个次级绕组的结构形式，次级绕组的两端通过4个高压二极管与火花塞构成回路。对于点火顺序为1—3—4—2的发动机，1、4缸为成对的缸，2、3缸为另一成对的缸。点火模块中两个功率三极管各控制一个初级绕组，两个功率三极管则由电控单元按点火顺序交替触发导通或截止。

两个初级绕组通电时的电流方向相反，在次级绕组中所产生的高压电动势方向也相反，当一个初级绕组断电，在次级绕组产生的高压电动势方向使1、4缸的二极管正向导通，火花塞电极电压迅速升高至跳火；而2、3缸的二极管反向截止，故火花塞无高压电而不跳火；当另一个初级绕组断电时，则为2、3缸火花塞跳火，1、4缸火花塞不跳火。每次跳火包括一个有效火花和一个无效火花。

（2）单独点火方式。单独点火方式如图3-54（c）所示，发动机每一个缸配一个点火线圈，并直接装在点火线圈的上面。该点火系统的组成和工作原理与同时点火方式基本相同，但需要判别的汽缸数比同时点火方式多一倍，故结构和控制系统比较复杂。

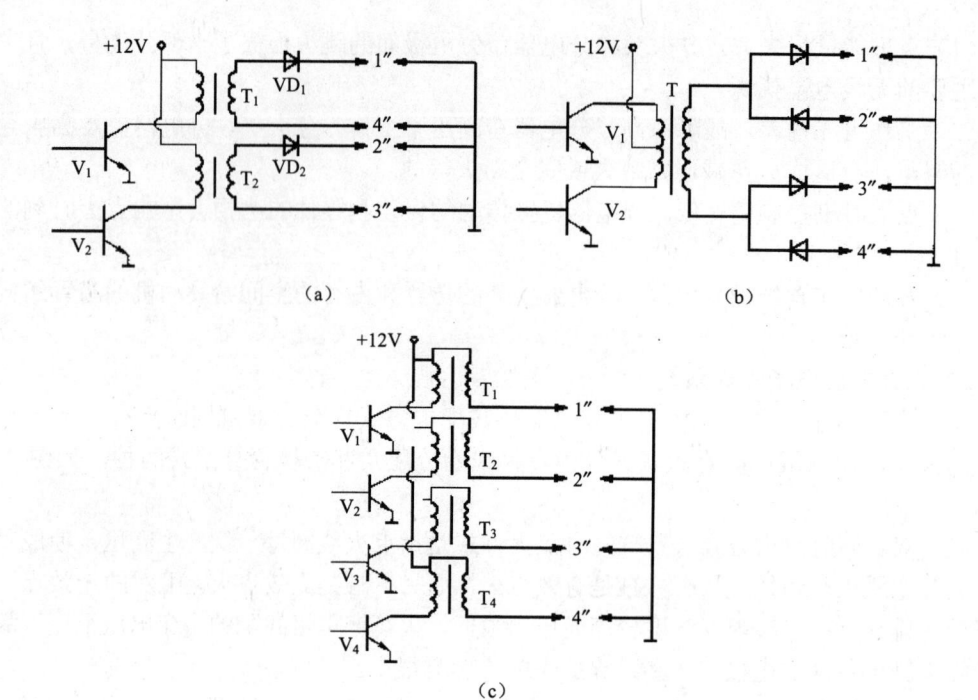

图 3-54　点火配电方式

（a）点火线圈分配方式；（b）二极管分配方式；（c）单独点火方式。

项目十 点火系统电路分析与故障诊断

一、项目描述

点火系统电路因车型而异，产生故障的原因也有所不同。当点火系统出现故障后，必须要分析其电路，根据故障现象，分析故障原因，查找故障部位。通过本项目的学习，应能达到以下要求。

1. 知识要求

（1）点火系统电路；
（2）点火系统常见故障类型；
（3）点火系统故障诊断方法。

2. 技能要求

（1）会分析典型车型点火系统的电路；
（2）能进行点火系统的常见故障诊断。

3. 素质要求

（1）安全文明生产，保证人身、工具和设备安全；
（2）正确选择和使用工具；
（3）拆装工艺合理，操作规范；
（4）5S——整理（Seiri）、整顿（Seiton）、清扫（Seiso）、清洁（Seikeetsu）和素养（Shitsuke）。

二、项目实施

任务一　进行点火系统电路的连接

1. 训练设备

（1）桑塔纳 3000 整车电路台架 4 台；
（2）桑塔纳 3000 电路图册 4 本；
（3）万用表 4 只；
（4）连接导线若干。

2. 训练步骤

（1）在桑塔纳 3000 整车电路台架上找出点火系统主要部件及接线端子；
（2）识读桑塔纳 3000 电源系统电路图；
（3）绘制点火系统电路图；
（4）根据绘制的电路图，进行线路连接。

任务二　点火系统的故障诊断与排除

1. 训练设备

（1）桑塔纳 3000 整车电路台架 4 台；
（2）桑塔纳 3000 电路图册 4 本；
（3）万用表 4 只；
（4）连接导线若干。

2. 训练步骤

（1）由老师在整车电路台架上进行故障设置。
① 无点火高压；
② 火花弱。
（2）由学生进行故障排除。

三、相关知识

（一）广州本田雅阁 ACCORD2.3 微机控制有分电器点火系统

1. 系统组成及原理

如图 3-55 所示，它主要由蓄电池、分电器、高压线、火花塞和发动机电控单元/动力系统控制模块（ECM/PCM）等组成。发动机点火系统利用 ECM/PCM 处理来自曲轴转角/上止点传感器、汽缸位置传感器、节气门位置传感器、冷却液温度传感器和进气歧管绝对压力传感器的输入信号，以确定发动机不同工况下正确的点火正时，对发动机的点火时刻进行最佳的控制。

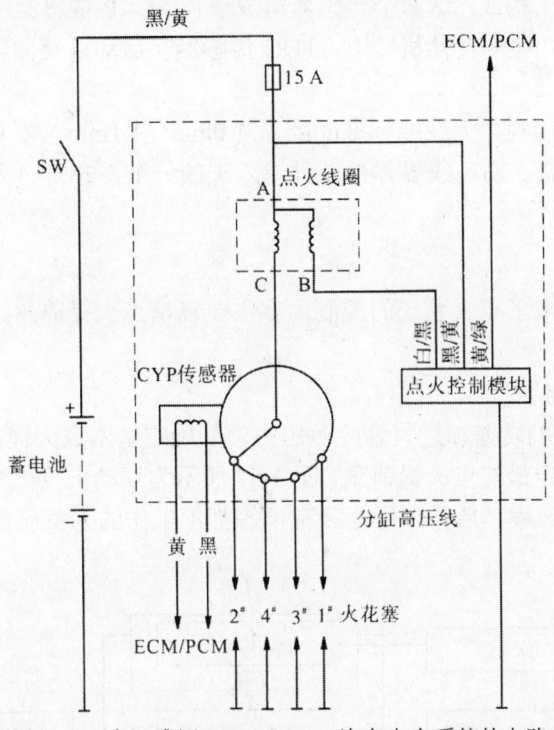

图 3-55 本田雅阁 ACCORD2.3 汽车点火系统的电路

（1）发动机电控单元／动力系统控制模块（ECM／PCM）。发动机电控单元 ECM 与变速器控制模块 PCM 集中在一个壳体内。

（2）点火控制模块（ICM）。点火控制模块安装在分电器内，由信号检测、信号放大、通断控制等电路构成。

（3）点火线圈。点火线圈安装在分电器内，如图 3-56 所示。

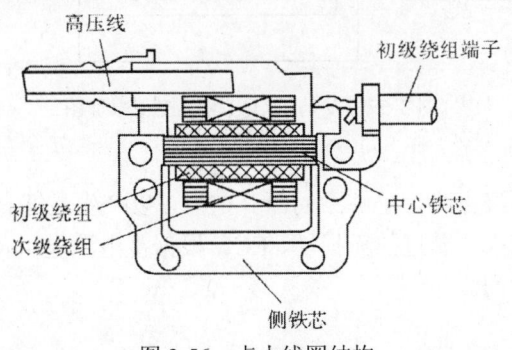

图 3-56 点火线圈结构

（4）分电器。分电器装在缸盖上，由凸轮轴驱动。其作用是将点火线圈产生的高压电送到各缸火花塞。在分电器内装有点火线圈、点火控制模块及汽缸位置（CYP）传感器。

其中磁感应式汽缸位置传感器（CYP）用来判定第一缸上止点位置。

（5）曲轴转角/上止点传感器（CKP/TDC）。曲轴转角/上止点传感器线圈由磁感应式耦合线圈和磁性转子构成，这两个传感器组成一体。CKP传感器用来确定每个汽缸的燃油喷射和点火正时，并检测发动机转速；TDC传感器在启动以及曲轴转角不正常时，确定点火正时。

（6）火花塞及高压线。火花塞标准间隙为1.0mm～1.1mm，型号为日本NGK火花塞ZFR5F-11或ZFR6F-11。高压线导体是一种渗入碳的纤维，20℃时火花塞、高压线最大电阻为25 kΩ。

2. 点火控制

本田系列发动机电子点火系统的控制内容主要包括点火提前角、通电时间及爆震控制等。

1）火提前角控制

ECU根据发动机的转速和进气管绝对压力信号确定基本点火提前角，然后根据其他有关信号进行修正来确定最佳点火提前角，图3-57所示为发动机点火系统控制原理图。发动机在前照灯、鼓风机风扇、后窗除雾器和空调等都不工作的无负荷条件下，怠速点火正时为上止点前15°±2°。

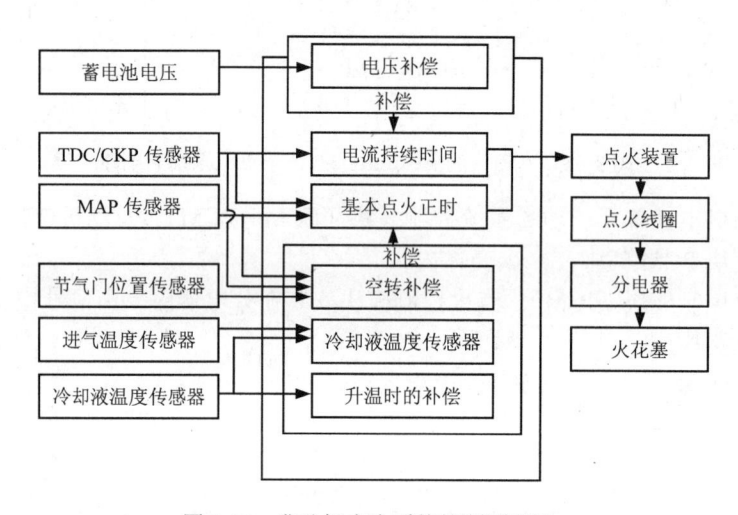

图3-57 发动机点火系统控制原理图

2）通电时间控制

为保证点火线圈初级电路有足够大的断开电流，以产生足够高的次级电压，同时也要防止通电时间过长使点火线圈过热而损坏，ECU根据蓄电池电压及转速等信号，控制点火线圈初级电路的通电时间。

3）爆震控制

当ECU收到爆震传感器（KS）输出的信号后，对信号进行滤波处理判定有无爆震，在检测到爆震时，立即把点火时刻滞后，防止产生爆震。

（二）丰田轿车六缸发动机无分电器点火系统

无分电器电子点火系统采用多个点火线圈，与前述电子点火系统用一个点火线圈的组成比较，除了需要发动机转速、负荷、冷却液温度、进气温度、启动、怠速等信号外，还需要有点火汽缸识别信号。

1. 基本组成

采用双缸同时点火的点火线圈配电方式，如图 3-58 所示，它由曲轴位置传感器及其他传感器、电控单元、点火模块、点火线圈组件和火花塞等组成。

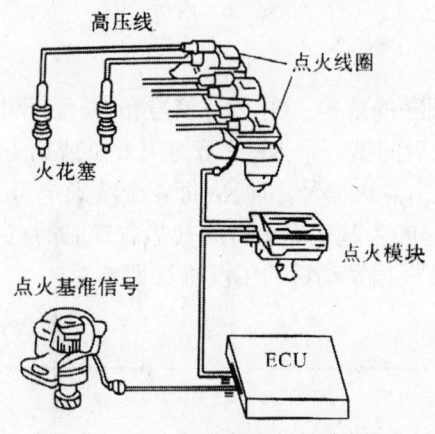

图 3-58 无分电器电子点火系统组成

（1）传感器。主要有曲轴位置传感器（一般包括上止点、转角、转速 3 种信号）、空气流量传感器、节气门位置传感器、车速传感器、冷却液温度传感器、进气温度传感器、爆震传感器、空挡启动开关等。这里仅介绍曲轴位置传感器。

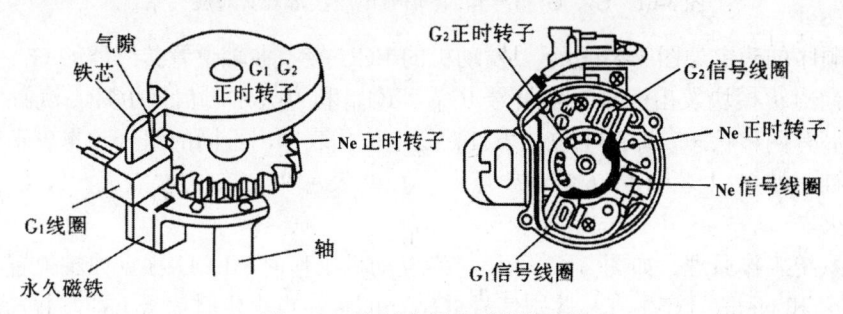

曲轴位置传感器的结构如图 3-59 所示，主要由 G_1、G_2、Ne 信号线圈和转子组成。其功用是确定曲轴的原始位置，检测曲轴转角和转速，判别发动机汽缸顺序。其中 G_1、G_2 为曲轴位置传感器信号，G_1 是判定第 6 缸压缩行程上止点的信号，G_2 是判定第 1 缸压缩行程上止点的信号；Ne 是转速信号，同时也用于确定基本点火时间。

图 3-59 曲轴位置传感器的结构

（2）点火线圈组件。如图 3-60 所示，点火线圈组件与普通点火线圈结构基本相似，不同之处是次级绕组为双端输出。次级绕组感应出的高压电动势直接加于两缸火花塞上，同时使两缸火花塞跳火。

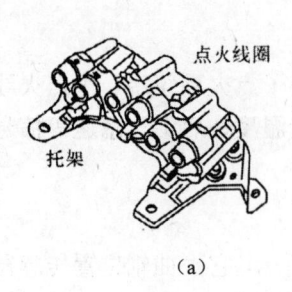

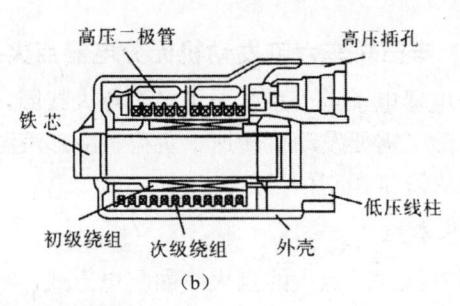

图 3-60 点火线圈组件

(a) 外形；(b) 内部结构。

2. 工作原理

（1）点火时间和点火顺序的确定。G_1、G_2 信号和 Ne 信号电压波形及其对应关系如图 3-61 所示。G_1 或 G_2 信号之后的第一个 Ne 信号为第 6 缸或第 1 缸的点火信号。Ne 信号在 G_1 或 G_2 信号之后分三次给出点火信号，即 Ne 每 4 个波确定为一个点火信号（由计算机计数确定）。Ne 确定的点火时间为基本点火时间（热怠速时的点火时间），而发动机工作时的点火时刻由微机控制系统根据发动机的工况进行调整。

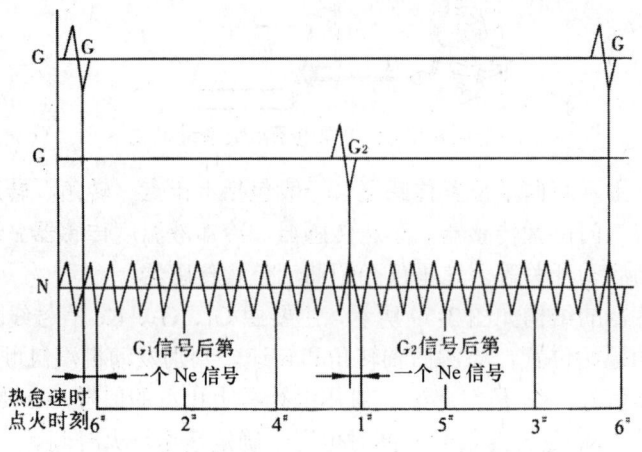

图 3-61 G_1、G_2 信号和 Ne 信号电压波形及其对应关系

点火顺序的确定如图 3-62 所示。发动机的 ECU 接收曲轴位置传感器的 G_1、G_2 和 Ne 信号后，向点火模块发出汽缸鉴别信号 IG_{dA}、IG_{dB} 和点火定时信号 IGT。汽缸鉴别信号 IG_{dA}、IG_{dB} 有两种状态，即高电位代表 1、低电位代表 0，不同的组合状态表示某个需要点火的汽缸，如 0、1 表示 1、6 缸需要点火；0、0 表示 2、5 缸需要点火；1、0 表示 3、4 缸需要点火。

（2）系统工作原理。如图 3-63 所示，当发动机工作时，ECU 根据曲轴位置传感器的 G_1、G_2 信号和 Ne 信号产生汽缸鉴别信号 IG_{dA}、IG_{dB} 和点火定时信号 IGT，并输出到电子点火模块的汽缸鉴别电路，汽缸鉴别电路根据这些信号辨别需要点火的汽缸，将 IGT 信号送给相应的大功率三极管，使大功率三极管及时地控制对应的点火线圈工作。在发动机点火系统完成正常点火的同时，点火模块还向 ECU 发回点火确认信号 IGF，使 ECU 能够继续向点火模块发出点火信号，如果 ECU 连续 3 次～5 次未接到反馈信号 IGF，则判断点火系统出现故障,将停止继续点火和喷油,防止汽缸内的燃油过多造成启动困难或增大三元催化器的负担。

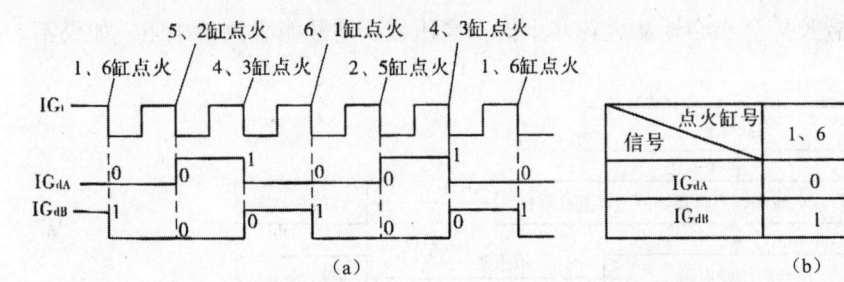

图 3-62 点火顺序的确定
(a)点火信号波形;(b)汽缸判断逻辑功能表。

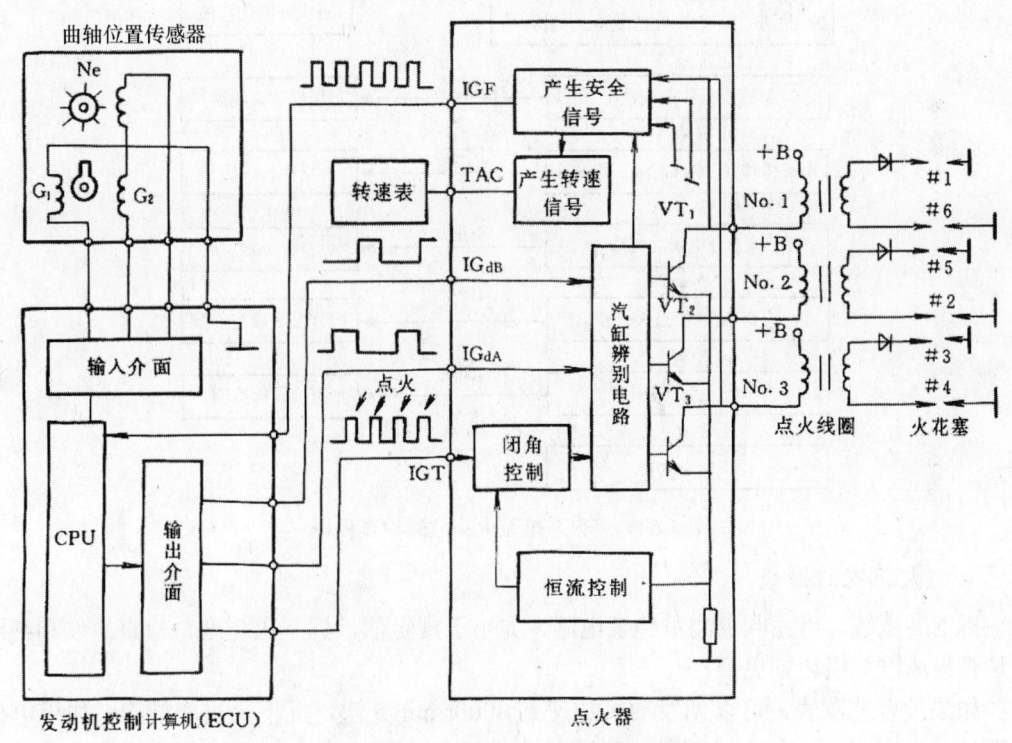

图 3-63 无分电器点火系统工作原理图

(三)微机控制点火系统的故障诊断

点火系统的故障特征主要表现为无火、缺火、火花弱和点火不正时,会造成发动机不能启动或运转不正常。

在车上检查时应先进行火花试验。拔下分电器高压电线,使高压线端头离车身 5mm~8mm,转动发动机,观察是否有电火花。(为了避免在转动发动机时喷油器喷油,每次转动发动机不能超过 2s。)如果有火花,再检查火花塞;如果没有火花,应按图 3-64 所示的程序进行检查。检查时注意,发动机不启动,点火开关在 ON 位置不能超过 10min;发动机运转时,不要拆下蓄电池。

检测要点如下。

1. 高压线的检查

捏住高压线上的橡胶护套小心地从火花塞上拆下高压线，用欧姆表测量电阻，如果不符合规范，则更换。

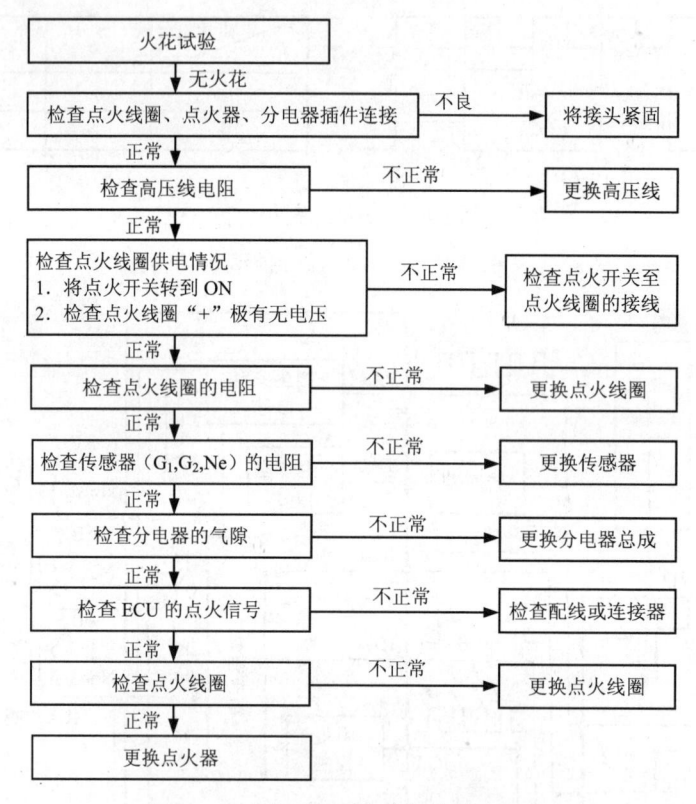

```
火花试验
  ↓ 无火花
检查点火线圈、点火器、分电器插件连接 —— 不良 → 将接头紧固
  ↓ 正常
检查高压线电阻 —— 不正常 → 更换高压线
  ↓ 正常
检查点火线圈供电情况
1. 将点火开关转到 ON
2. 检查点火线圈 "+" 极有无电压  —— 不正常 → 检查点火开关至点火线圈的接线
  ↓ 正常
检查点火线圈的电阻 —— 不正常 → 更换点火线圈
  ↓ 正常
检查传感器（$G_1, G_2, Ne$）的电阻 —— 不正常 → 更换传感器
  ↓ 正常
检查分电器的气隙 —— 不正常 → 更换分电器总成
  ↓ 正常
检查 ECU 的点火信号 —— 不正常 → 检查配线或连接器
  ↓ 正常
检查点火线圈 —— 不正常 → 更换点火线圈
  ↓ 正常
更换点火器
```

图 3-64 点火系统无火花故障检查程序

2. 火花塞的检查

拆下高压线，用兆欧表测量绝缘电阻，如小于规定值，拆下火花塞，检查螺纹和绝缘体是否损坏，如损坏则更换。

如果没有兆欧表，可以使发动机加速到 4000r/min 5 次，拆下火花塞检查，如果电极是干的，说明正常；如果是湿的，说明绝缘性不好，需检查火花塞的螺纹或绝缘体是否损坏。

检查电极间隙，如电极间隙不对应更换火花塞；如电极上有油渍痕迹，应让它干燥后再用火花塞清洗剂进行清洗。

3. 点火线圈的检查

检查初级线圈、次级线圈的电阻，如不符合规定应更换。

4. 分电器的检查

主要检查分电器接头、盖以及转子有无损坏或积炭。

5．传感器的检查

检查转子凸起与信号线圈突出部位的空气间隙，以及传感器上端子：G_1 与 G、G_2 与 G、Ne 与 G 之间的电阻，如不符合要求应更换总成。

自我测试题

（一）概念题

1．点火提前角
2．闭合角
3．火花塞击穿电压
4．冷型火花塞

（二）填空题

1．普通电子控制点火系统中，由_____产生点火信号，用_____控制点火线圈初级电流。

2．无分电器点火系统中常见的有3种高压配电方式：_____、_____和_____。

3．发动机负荷不变的情况下，转速越高，点火提前角_____。

4．实现点火反馈控制的传感器是_____。

5．离心式点火提前角调节机构是在_____变化时自动调节点火提前角，真空式点火提前角调节机构是在_____变化时自动调节点火提前角。

6．电子点火系统按信号发生器的不同分为_____、_____、光电式和电磁振荡式。

7．微机控制点火系统的控制内容有_____、_____、_____。

8．微机控制点火系统中，最佳点火提前角由初始点火提前角、_____、_____组成。

（三）判断题

1．传统点火系统一次电流值随发动机转速和汽缸数的增加而减小。（　　）

2．点火线圈中初级绕组的作用是通过互感，产生高压电动势。（　　）

3．当发动机负荷一定而转速升高时，点火提前角应随之增大。（　　）

4．电子点火系统是指利用晶体三极管作为开关，控制点火线圈二次电流通或断的点火系统。（　　）

5．桑塔纳发动机上采用的电子点火系统仍由真空式和离心式点火提前机构来实现对点火提前角的控制。（　　）

6．最佳的点火正时能提高汽油机的动力性，并能降低燃油消耗率，减少有害物的排放。（　　）

7．发动机转速越高，最佳点火提前角越大。（　　）

8. 热型火花塞的散热系数比冷型火花塞大。（　　）

9. 霍耳式电子点火系统中，当点火信号为高电平时，点火线圈产生高压，初级线圈通电。（　　）

10. 电控点火系统通过氧传感器对点火进行闭环控制。（　　）

11. 如果点火系统中产生故障造成不能点火时，ECU 安全保险功能立即停止燃油喷射，以防止大量燃油进入汽缸而不能点火工作。（　　）

12. 在闭合角控制中，电源电压越高，闭合角应越大。（　　）

13. 磁感应式点火信号发生器产生点火信号的早迟与发动机转速有关。（　　）

14. 火花塞积炭后，点火电压将会下降。（　　）

15. 火花塞电极裙部发黑时，说明使用的火花塞为冷型火花塞。（　　）

16. 点火控制中，发动机转速越高，点火提前角越大。（　　）

17. 对于电子点火系统发动机，没有转速传感器的信号（或曲轴传感器信号）发动机也能着车。（　　）

18. 微机控制点火系统中，点火信号由微机产生。（　　）

19. 若发动机产生爆震，ECU 应减小点火提前角。（　　）

20. 微机控制点火系统实现了对点火提前角的最佳控制。（　　）

（四）选择题

1. 发动机在工作中出现了比较严重的爆燃，甲认为是由于点火提前角过大引起的，乙认为是由于使用了标号较低的汽油所引起。你认为（　　）。

　　A．甲对　　　　B．乙对　　　　C．甲乙都对　　　　D．甲乙都不对

2. 电子点火系统火花塞电极间隙一般为（　　）。

　　A．0.2mm～0.4mm　　　　B．0.6mm～0.8mm
　　C．0.8mm～1.0mm　　　　D．1.0mm～1.2mm

3. 为了保证可靠点火，点火系统应能保证提供（　　）的点火能量。

　　A．30mJ～40mJ　　　　B．10mJ～25mJ
　　C．50mJ～80mJ　　　　D．90mJ～120mJ

4. 发动机负荷一定时，随着转速升高，发动机点火提前角（　　）。

　　A．增加　　　B．减小　　　C．不变　　　D．不确定

5. 随着负荷增加，发动机点火提前角（　　）。

　　A．增加　　　B．减小　　　C．不变　　　D．不确定

6. 下列关于点火提前角，说法正确的是（　　）。

　　A．转速越高，点火提前角应越大
　　B．负荷越大，点火提前角应越大
　　C．发动机压缩比越大，点火提前角应越大
　　D．断电器触点间隙越大，点火提前角越小

7. 发动机转速一定，发动机负荷增大，最佳点火提前角（　　）。

　　A．增大　　　B．降低　　　C．不变　　　D．不确定

8. 下列对电子点火系统特点描述错误的是（　　）。
　　A．火花能量高，点火可靠　　　　　　B．可以配用高能点火线圈
　　C．发动机动力和经济性好　　　　　　D．对火花塞积炭比较敏感
9. 影响发动机最佳点火提前角的主要因素是发动机（　　）。
　　A．负荷和转速　　B．温度和负荷　　C．温度和转速　　D．温度和压缩比
10. 汽车行驶中进行点火正时检查，以直接挡行驶，突然将加速踏板踩到底，如加速时感到发闷，且无敲击声，表示点火时间（　　）。
　　A．过早　　　　　　B．过迟　　　　　　C．正确　　　　　　D．无法判断
11. 火花塞电极间隙变大，击穿电压（　　）。
　　A．变大　　　　　　B．变小　　　　　　C．不变　　　　　　D．先变小后变大
12. 汽缸内混合气密度变高，击穿电压（　　）。
　　A．变大　　　　　　B．变小　　　　　　C．不变　　　　　　D．先变小后变大
13. 判断点火系统不点火故障时，拔下分电器盖上的总高压线，对着缸体 4mm～6mm 处，接通点火开关，摇转曲轴，如无火或火花弱，表明故障在（　　）。
　　A．高压电路　　　　　　　　　　　　B．低压电路或点火线圈
　　C．分火头漏电　　　　　　　　　　　D．高压电路或分火头漏电
14. 在微机控制点火系统中，执行机构是（　　）。
　　A．点火线圈　　　　　　　　　　　　B．分电器
　　C．控制总线　　　　　　　　　　　　D．点火器
15. 电磁式曲轴位置传感器输出的是（　　），当发动机转速升高，则（　　）。
　　A．交流正弦信号；信号波形峰谷值不变，但周期缩短
　　B．矩形脉冲信号；信号波形峰谷值不变，但周期缩短
　　C．交流正弦信号；信号波形峰谷值变大，且周期缩短
　　D．矩形脉冲信号；信号波形峰谷值变大，且周期缩短
16. 关于点火信号的描述，正确的是（　　）。
　　A．霍耳式点火信号电压随发动机转速的增大而增大
　　B．磁感应式点火信号电压随发动机转速的增大而增大
　　C．霍耳式点火信号发生器是无源传感器
　　D．磁感应式点火信号发生器是有源传感器
17. 对于微机控制点火系统，以下说法错误的是（　　）。
　　A．丰田 TCCS 系统启动时点火提前角采用定值控制
　　B．当系统检测到有爆震产生时，将会减小点火提前角
　　C．对无分电器的点火系统，一定有判缸信号
　　D．奥迪五缸废气涡轮增压发动机采用的是双缸同时点火的方式
18. 影响电控发动机点火线圈通电时间的的主要因素是（　　）。
　　A．负荷和转速　　　　　　　　　　　B．温度和负荷
　　C．蓄电池电压和转速　　　　　　　　D．温度和压缩比

19. 在微机控制点火系统中，监测发动机工况信息的装置是（   ）。
    A．传感器　　　　　　　　　B．发动机控制器
    C．点火执行器　　　　　　　D．电子点火器
20. _____用来改善传统点火系统的工作特性。
    A．附加电阻　　　　　　　　B．电容器
    C．点火提前角调节机构　　　D．分电器

学习领域四

汽车照明、信号、仪表和报警系统

项目十一

汽车照明、信号、仪表和报警系统的总体认识

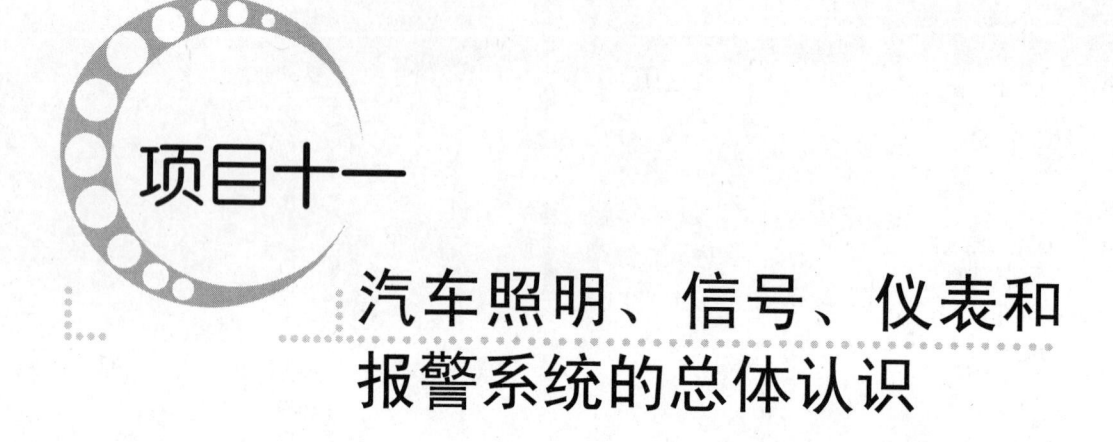

一、项目描述

汽车的照明分车外照明和车内照明；汽车信号分灯光信号和声音信号；汽车仪表分传统指针式仪表和电子显示仪表；汽车报警分为灯光报警和声音报警。通过本项目的学习，应能达到以下要求。

1. 知识要求

（1）了解照明、信号、仪表和报警系统的组成和作用；

（2）熟悉照明、信号、仪表和报警系统在车上的位置。

2. 技能要求

（1）能在汽车上认识各种照明、信号灯光；

（2）能正确操作照明和信号装置；

（3）能识读各种仪表和报警灯。

3. 素质要求

（1）安全文明生产，保证人身、工具和设备安全；

（2）正确选择和使用工具；

（3）拆装工艺合理，操作规范；

（4）5S——整理（Seiri）、整顿（Seiton）、清扫（Seiso）、清洁（Seikeetsu）和素养（Shitsuke）。

二、项目实施

任务 汽车照明、信号、仪表和报警系统的总体认识

1. 训练设备

（1）汽车 4 台；
（2）常用拆装工具 4 套；
（3）万用表 4 只。

2. 训练步骤

（1）在汽车上找出照明、信号装置主要部件；
（2）操作照明、信号装置；
（3）说出照明、信号装置各灯光的作用；
（4）识读汽车各仪表。

三、相关知识

（一）汽车照明系统

1. 汽车照明系统的作用

为了保证汽车行驶的安全性，减少交通事故的发生，汽车上装有多种照明装置。

照明装置主要用于夜间或雾天照明道路，标示车辆宽度，照明车厢内部、照明仪表及夜间检修车辆等。

2. 照明系统的组成

照明系统由电源、照明装置及控制部分等组成。控制部分包括各种灯光开关、继电器等。照明装置包括车外照明、车内照明和工作照明 3 部分。

1）车外照明装置

包括前照灯、雾灯、倒车灯、牌照灯等。

（1）前照灯：俗称大灯或头灯，是汽车的主要照明装置，有两灯制和四灯制之分。两灯制前照灯采用双丝灯泡（近光、远光）。轿车前照灯一般采用四灯制，内侧两个为远光灯，外侧两个为近光灯。

（2）雾灯：安装在车头和车尾，位置比前照灯稍低。雾灯用黄色灯泡（黄色光波长长、穿透力好），用于在有雾、下雪、暴雨或尘埃等恶劣条件下改善道路照明情况。

（3）倒车灯：安装在汽车尾部，既提供倒车时车后的照明，又起到信号作用。当点火开关接通变速器换至倒车挡时，倒车灯亮。

（4）牌照灯：装在汽车的尾部以照明牌照，一般受车灯开关控制。

2）车内照明装置

包括仪表灯、顶灯、阅读灯等。

（1）仪表灯：用于照亮仪表和各种控制开关。

（2）顶灯：用于车内乘客照明，轿车顶灯通常位于驾驶室中部。

3）工作照明装置

包括行李厢灯、发动机罩下灯等。

（1）行李厢灯：用于在夜间行李厢门打开时，照亮行李厢。

（2）发动机罩下灯：当打开发动机盖时，发动机罩下灯亮，用于夜间检修发动机。

（二）汽车信号系统

1. 信号系统的作用

汽车信号系统主要作用是通过声、光信号向车辆和行人发出有关车辆运行状况的信息，以引起有关人员的注意，确保车辆行驶的安全。

2. 信号系统的组成

信号系统常用的信号装置有转向灯、小灯（前小灯和尾灯）、驻车灯、制动灯、倒车灯、危险报警灯、喇叭等。

（三）仪表系统

1. 仪表系统的作用

为了使驾驶员随时掌握车辆的各种状况，并能及时发现和排除潜在的故障，在驾驶员座位前方的仪表板上装有各种测量仪表。

2. 仪表系统的组成

汽车上常见的仪表有电流表或电压表、机油压力表、水温表、转速表和车速里程表等。不同汽车装用的仪表个数及结构类型有所不同，图4-1所示为桑塔纳2000型轿车仪表板。

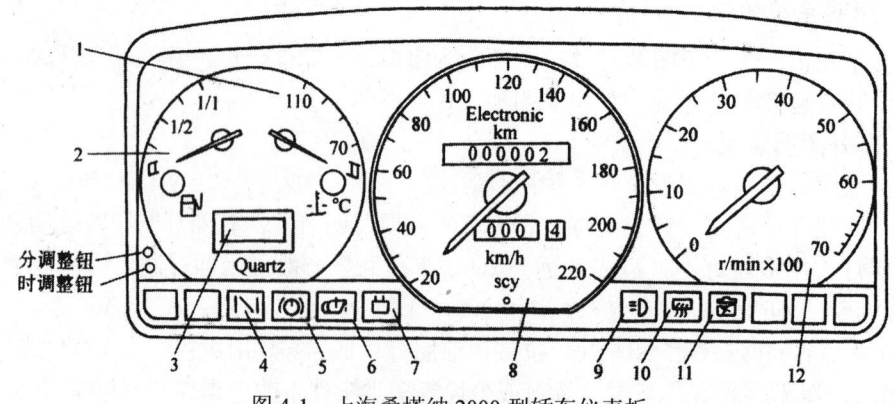

图4-1 上海桑塔纳2000型轿车仪表板

1—冷却液温度表；2—燃油表；3—电子钟；4—阻风门指示灯；5—驻车制动和制动液面警告灯；6—机油压力警告灯；7—充电指示灯；8—电子车速里程表；9—远光指示灯；10—后窗加热指示灯；11—冷却液液面警告灯；12—电子转速表。

（四）报警系统

1. 报警系统的作用

现代汽车为了保证行车安全和提高车辆的可靠性，在仪表板上安装了许多报警装置。

2. 报警系统的组成

报警系统常见的报警装置有：机油压力过低报警、燃油箱液面过低报警、汽车制动液液面高度不足报警、冷却液温度过高报警、手制动器未松报警等。报警装置一般均由传感器、控制器和红色警告灯组成。

项目十二

汽车照明、信号、仪表和报警系统的使用与维护

一、项目描述

汽车照明、信号、仪表和报警系统出现故障后，必须对其进行拆装、检测与维修。通过本项目的学习，应能达到以下要求。

1. 知识要求

（1）熟悉前照灯、雾灯的结构原理；
（2）了解闪光继电器的结构原理；
（3）掌握汽车电喇叭的结构原理；
（4）熟悉各种仪表的结构原理。

2. 技能要求

（1）正确操作汽车照明装置；
（2）正确操作汽车信号装置；
（3）正确使用常用工具，拆装照明、信号、仪表、报警装置，并对其进行维修。

3. 素质要求

（1）安全文明生产，保证人身、工具和设备安全；
（2）正确选择和使用工具；
（3）拆装工艺合理，操作规范；
（4）5S——整理（Seiri）、整顿（Seiton）、清扫（Seiso）、清洁（Seikeetsu）和素养（Shitsuke）。

二、项目实施

任务　照明、信号、仪表、报警系统拆装

1. 训练设备

(1) 汽车 4 台；
(2) 常用拆装工具 4 套；
(3) 万用表 4 只。

2. 训练步骤

(1) 正确操作汽车照明、信号装置；
(2) 拆装前照灯、雾灯、组合尾灯；
(3) 检测各灯光开关；
(4) 更换灯光继电器和熔断器等。

三、相关知识

(一) 前照灯

1. 对前照灯的要求

由于前照灯的照明效果对夜间行车安全影响很大，故世界各国多以法律的形式规定了对前照灯的要求，其基本要求主要有以下两个方面：

(1) 前照灯应能保证车前有明亮而均匀的照明，使驾驶员能看清车前 100m 内路面上的障碍物。随着汽车行驶速度的提高，对汽车前照灯的照明距离也相应要求越来越远，现代高速汽车其照明距离应达到 200m～250m。

(2) 前照灯应能防止炫目，以免夜间两车交会时，使对方驾驶员炫目，而造成交通事故。

前照灯包括远光和近光两种，有两灯制和四灯制两种配置方法，轿车上普遍采用的是四灯制。

2. 前照灯的结构

前照灯的光学系统由灯泡、反射镜和配光镜 3 部分组成，如图 4-2 所示。灯泡有单丝灯和双丝灯两种。对于双丝灯泡，其远光灯丝位于反射镜的焦点处，灯光经反射镜聚合成为平行光束射向远方，光照度增强几百倍，其距离可达 150m 或更远；近光灯丝位于焦点的上方或前方，灯光经反射后射向路面，照亮前方 50m 的路面。为不使射出光束过窄，前照灯前部装有配光镜，它是棱镜和透镜的组合，可使光线折射向较宽的路面。

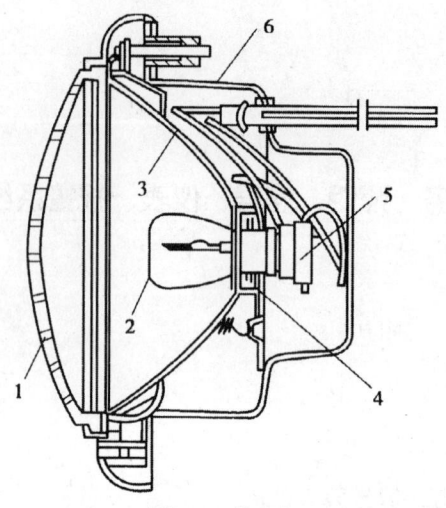

图 4-2 前照灯

1—配光镜；2—灯泡；3—反射镜；4—插座；5—接线盒；6—灯壳

3. 前照灯的防炫目措施

为保障夜间会车安全，前照灯必须具有良好的防炫目措施。常用的防炫目措施有如下 3 种。

1）采用远、近光束变换

由于近光灯丝装于反射镜焦点的上方，其光线经反射镜后绝大部分投向路面，所以在夜间会车时，使用近光灯具有一定的防炫目作用。

2）在近光灯丝下方设置配光屏

用配光屏挡住近光灯丝射向反射镜下半部的光线，从而消除了近光灯光束向斜上方照射的部分，使防炫目效果得到了进一步的改善，如图 4-3 所示。

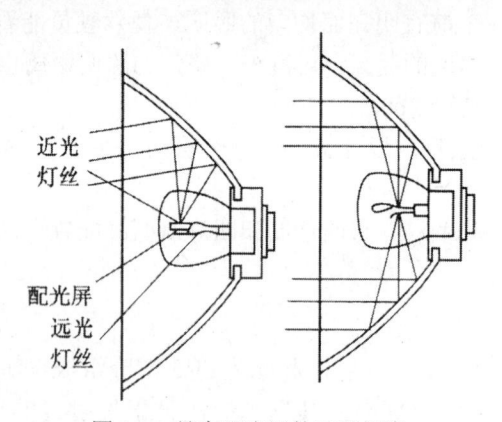

图 4-3 具有配光屏的双丝灯泡

3）采用非对称形配光

如图 4-4 所示，配光屏安装时偏转一定的角度，使近光的光形分布不对称，形成一条明显的明暗截止线。这样不仅可以防止驾驶员炫目，还可以防止迎面而来的行人炫目，更加保证了汽车夜间行驶的安全。

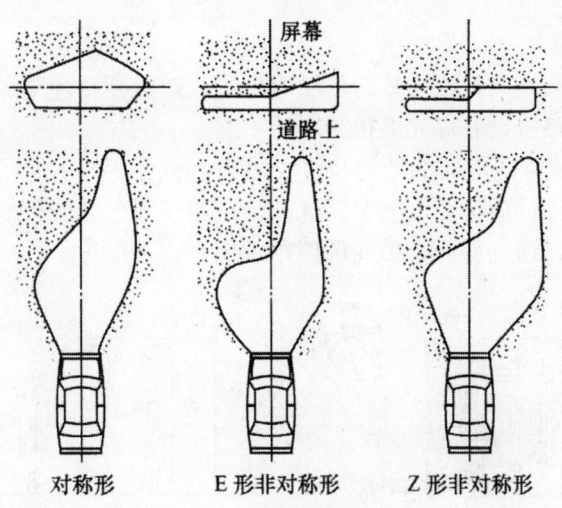

图 4-4 前照灯的配光光形

4. 前照灯控制电路

前照灯电路主要由车灯开关（灯光开关）、变光开关、前照灯继电器及前照灯组成。

1）车灯开关

车灯开关的形式有拉钮式、旋转式和组合式 3 种。车灯开关在设计时，一般有 3 个挡位：0 挡所有灯不亮；1 挡只有小灯（包括尾灯、示宽灯、仪表灯、牌照灯）亮；2 挡前照灯接通，小灯仍然亮。有些汽车上将前照灯、尾灯、转向灯及变光开关等制成一体的组合式开关，图 4-5 所示为丰田汽车使用的组合开关。

转动组合开关端部，便可依次接通尾灯和前照灯；将开关向下压，便由近光变为远光；将开关向上扳，也可变为远光，所不同的是：松手后，开关自动弹回近光位置，此位置用来作为夜间行车超车信号；前后扳动开关，可使左右转向灯工作。

2）变光开关

变光开关可以根据需要切换远光和近光。它有脚踏式和组合式开关两种。普通脚踏变光开关结构如图 4-6 所示，当用脚踏动按钮时，推杆推动棘轮转动 60°，从而交替接通远、近光。脚踏式变光开关目前已很少使用，组合式变光开关前已述及。

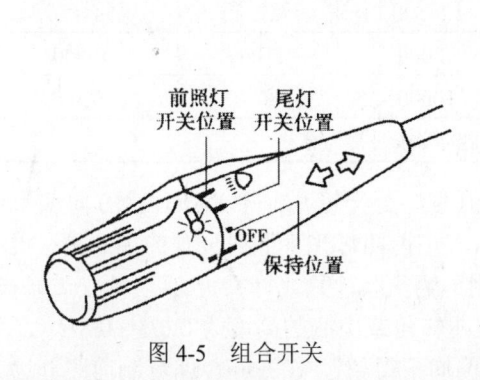

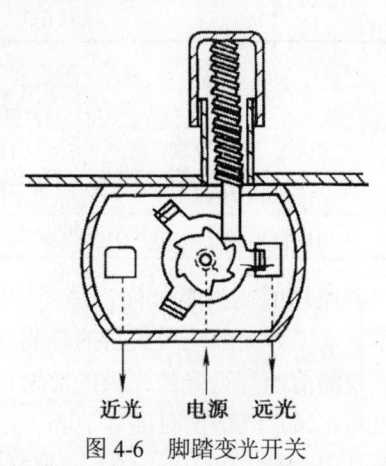

图 4-5 组合开关

图 4-6 脚踏变光开关

3）前照灯继电器

前照灯的工作电流较大，特别是四灯制的汽车，如用车灯开关直接控制，车灯开关易烧坏，因此在灯光电路中设有灯光继电器。

图 4-7 所示为前照灯继电器的结构和引线端子，端子 SW 和车灯开关相连，端子 E 搭铁，端子 B 与电源相连，端子 L 与变光开关相连。当接通车灯开关前照灯挡位时，继电器线圈通电，触点吸合，通过变光开关向前照灯供电。

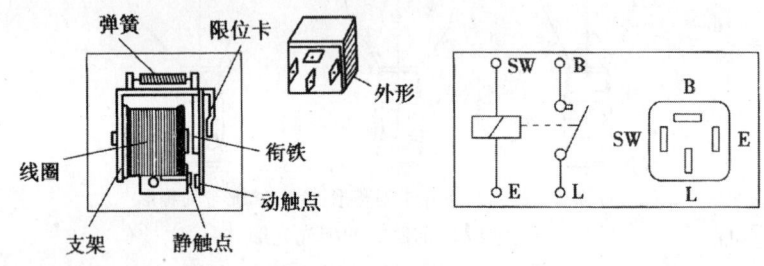

图 4-7　前照灯继电器

5. 前照灯检测与调整

前照灯在使用过程中，会因灯泡老化、反射镜变暗、照射位置不正而使前照灯的发光强度不足或照射位置不正确，影响汽车行驶速度和行车安全，必须对其进行检测和调整。

前照灯的检验方法有屏幕检验法和检测仪器检测法两种。无论采用何种方式，检验调整前都应做到：轮胎气压应符合规定；前照灯配光镜表清洁；汽车空载驾驶室内只准许乘坐 1 名驾驶员；场地平整。

前照灯的发光强度一般用前照灯检测仪检测。它利用光电池受光线照射后产生电动势，然后由光度计来指示前照灯的发光强度。发光强度越高，光电池产生的电流越大，光度计指示的值就越高。

前照灯的发光强度是指光源在给定方向上所能发出的光线强度，单位为坎德拉，单位符号为 cd。国家标准对汽车前照灯远光光束的发光强度有明确的规定，具体标准如表 4-1 所列。

表 4-1　前照灯远光光束发光强度要求　　　　　　　　　　（单位：cd）

车辆类型	新注册机动车		在用机动车	
	两灯制	四灯制	两灯制	四灯制
汽车、无轨电车	15000	12000	12000	10000
四轮农用运输车	10000	10000	8000	6000
注：采用四灯制的机动车其中两只对称的灯达到两灯制的要求时视为合格				

前照灯的光束照射位置是光轴中心相对于前照灯配光镜几何中心在垂直方向偏上或偏下、水平方向偏左或偏右的距离。国家标准对汽车前照灯光束照射位置的规定是：机动车在检测前照灯近光的光束的照射位置时，被测车辆空载（只允许乘坐 1 名驾驶员），轮胎气压正常，汽车正对屏幕 10m，光束明暗截止线转角或中心的高度为 $0.6H\sim0.8H$（H 为前照灯中心高度），其水平方向位置向左偏或右偏均不得超过 100mm。四灯制前照灯远光

单光束的调整要求是在屏幕上光束中心离地面高度为 $0.85H\sim0.90H$，水平位置要求左灯或向右偏均不得大于 170mm。前照灯光束照射位置不符合规定要求时，应利用上下、左右调整螺钉进行调整。对装用远、近光双丝灯泡的前照灯以调整近光光形为主。

屏幕检测法只能检测光束的照射位置而不能检测光照强度；检测仪器法则既可以检测光束照射位置又可以检测光照强度。目前汽车维修企业和汽车检测站广泛采用的是用检测仪来检测。前照灯检测仪检测前照灯光束照射位置一般是将 4 块光电池组合在一起，位于上、下的光电池接有上下偏斜指示计，位于左、右的光电池接有左右偏斜指示计，当前照灯照射在光电池上后，上下偏斜指示计和左右偏斜指示计将发生摆动，测出前照灯光束照射位置。

6. 投射式前照灯

投射式前照灯采用了凸形配光镜，反射镜为椭圆形，所以其外径很小，其结构如图 4-8 所示。

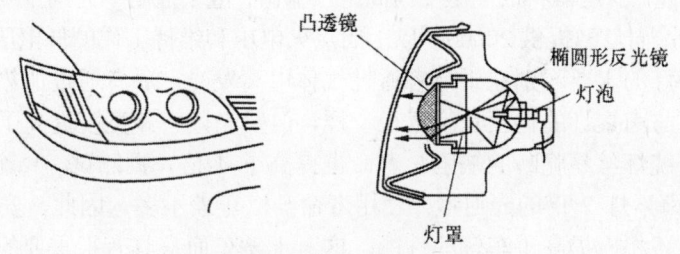

图 4-8 投射式前照灯结构

由于投射式前照灯的反射镜呈椭圆形状，有两个焦点。在第一个焦点处放置灯泡，光束经反射会聚至第二个焦点。凸形配光镜的焦点与第二焦点相重合，灯泡发出的光被反射镜聚成第二焦点，其通过配光镜后将聚集的光投射到远方。投射式前照灯使用的光源为卤素灯泡。在第二焦点附近设有遮光板，可用于遮住投向上半部分的光，形成明暗分明的配光。它的这种配光特性可适用于前照灯近、远光灯，也可用作雾灯。

采用投射式前照灯，可利用的光束增多。若将反射镜做成扁长断面，很多光束便可横向扩散，不仅结构紧凑，而且经济实用。

7. 氙灯

氙灯结构如图 4-9 所示，是一种含有氙气的新型前照灯，又称高强度放电灯或气体放电灯，英文简称 HIDL（High Intensity Discharge Lamp）。目前奔驰 E 级车、宝马 7 系列、丰田凌志、本田阿库拉等高档车都使用了这种新型前照灯。氙灯亮度大，发出的亮色调与太阳光比较接近，消耗功率低，可靠性高，不受车上电压波动影响。

氙灯由小型石英灯泡、变压器和电子控制系统组成。接通电源后，通过变压器，在几微秒内升压到 20000V 以上的高压脉冲电加在石英灯泡内的金属电极之间，激励灯泡内的物质（氙气、少量的水银蒸气、金属卤化物）在电弧中电离产生光亮。由于高温导致碰撞激发，并随压力升高使线光谱变宽形成带光谱。在灯开关接通的一瞬间，氙灯即产生与 55W 卤素灯一样的亮度，约 3s 达到全部光通量。

氙灯灯泡的玻璃用坚硬的耐温耐压石英玻璃（二氧化硅）做成，灯内充入高压氙气，缩短了灯被点亮的时间，灯的发光颜色则由充入灯泡内的氙气、水银蒸气和少量金属卤化物所决定。

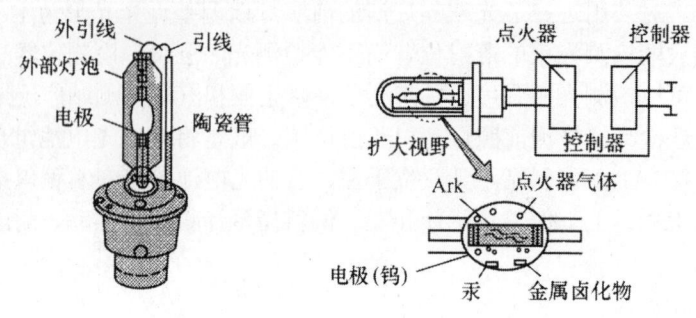

图 4-9 氙灯

电子控制器系统是一个独立的系统，包括变压器和电子控制单元，具有产生点火电压和工作电压两种功能。变压器将低电压变为高电压输出，电子控制单元的主要功能是限制氙灯灯泡的工作电流，向灯泡提供 20000V 以上的点火电压和维持工作的低电压（80V 左右）。

氙灯与卤素灯的主要区别在于前者通过气体电离发光，后者通过加热钨丝发光。虽然氙灯的发光电弧与卤素灯的钨丝长度直径一样，但发光效率和亮度提高了 2 倍。由于不用灯丝，没有了传统灯丝易脆断的缺陷，寿命也提高了 4 倍。据测试，一个 35W 的氙灯光源可产生 55W 卤素灯 2 倍的光通量，使用寿命与汽车差不多。因此，安装氙灯不但可以减少电能消耗，还相应提高了车辆的性能，这对于轿车而言具有很重要的意义。

8. 前照灯的电子控制装置

为了提高汽车行驶的安全性和方便性，很多新型车辆采用了电子控制装置，因此可对前照灯进行自动控制。

1）前照灯会车自动变光器

前照灯自动变光器的光敏器件一般安装于通风栅之后，散热器之前。在 200m 以外，当对方车辆有灯光信号时，能够自动地将本车的远光变为近光，避免给对方驾驶员带来炫目；两车交会后，又可自动恢复为远光，同时仍保留机械变光开关。

2）前照灯昏暗自动发光器

这种昏暗自动发光器的作用是：在汽车行驶过程中（并非夜间行驶），当汽车前方自然光的强度降低到一定程度，如汽车通过高架桥、林荫小道、树林、竹林或天空突然乌云密布等，发光器便自动将前照灯电路接通，开灯行驶以确保行车安全。一般来讲，这种轿车的灯光控制开关都设有自动挡位。

3）灯光提示警报系统及自动关闭系统

这种系统的作用是：当点火开关关闭，但驾驶员忘记关闭灯光控制开关时，能够自动发出警报，警告驾驶员关闭前照灯和尾灯，或者自动关闭灯光。

4）前照灯自动关闭延时器

前照灯自动关闭延时器是一种自动关闭前照灯的控制装置。当汽车停驶时，为驾驶员下车离去提供一段照明时间。

在有些汽车上还装有 DRL 系统，这样可以自动减弱前照灯在白天使用时的发光强度，以延长灯泡的使用寿命,降低电能的消耗。另外,有些汽车的后备厢里装有灯光损坏传感器,可以在前照灯、尾灯或制动灯等灯泡损坏时,发出警报,提醒驾驶员。

(二)转向信号灯

1. 作用

转向灯信号灯用来发出车辆起步、变道、超车或靠边停车等改变行车状态的信号,一般为橙色。当驾驶员打转向开关时,左侧或右侧转向灯闪烁,驾驶室内左或右转向指示灯也同时闪烁。转向信号灯的闪烁频率由闪光继电器控制,一般在 50 次/min~110 次/min 范围内。

当遇到特殊情况时,所有转向信号灯应同时闪烁,此时它作为危险警告信号。

2. 组成

转向信号装置由转向开关、闪光继电器、转向信号灯(车外)和转向指示灯(车内仪表板上)等组成。

3. 闪光继电器结构原理

常见闪光器有电热式、电容式和电子式。由于电子式闪光器性能稳定、可靠性高、寿命长,现已被广泛采用。

1)电热式闪光器

电热式闪光器的结构如图 4-10 所示。该闪光器串联在电源和转向开关之间,有两个接线柱即 7 和 8,分别接电源和转向开关。当汽车向左转向时,接通转向开关 9,电流从蓄电池正极→接线柱 7→触点臂→电热丝 5→附加电阻 6→接线柱 8→转向开关 9→左(前、后)转向灯及转向指示灯→搭铁→蓄电池负极,构成回路。此时由于附加电阻和电热丝串联在电路中,电流较小,故转向灯不亮。经短时间电热丝(镍铬丝)受热膨胀,使触点闭合,此时电流由蓄电池正极→接线柱 7→触点臂→触点 4→触点 3→线圈→接线柱 8→转向开关→转向灯及转向指示灯→搭铁→蓄电池负极,构成回路。此时附加电阻和电热丝被短路,且线圈中产生的电磁吸力使触点闭合更紧,电路中电阻小电流大,转向灯发出较亮的光。由于此时无电流流经电热丝而使其冷却收缩,又打开触点,附加电阻和电热丝又重新串入电路,灯光变暗。如此反复,使转向灯明暗交替,示意行驶方向,闪光频率可以通过调整电热丝拉力和触点间隙来进行。

2)电容式闪光器

电容式闪光器结构如图 4-11 所示,它由一只大容量电解电容器和双线圈继电器组成,其工作原理如下:

接通转向灯开关(左或右)后,串联线圈经触点、转向信号灯构成回路,且电流较大,产生较强磁场,吸动衔铁,使触点断开。此过程中,串联线圈通电时间极短,转向信号灯来不及亮。触点张开后,电容器经串联线圈、并联线圈、转向灯开关、转向灯及转向指示灯构成充电回路。由于充电电流很小,此时,转向灯与转向指示灯不亮。触点在串、并联线圈的合成磁场(方向相同)作用下,仍保持断开状态。电容器充足电后,并联线圈电流消失,铁芯吸力减小,触点在复位弹簧作用下闭合,转向灯与转向指示灯亮,同时,电容器经并联线圈及触点放电。由于串联线圈与并联线圈磁场方向相反,铁芯吸力极小,触点保持闭合状态。当电容器放电结束后,并联线圈电流消失,铁芯吸力在串联线圈磁场作用

143

下增强，触点再次张开，转向灯与转向指示灯变暗，电容器再次放电。如此周而复始，转向灯与转向指示灯不停地频频闪烁。

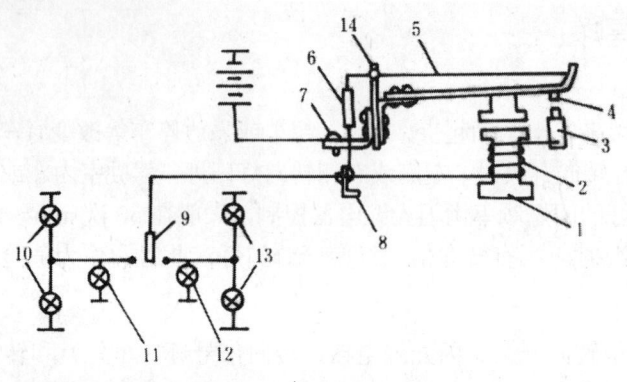

图 4-10　电热式闪光器

1—铁芯；2—线圈；3—固定触点；4—活动触点；5—电热丝；6—附加电阻；
7、8—接线柱；9—转向开关；10—左（前、后）转向灯；11—左指示灯；
12—右指示灯；13—右（前、后）转向灯。

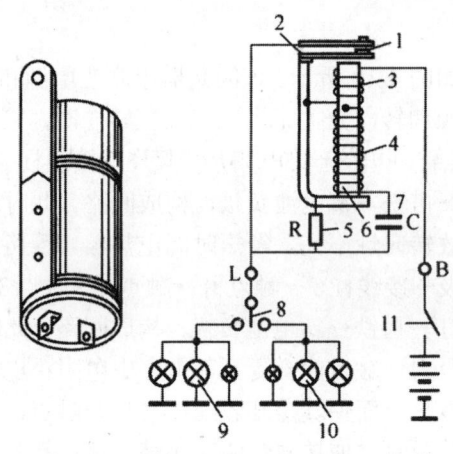

图 4-11　电容式闪光器外形和结构原理图

1—触点；2—弹簧片；3—串联线圈；4—并联线圈；5—电阻；6—铁芯；7—电容器；
8—开关；9、10—转向灯；11—电源开关。

3）电子式闪光器

电子闪光器可分为触点式（带继电器）和无触点式（不带继电器）。不带继电器的电子闪光器又称为全电子闪光器。

（1）带继电器触点式晶体管闪光器。如图 4-12 所示，当接通电源开关和转向灯开关后，主线路为蓄电池正极→电源开关 SW→接线柱 B→R_1→继电器 J 的触点→接线柱 L→转向开关 K→转向灯及转向指示灯（左或右）→搭铁→蓄电池负极，转向灯亮。

当继电器 J 的触点闭合时，转向灯亮，触点断开时，转向灯灭，而触点的闭合与否取决于三极管的导通状况，电容器 C 的充放电使三极管反复导通、截止，这样触点也就时通时断，使转向信号灯闪烁发光。

（2）不带继电器无触点式晶体管闪光器。无触点晶体管闪光器又称全电子闪光器，即把触点式晶体管闪光器中的继电器去掉，采用大功率晶体管来取代原来的继电器，如图4-13所示。

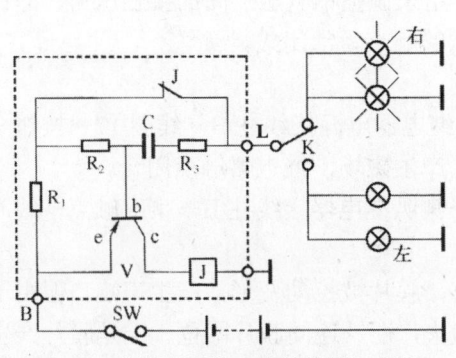

图4-12　带继电器触点式晶体管闪光器　　　图4-13　不带继电器无触点式晶体管闪光器

本闪光器电路的振荡部分实际上是一个典型的非稳态多谐振荡器，其电路结构对称，也就是说，$R_1=R_4$、$R_2=R_3$、$C_1=C_2$，VT_1 与 VT_2 为同型号的晶体三极管，且其参数相同。闪光器的输出级采用一只大功率三极管 VT_3。当 VT_3 导通时，可将转向灯电路接通，使灯点亮；当 VT_3 截止时，转向灯电路被切断而使灯变暗，从而发出频率为 70 次/min～90 次/min 的闪光信号。

如果一只转向灯烧坏，则转向灯的频率会加快，以示转向信号灯电路有故障，需要检修。

（三）电喇叭

汽车上一般采用电喇叭，它具有结构简单、使用维修方便、体积小和声音悦耳等优点。电喇叭有普通电喇叭和电子电喇叭两种，其外形有螺旋形和盆形两种，轿车电喇叭一般为盆形结构。

1. 普通电喇叭

1）基本结构

以解放 CA1091 为例，电喇叭的基本结构如图4-14所示。

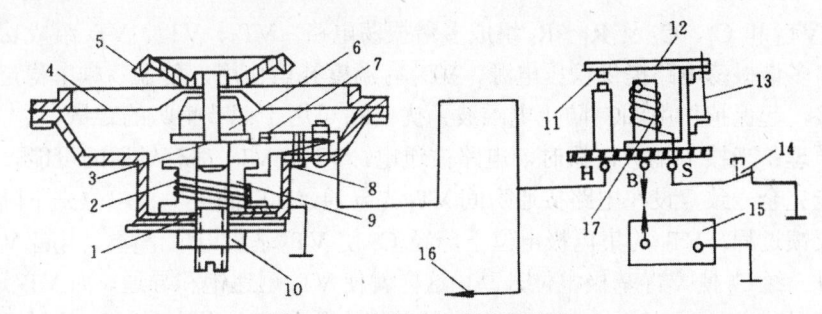

图4-14　电喇叭与喇叭继电器

1—喇叭下铁芯；2—线圈；3—喇叭上铁芯；4—膜片；5—共鸣盘；6—衔铁；7—触点；8—调整螺钉；9—铁芯；10—锁紧螺母；11—继电器触点；12—活动触点臂；13—弹簧；14—喇叭按钮；15—蓄电池；16—接另一只喇叭线；17—线圈。

喇叭下铁芯可以旋入旋出，用以改变喇叭磁阻，改变喇叭音调。线圈用来产生磁场，其一端搭铁，另一端接活动触点臂。固定触点臂经导线接喇叭的继电器。喇叭触点的开闭由铁芯 6 控制，铁芯与活动触点臂之间由绝缘垫片隔开，以防止活动触点臂搭铁。共鸣盘、膜片、衔铁、上铁芯刚性相连为一体。调整螺钉用来调整喇叭触点间的接触压力，即调整喇叭的音量。喇叭继电器的触点为常开式，喇叭的触点为常闭式。

2）工作原理

按下喇叭按钮，电路为由蓄电池正极→喇叭继电器电源接线柱 B→线圈 17→按钮→搭铁→蓄电池负极。当喇叭继电器线圈通电之后，产生磁场，继电器触点闭合。

此时电路为蓄电池正极→触点臂 12→触点→喇叭继电器接线柱 H→喇叭触点→线圈→搭铁→蓄电池负极，构成回路。

喇叭线圈通电后产生吸力，吸动衔铁 6 下移，膜片被拉动变形，产生声响，但由于衔铁向下移，同时触点也断开，线圈断电，磁场消失，衔铁连同膜片回位，于是膜片产生第二次声响。当衔铁退磁后，触点再次闭合，如此往复循环，触点以一定频率时开时闭，电路时断时续，膜片连续振动发生声音。

喇叭继电器在电路中的作用是用来保护喇叭按钮。

2. 电子电喇叭

普通电喇叭存在触点烧蚀、氧化等故障，现在生产的轿车中，已开始使用无触点的电子电喇叭，其电路如图 4-15 所示。

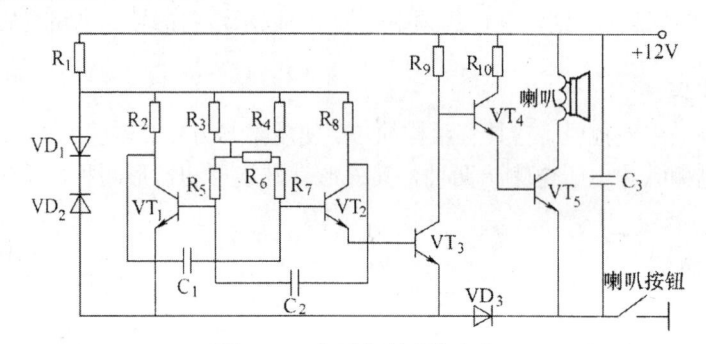

图 4-15 电子电喇叭的电路

VT_1、VT_2 和 C_1、C_2 及 $R_1 \sim R_8$ 组成多谐振荡电路。VT_3、VT_4、VT_5 组成功率放大电路。VD_2 向多谐振荡电路提供稳压电源，VD_1 有温度补偿作用，使振荡频率稳定，VD_3 防止电源反接，起保护作用。C_3 防止电磁波干扰。R_6 可用于调节喇叭的音量。

工作原理：当按下喇叭按钮时，电路被通电，VT_1、VT_2 都有导通的可能。由于电路参数不可能完全一致，设在电路接通瞬间 VT_1 先导通，VT_1 的集电极电位先下降，则会产生如下正反馈过程：VT_1 的集电极电位下降经 C_1 使 VT_2 基极电位下降，引起 VT_2 的集电极电位上升，经 C_2 使 VT_1 基极电位升高。这样就使 VT_1 迅速饱和导通，而 VT_2 迅速截止，电路进入暂时稳态。同时，C_1 充电使 VT_2 的基极电位升高，当达到 VT_2 的导通电压时，VT_2 开始导通，电路又形成正反馈过程，使 VT_2 迅速导通，而 VT_1 迅速截止，电路进入新的暂时稳态。同时，C_2 的充电又使 VT_1 的基极电位升高，使 VT_1 又导通，电路又产生一个正反馈过程，使 VT$_1$ 迅速饱和导通，而 VT$_2$ 迅速截止。周而复始，形成自激振荡。

VT$_2$ 截止时，VT$_3$ 也截止，VT$_4$、VT$_5$ 导通，喇叭线圈中有电流通过，产生电磁力吸动膜片，喇叭发出声响。

VT$_2$ 导通时，VT$_3$ 也导通，VT$_4$、VT$_5$ 截止，喇叭线圈中无电流通过，膜片复位。

（四）其他信号装置

1. 制动信号灯

制动信号灯安装在车辆尾部，通知后面车辆该车正在制动，一般为红色，在后风窗玻璃上一般还装有高位制动灯，以避免后面车辆与其后部相撞，其简化电路如图 4-16 所示。由电路图可知，当制动时踩下制动踏板，制动信号灯开关闭合，制动信号灯亮。

图 4-16 制动信号灯电路示意图

2. 倒车灯与倒车蜂鸣器

前面已述及，倒车灯既起照明灯又起信号灯作用。有些汽车上还装有倒车蜂鸣器，以语音的形式提示倒车。

3. 示宽灯与尾灯

这两种都是低强度灯，用于夜间给其他车辆指示车辆位置与宽度。位于前方的灯称为示宽灯，位于后方的称为尾灯。

4. 驻车灯

夜间行车时，用来标志汽车的存在。

（五）常规仪表

1. 电流表

电流表又称安培表，用来指示蓄电池充电或放电的电流值。当蓄电池放电时，指针指向"－"的一侧；当蓄电池充电时，指向"＋"的一侧。目前很多汽车不装电流表，而用充电指示灯指示电源系统的工作状态，当汽车正常行驶指示灯亮时，表示电源系统工作不正常。

国产汽车一般都采用电磁式电流表，其结构和工作原理如图 4-17 所示。黄铜板条 4 固定在绝缘底板上，两端与接线柱 1 和 3 相连，下面夹有永久磁铁 6。磁铁的内侧，在转轴 7 上装有带指针 2 的软钢转子 5。

当没有电流通过电流表时，软钢转子 5 在永久磁铁的作用下被磁化，转子 5 磁化后的极性与永久磁铁的极性相反，因而两者互相吸引，使指针保持在中间"0"的位置。

当电流由接线柱 1 流向接线柱 3 通过黄铜板条 4 时，在它的周围便产生磁场，其方向可按右手螺旋定则判定，与永久磁铁的磁场方向相垂直，因此，便产生了一个合成磁场。这个合成磁场磁力线的方向与永久磁铁磁力线方向成一个角度，因此软钢转子便带着指针偏转一个角度，也就是转到合成磁场的方向。电流越大，合成磁场就越强，则软钢转子便带着指针偏转角度也就越大。如果电流反向通过，那么指针也反向偏转。

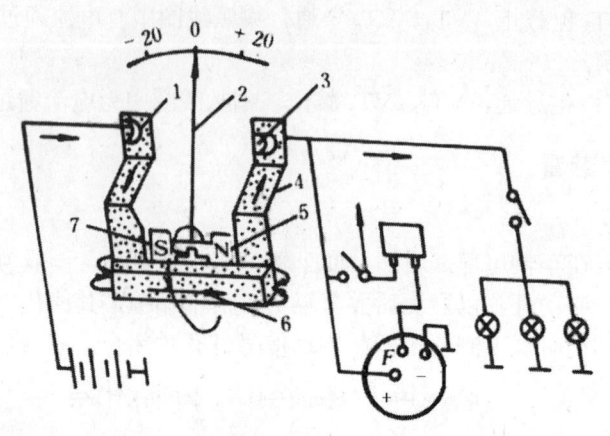

图 4-17　电磁式电流表

1、3—接线柱；2—指针；4—黄铜板条；5—软钢转子；6—永久磁铁；7—转轴。

电流表的接线柱是有极性的，不能接反，其"—"接线柱与蓄电池正极相接，"+"接线柱与发电机正极相接。

由于电压表不仅能监控发电机和调节器工作状况，同时还能指示蓄电池的技术状况，比电流表和充电指示灯更为直观与实用，故近年来有些车上开始使用电压表。

2. 机油压力表

机油压力表用来指示发动机机油压力的大小，以及发动机润滑系统工作是否正常。它由装在仪表板上的油压指示表和装在发动机主油道（或机油滤清器支架）上的传感器两部分组成。电路连接如图 4-18 所示。

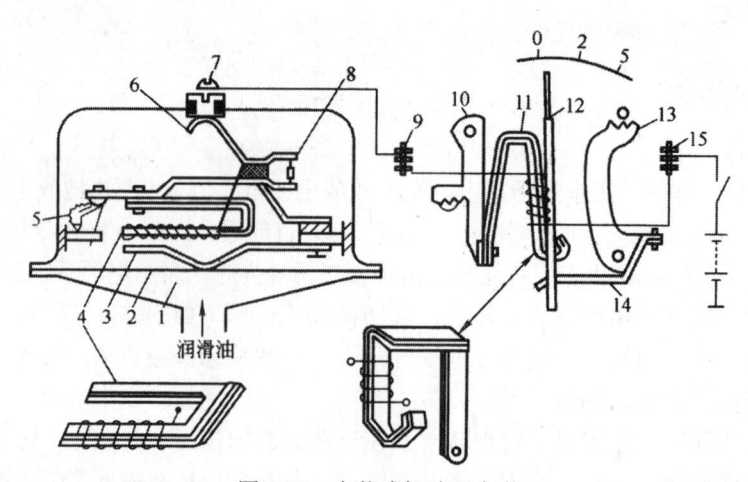

图 4-18　电热式机油压力表

1—油腔；2—膜片；3—弹簧片；4、11—双金属片；5—调节齿扇；6—弹性接触片；
7、9、15—接线柱；8—校正电阻；10—零位调整齿扇；12—指针；
13—指针偏转调整齿扇；14—弹性片。

机油压力表内装双金属片 11，双金属片上绕有电热线圈，线圈的一端焊在指示表后接线柱上，用导线和传感器接线柱 9 相连，另一端焊在指示表后另一个接线柱上，与电源正极连接，双金属片一端变成钩形扣在指针 12 上。当机油压力表接入电路工作时，电流由（电源正极经指示表双金属片 11 的电热线圈到传感器接线柱 9、弹性接触片 6、校正电阻 8、双金属片 4 的电热线圈、触点、弹簧片 3 搭铁构成回路。）双金属片由两种膨胀系数不同的金属制成，受热时膨胀系数大的一面向膨胀系数小的一面弯曲。

当润滑系统的机油压力较小时，传感器膜片变形小，触点闭合时间短，张开时间长，指示表电热线圈通过电流平均值小，双金属片弯曲程度小，指针偏转角小，指示表读数低。当润滑系统的机油压力升高时，传感器膜片受压变形大，触点间压力大，闭合时间长，张开时间短，指示表电热线圈通过电流平均值大，双金属片受热弯曲程度大，带动指针偏转角度大，指示读数高。

3. 燃油表

燃油表用来指示燃油箱内燃油的储存量。它由装在仪表板上的燃油指示表和装在油箱内的传感器两部分组成。燃油指示表有电磁式和电热式两种，传感器为可变电阻式。

（1）电磁式燃油表与可变电阻式传感器。电磁式燃油表与可变电阻式传感器的构造与工作原理如图 4-19 所示。

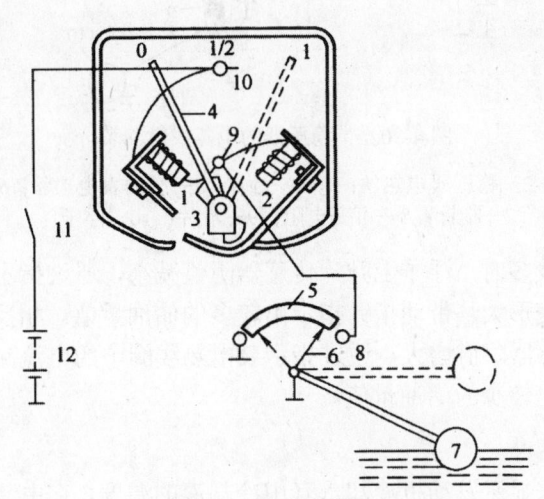

图 4-19 电磁式燃油表

1—左线圈；2—右线圈；3—转子；4—指针；5—可变电阻；6—滑片；7—浮子；
8、9、10—接线柱；11—点火开关；12—蓄电池。

燃油表中有两个绕在铁芯上的线圈 1 和 2，中间置有转子 3，传感器由可变电阻 5、滑片 6 和浮子 7 组成，浮子漂浮于油面上，随油面高低而改变位置。

当油箱无油时，浮子下降，电阻被短路，此时右线圈 2 也被短路，通过其中的电流近为零，不显磁性，而左线圈 1 在全部电源电压的作用下，通过其中的电流产生磁场，吸引转子，使指针在"0"位置上。

随着油箱中油量的增加，浮子上升，电阻 5 部分接入，这时一部分电阻与右线圈并联，其电路为：蓄电池正极→点火开关→左线圈 1→右线圈 2→搭铁→蓄电池负极，另外一路为蓄电池正极→点火开关→左线圈 1→可变电阻 5→滑片 6→搭铁→蓄电池负极。由于左线圈中串联了电阻，电流减少，磁场减弱，而右线圈有电流通过产生磁场。转子在两个磁场的共同作用下向右偏移，指针指示出油箱中的油量。

当油箱中装满油时，浮子带着滑片移到电阻的最左端，电阻全部接入电路中。此时左线圈1中电流更小，磁场更弱，而右线圈2的电流增大，磁场加强，转子便带着指针向右移动，停在满油位置。

（2）电热式燃油表与可变电阻式传感器。电热式燃油表与可变电阻式传感器结构与工作原理如图4-20所示。为了稳定电源电压，在电路中需要串联一个稳压器。

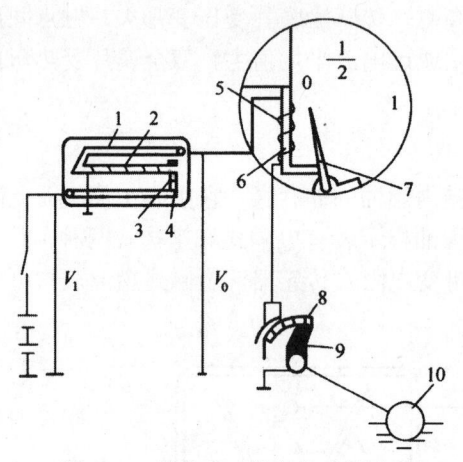

图4-20 带稳压器的电热式燃油表

1—稳压器双金属片；2—稳压器电热丝；3、4—触点；5—燃油表电热丝；6—燃油表双金属片；
7—指针；8—可变电阻；9—滑片；10—浮子。

当油箱中燃油量较多时，浮子上升，传感器阻值减小，通过指示表电热线圈中的电流增大，双金属片弯曲变形大，带动指针指示出较多的储油量值。相反，当油箱中燃油量较少时，浮子下降，传感器阻值增大，通过指示表电热线圈中的电流减小，双金属片弯曲变形小，带动指针指示出较少的储油量值。

4. 冷却液温度表

冷却液温度表用来显示发动机冷却水套中冷却液的温度，它由装在仪表板上的冷却液指示表和装在发动机汽缸盖上的水温传感器两部分组成。冷却液指示表有电热式和电磁式两种，水温传感器有双金属片式和可变电阻式两种。

当采用双金属片式水温传感器时，冷却液温度表工作原理与机油压力表基本相同，即当水温变化时，传感器内触点闭合的时间随之改变，从而改变冷却液温度指示表中双金属片的变形程度，指示出不同的冷却液温度。当采用可变电阻式传感器时，冷却液温度表工作原理与燃油表基本相同，只不过是将负温度系数的可变电阻式水温传感器替换了可变电阻的油量传感器而已。

5. 车速里程表

车速里程表是用来指示汽车行驶速度和累计行驶里程的仪表，有磁感应式与电传动动圈式两种。

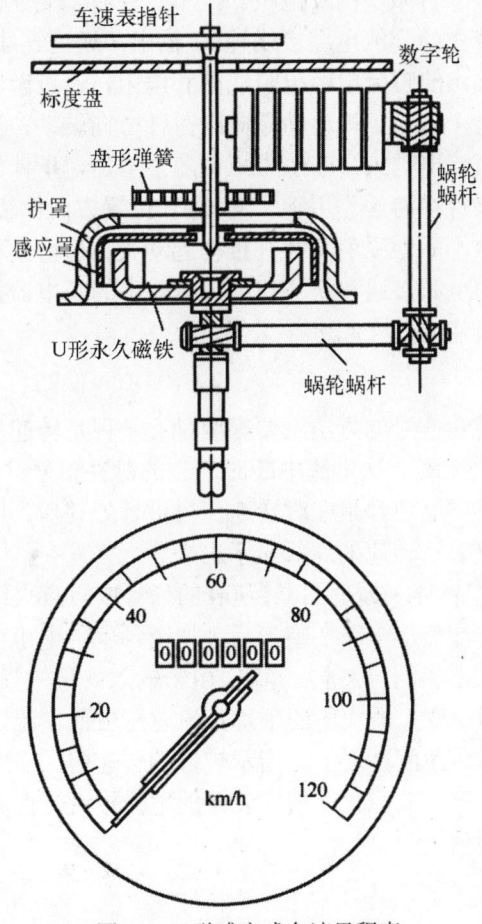

1）磁感应式车速里程表

磁感应式车速里程表由车速表和里程表两部分组成，其结构如图4-21所示。

车速表主要由永久磁铁、感应罩、护罩、刻度盘和表针等组成。永久磁铁与主动轴紧固在一起。主动轴由来自变速器输出轴的挠性软轴驱动，指针、感应罩固接在中心轴上，刻度盘固定在表外壳上。不工作时，感应罩在游丝的作用下，使指针位于"0"位置上。当汽车行驶时，软轴驱动主动轴带动U形永久磁铁旋转，在感应罩上感应出电涡流而产生磁场，这个磁场与永久磁铁的旋转磁场相互作用产生转矩，使感应罩向永久磁铁旋转方向转过一定角度，直到由游丝的弹力所产生的反方向转矩与之平衡。车速越高，产生的转矩越大，指针在刻度盘上摆动的角度就越大，即指示的车速就越高。里程表主要由蜗轮蜗杆和数字轮组成，当汽车行驶时，主动轴经3对蜗轮蜗杆驱动数字轮上最右侧的第一个数字轮（一般为1/10km），任一个数字轮与左侧相邻的数字轮的传动比都为10:1，这样显示的数字呈十进位递增，便自动累积了汽车总的行驶里程。

图4-21 磁感应式车速里程表

2）电传动动圈式车速里程表

电传动动圈式车速里程表的基本结构如图4-22所示，它由二极管桥式整流器、降压电阻、带动圈的指针和永久磁铁等组成。

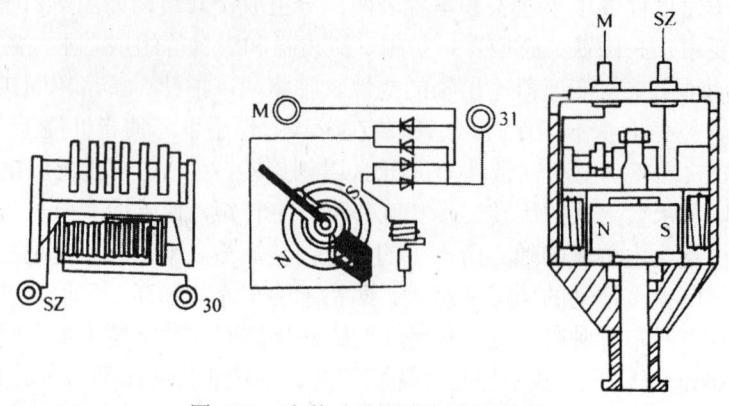

图 4-22　电传动动圈式车速里程表

变速器上的传感器像一台微小的发电机。汽车行驶时，变速器带动磁铁转动，磁铁的磁力线切割线圈，由此产生的交流电经接线柱 M 输出，通过连线到仪表接线柱 M 进入二极管桥式整流器整流，输出的直流电经电阻线圈和电阻，通过游丝到动圈产生磁场，动圈的磁场和永久磁铁产生一个力矩，推动动圈向顺时针方向转动，速度越快，传感器产生的电压越高，输入动圈的直流电越大，产生力矩也随之增加，指针偏转角也增大。当车速降低时，动圈力矩减小，指针在游丝作用下，向"0"位置方向偏转。

计数器由一个电磁铁不断地吸引和断开推动起动叉，起动叉不断拨动由 6 个计数轮组成的里程计，而电磁铁的电源接通和断开却由感应器中的断电器控制。断电器和车速表的交流发电机同装在一个机构内，一起进行工作。

6. 发动机转速表

转速表获取发动机转速信号的方法主要有两种：一种是转速传感器输出的脉冲（或交变）信号；另一种是点火线圈一次电流中断时产生的脉冲信号（只限于汽油机）。不论哪种方法，转速表的基本工作原理都是在对转速信号进行处理后，用电流的大小（或电压的高低）通过机械指针式仪表将转速的高低显示出来。

图 4-23 是桑塔纳轿车转速表原理图。转速表的信号取自点火线圈一次电流中断时产生的脉冲信号，该信号经脉冲整形电路 2 整形后，加至频率/电压变换器（单稳态电路）3，其输出信号与输入信号频率相同，且等幅等宽。由于输入信号的频率与发动机转速成正比，所以，当发动机转速低时，变换器输出的平均直流电压较低，流经直流毫安表 4 的电流较小，直流毫安表 4 指针偏转角度亦较小，指示较低的转速值。当发动机转速较高时，变换器输出的平均直流电压较高，流经直流毫安表 4 的电流较大，直流毫安表 4 指针偏转角度亦较大，指示较高的转速值。

（六）电子显示仪表

电子显示仪表主要包括数字式仪表计算机、各种传感器与荧光显示器等。通过电子仪表中的微机和集成电路处理各种传感器的信号，然后以数字形式在真空荧光显示器上显示出来。电子显示仪表的功能如图 4-24 所示。

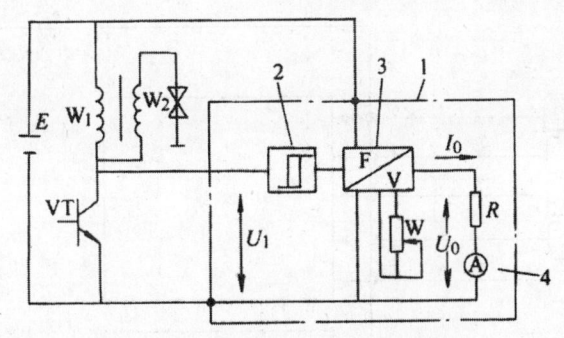

图 4-23 桑塔纳轿车转速表原理图

1—转速表；2—脉冲整形电路；3—频率/电压变换器；4—直流毫安表。

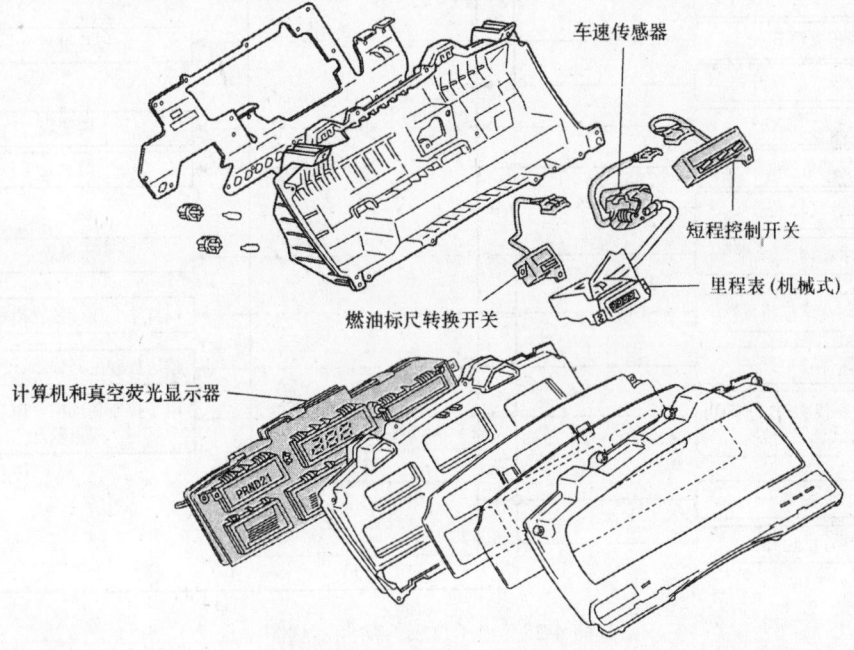

图 4-24 电子显示仪表的结构

电子仪表的作用与常规机电模拟式的仪表基本相同，都是从各种传感器接收信号，并将信号经处理后通过显示器显示数据，使驾驶员了解车辆的速度、发动机转速、燃油量、冷却液的温度等。不同的是：电子仪表是通过仪表中的微机和集成电路处理各种传感器的信号，然后以数字形式在真空荧光显示器上显示出来。电子仪表的零部件以及功能示意图如图 4-25 所示，其大体组成可分为各种传感器、微机、集成电路和真空荧光显示器等，下面分别介绍。

1. 车速表

车速表的工作原理如图 4-26 所示，计算机通过在一段预定的时间内从车速传感器传出的脉冲信号来计算车速，然后使真空荧光显示器发光，显示车速，同时可以通过英里/公里转换开关切换单位。在某些国家使用的车辆上还装有车速警报器，当车速达到或超过 l25km/h（78 英里/h）时，计算机内的晶体管便反复接通和断开，使警报器发出警告蜂鸣。

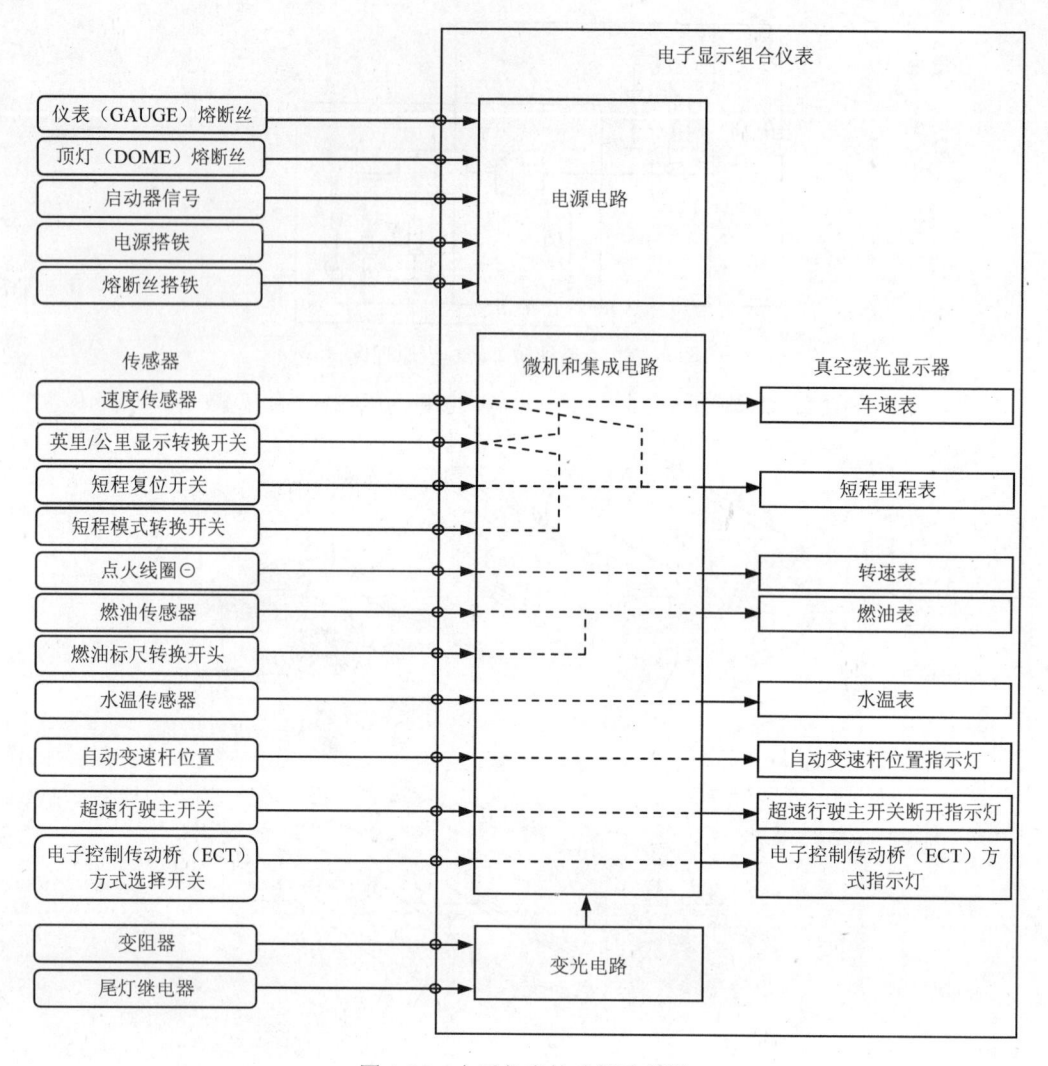

图 4-25 电子仪表的功能示意图

车速传感器如图 4-27 所示，其中有一个内置光电耦合器，如图 4-28 所示，将发光二极管和光敏三极管组合在一起。在发出光线的二极管和接收这些光线的光敏三极管之间，有一个开有 20 条狭槽的转轮旋转。开槽转轮连接在车速表传动软轴上，其转动速度根据车速的快慢而增减。当开槽转轮转动时，不停地隔断发光二极管和光敏三极管之间的光线，从而使光极管时通时断，并因此也使晶体管时通时断，这使晶体管将 20 个脉冲（每转动一周的脉列）信号传输至计算机端子，使计算机得知车速。

2. 发动机转速表

转速表信号来自点火线圈的脉冲信号。微机用每输入 6 个脉冲信号所用的时间来计算发动机转速，如图 4-29 所示，然后控制真空荧光显示器发光，将发动机的转速以条形图形显示出来。

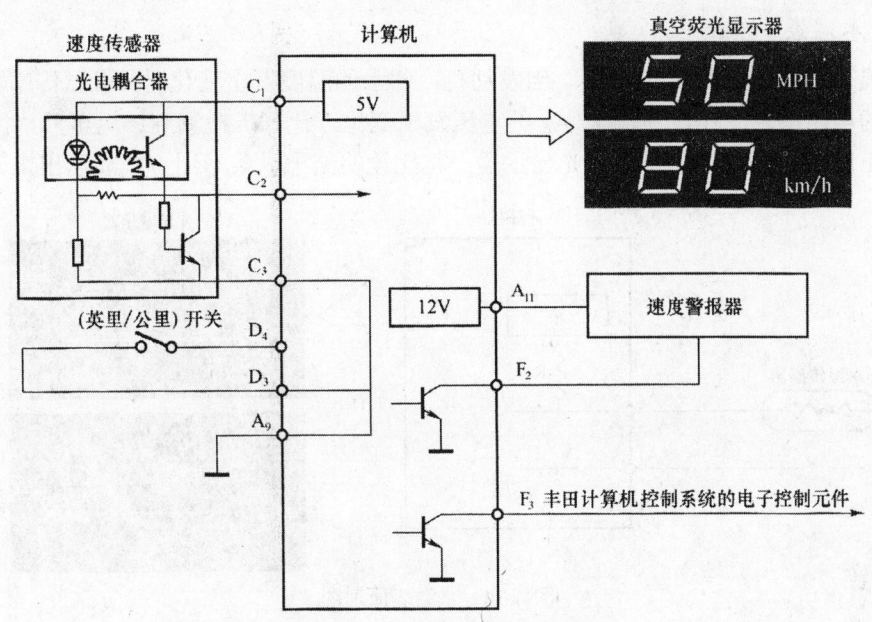

图 4-26 车速表的原理示意图

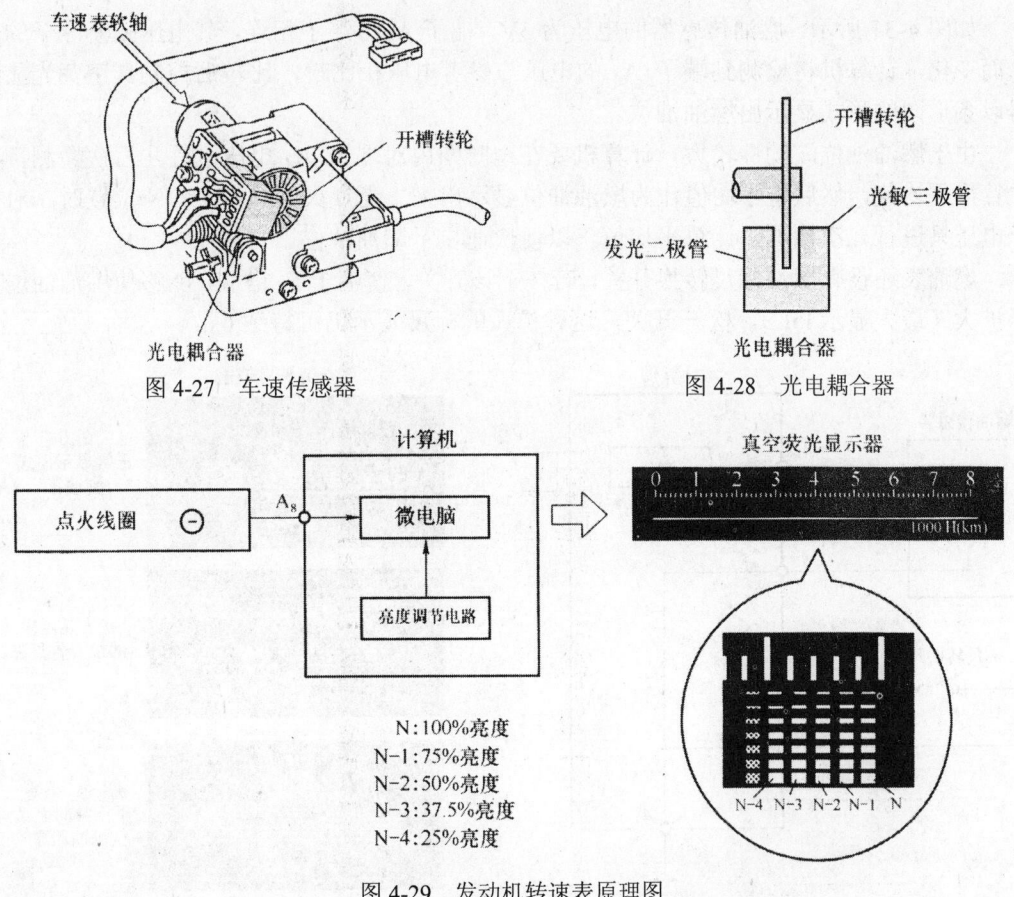

图 4-27 车速传感器

图 4-28 光电耦合器

N:100%亮度
N-1:75%亮度
N-2:50%亮度
N-3:37.5%亮度
N-4:25%亮度

图 4-29 发动机转速表原理图

3. 水温表

水温表的原理如图 4-30 所示。当发动机冷却水的温度发生变化时，水温传感器（热敏电阻）的电阻随之变化，使端子 A_6 的电压发生变化，计算机检测到该电压后，便将其与参考电压比较，然后接通真空荧光显示器，将比较的结果以条形图方式显示出来。

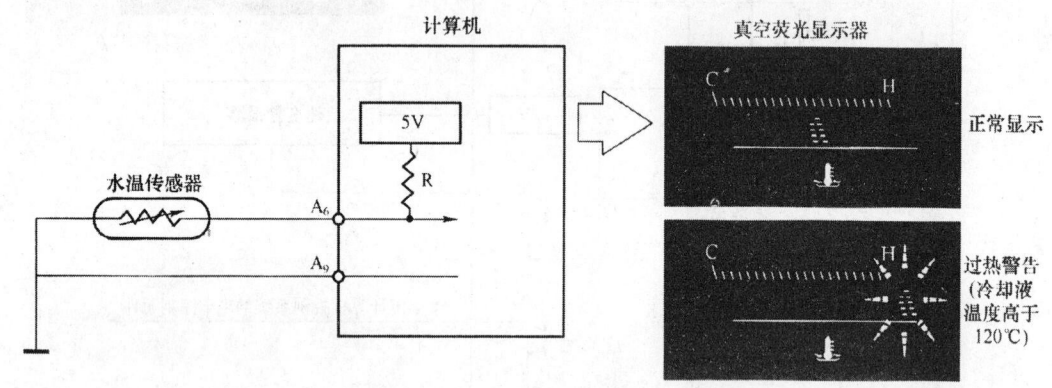

图 4-30 水温表原理图

4. 燃油表

如图 4-31 所示，燃油传感器的电压为 5V，端子 A_4 与浮子相连，其电压随着浮子的升降而变化，计算机将检测到端子 A_4 的电压与参考电压相比较，比较后控制真空荧光显示器以条形图的形式显示出燃油油位。

由于燃油油位波动性较大，计算机要在短时间内对端子 A_4 电压进行几百次检测，再计算出平均值，然后将平均值作为燃油油位显示出来。当点火开关拧至 ON 位置时，对端子电压只进行几次检测，计算平均值，以便快速显示燃油油位。

燃油表还设有燃油标尺转换开关，若按下该开关，使端子 E_1 搭铁，能够使燃油油位显示扩大（最大显示 15L），松开开关，这种扩大的标尺显示仍可持续 6s。

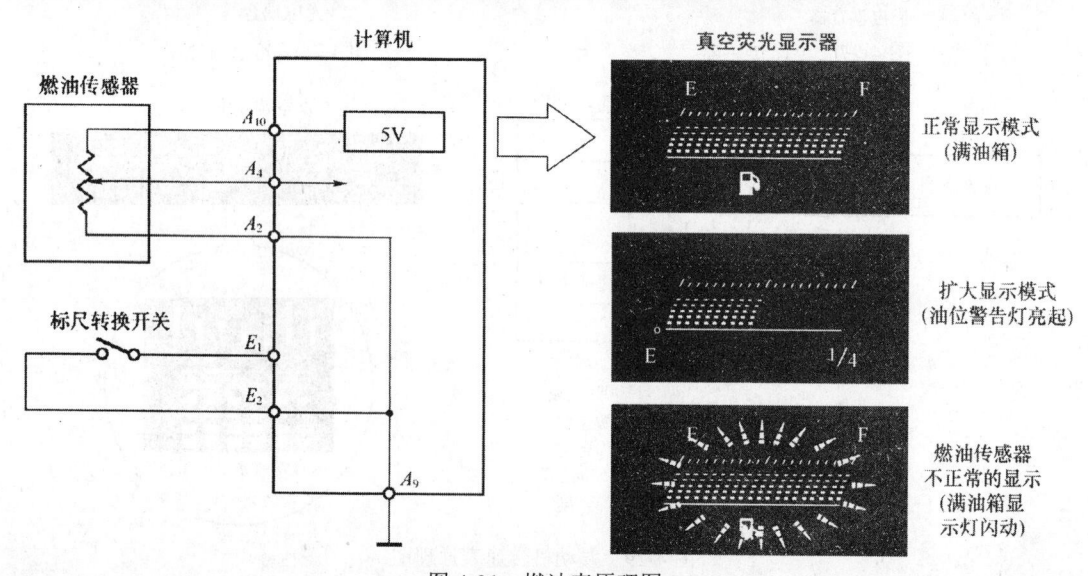

图 4-31 燃油表原理图

当燃油油位低的时候,蓝色的汽油泵标志改为琥珀色,提醒驾驶员注意。

若端子 A_4 与燃油传感器之间或端子 A_2 与燃油传感器之间断路时,燃油传感器将不能正常工作,此时将点火开关拧至 ON 位置,燃油表显示器闪烁,闪烁时间约为 2min,随后燃油表出现空白显示(油位警告灯发光)。

5. 自动变速器(A/T)指示灯

如图 4-32 所示,当点火开关拧至 ON 位置,12V 的电压信号便输入到 A_{14}~A_{19} 的某个端子,计算机收到空挡启动开关输入的挡位信号后,使真空荧光显示器上相应的位置发光(发光度为 100%)。当输入断路信号时,使真空荧光显示器显示"PWR"字样。

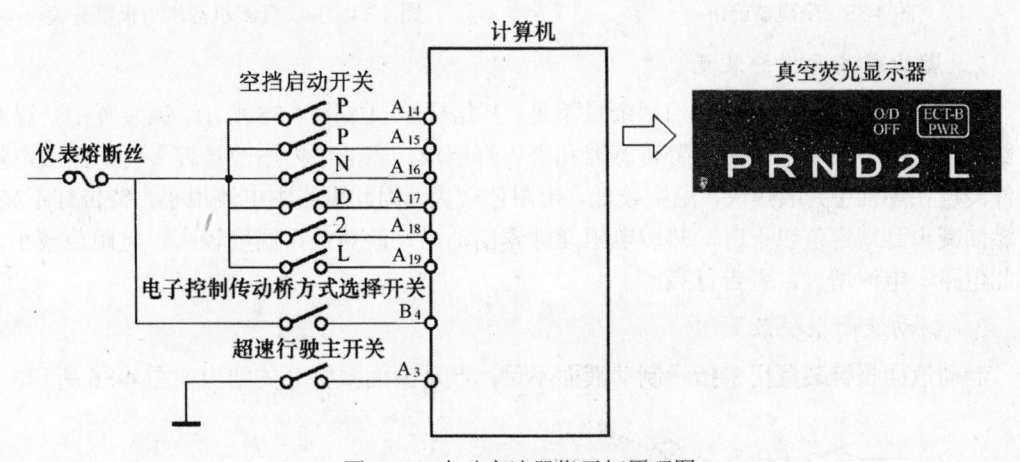

图 4-32 自动变速器指示灯原理图

当超速行驶主开关位于 OFF(断开)位置时,端子 A_3 不搭铁,使真空荧光显示器显示出"OD/OFF"字样。

6. 亮度控制器

变阻器旋钮如图 4-33 所示,转动旋钮,便可降低车速表、短程里程表、转速表、燃油表、水温表和挡位指示灯的真空荧光显示器的亮度。

变阻器有两种类型,一种是只有在尾灯接通后才能改变显示器亮度;另一种是在尾灯断开之后,仍可改变显示器亮度。

(七)报警系统

1. 机油压力过低报警装置

机油压力报警装置用于提醒驾驶员注意发动机的机油压力异常的低。机油压力报警装置的报警开关一般装在主油道上,弹簧管式机油压力报警开关如图 4-34 所示。

其传感器为盒式,内有一个管形弹簧,一端与管接头相连,另一端与动触点相连,静触点与接线柱经接触片与接线柱相连,当机油压力低于 0.05MPa~0.09MPa 时,管形弹簧变形很小,动触点和静触点闭合,电路接通,警告灯点亮;当机油压力高于 0.05MPa~0.09MPa 时,管形弹簧变形较大,动触点和静触点分开,电路断开,警告灯熄灭。

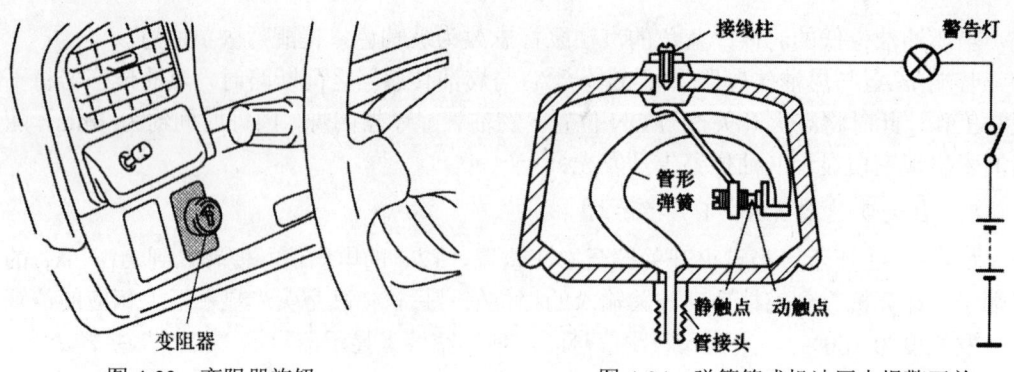

图 4-33 变阻器旋钮

图 4-34 弹簧管式机油压力报警开关

2. 燃油箱液面报警装置

燃油报警装置用于指示燃油剩余量不足，其结构原理如图 4-35 所示。该装置由负温度系数的热敏电阻式燃油油量报警传感器和警告灯组成。当油箱内燃油量较多时，热敏电阻元件浸没在燃油中，散热快，温度较低，电阻值较大，因此电路中电流很小，警告灯不亮；当燃油减少到规定值以下时，热敏电阻元件露出油面，散热快，温度较高，电阻值较小，因此电路中电流增大，警告灯亮。

3. 制动液面报警装置

制动液面报警装置用来指示制动液面不足，制动液面报警开关结构如图 4-36 所示。

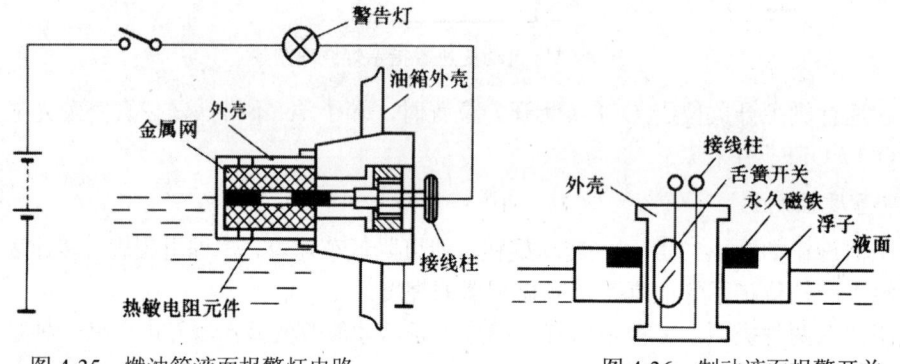

图 4-35 燃油箱液面报警灯电路

图 4-36 制动液面报警开关

制动液面警告灯开关装在制动主缸的储液罐内，外壳的外面套装着浮子，浮子上固定有永久磁铁，外壳内部装有舌簧开关，舌簧开关的两个接线柱与警告灯和电源相连，当制动液面在规定值以上时，浮子浮在靠上的位置，永久磁铁的吸力不足，舌簧开关在自身的弹力作用下保持断开的状态；当制动液面下降到一定值时，浮子位置下降，舌簧开关在永久磁铁吸力作用下闭合，警告灯亮。

4. 水温报警装置

水温报警装置的作用是：当发动机冷却液温度升高到一定程度时，警告灯自动点亮，以示警报。水温警告灯的通断由温度开关控制，其工作原理如图 4-37 所示。当冷却液温度低于 95℃～98℃时，双金属片上的触点与固定触点保持分离状态，警告灯不亮；当冷却液温度高至 95℃～98℃时，双金属片受热变形向下弯曲程度变大，使两触点接通，将警告灯电路接通，警告灯点亮，提醒驾驶员注意。

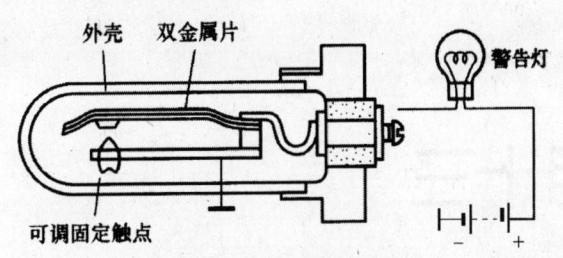

图 4-37 水温报警灯电路

项目十三

照明、信号、仪表和报警系统的故障诊断

一、项目描述

汽车照明、信号、仪表和报警系统出现故障后,必须要分析其电路,根据故障现象分析故障原因,查找故障部位。通过本项目的学习,应能达到以下要求。

1. 知识要求

(1) 熟悉照明系统基本控制电路;

(2) 了解照明系统常见故障类型;

(3) 掌握照明系统故障诊断方法。

2. 技能要求

(1) 会分析典型车型照明系统的电路;

(2) 能进行照明系统的常见故障诊断。

3. 素质要求

(1) 安全文明生产,保证人身、工具和设备安全;

(2) 正确选择和使用工具;

(3) 拆装工艺合理,操作规范;

(4) 5S——整理(Seiri)、整顿(Seiton)、清扫(Seiso)、清洁(Seikeetsu)和素养(Shitsuke)。

二、项目实施

任务一　进行照明系统电路的连接

1. 训练设备

（1）桑塔纳 3000 整车电路台架 4 台；
（2）桑塔纳 3000 电路图册 4 本；
（3）万用表 4 只；
（4）连接导线若干。

2. 训练步骤

（1）在桑塔纳 3000 整车电路台架上找出照明系统（前照灯）主要部件及接线端子；
（2）识读桑塔纳 3000 照明系统电路图；
（3）绘制照明系统电路图；
（4）根据绘制的电路图，进行线路连接。

任务二　信号系统的常见故障诊断

1. 训练设备

（1）桑塔纳 3000 整车电路台架 4 台；
（2）桑塔纳 3000 电路图册 4 本；
（3）万用表 4 只；
（4）连接导线若干。

2. 训练步骤

（1）由老师在整车电路台架上设置故障（转向灯故障）。
① 转向灯不亮；
② 转向灯左右闪烁频率不一致。
（2）由学生排除故障。

三、相关知识

（一）照明系统常见故障诊断

照明系统常见的故障有灯光不亮、灯光亮度低、灯泡频繁烧坏等。

1. 灯光不亮

如果灯光不亮，原因主要有灯泡损坏、熔断丝熔断、车灯开关或继电器损坏及线路短路或断路故障等。

诊断时，应首先检查仪表灯是否正常，如果正常，说明车灯开关电源线正常，将点火开关接通，车灯开关置于2挡（前照灯接通）位置，检查变光开关的火线接线柱电压是否正常，若电压为零，说明车灯开关至变光开关之间的线路断路或车灯开关有故障（有灯光继电器的话，还有可能是继电器故障）；若电压正常，可以短接变光开关，若灯亮，说明变光开关损坏，应更换。否则检查变光开关后的线路和灯丝，必要时给予修理和更换。

2. 灯光亮度低

若灯光亮度不够，多为电源电压低引起。另外导线接头松动或接触不良、导线过细或搭铁不良、配光镜损坏或反射镜有尘垢、灯泡玻璃表面发黑或功率低及灯丝没有位于反射镜焦点处，均可导致灯光暗淡。

检查时，首先检查电源电压是否正常，如果偏低，检查充电系统。否则检查线路的连接情况及灯具是否良好。

3. 灯泡频繁烧坏

灯泡频繁烧坏一般是电压调节器不当或失调，使发电机输出电压过高造成的，应重新将工作电压调到正常范围。此外，灯具的接触不良也有可能造成灯泡的频繁烧坏，检查时，也应注意这方面的情况。

（二）信号系统的故障诊断与排除

1. 转向信号装置

汽车上转向信号装置常见的故障是信号灯不亮和信号灯不能正常工作。信号灯不亮可按前面所述照明系统灯光不亮的方法诊断，闪光信号灯其他故障与排除如表4-2所列。

表4-2 信号灯工作不正常的原因及排除方法

故障现象	原因	排除方法
两侧转向灯同时亮	转向开关失效	检查转向开关
两侧转向灯闪烁频率不同	① 两侧灯泡功率不等 ② 有灯泡损坏	检查灯泡型号
转向灯常亮不闪	① 闪光器损坏 ② 接线错误	检查闪光器及电路连接
闪烁频率过高或过低	① 灯泡功率不当 ② 闪光器工作不良，触点间隙过大或过小 ③ 电源电压过高或过低	① 检查灯泡 ② 更换闪光器，调整触点 ③ 调整电压调节器

2. 电喇叭

电喇叭常见故障有：喇叭不响或音量、音质效果不好。如果所有喇叭都不响，可以先检查保险装置是否正常，线头有无脱落、松动。若保险装置和线路正常，再用短接的方法检查按钮是否接触不良或搭铁不良。如果将接按钮的线直接搭铁后，喇叭正常，表示按钮接触不良或搭铁不良。否则，可以直接将喇叭的两个接线柱分别与电源正负极连接，喇叭响，表明喇叭继电器有故障；喇叭不响，表明喇叭有故障。如果个别喇叭不响，一般是喇叭故障所致。如果电喇叭音量过大、过小或音调偏高、偏低，一般是由于使用过程中喇叭铁芯间隙和触点间压力变化或调整不当所致。电喇叭的调整包括音调调整和音量调整，其调整方法如前面所述。如果电喇叭音质不好，一般是由于使用过程中喇叭内部连接部分松动或膜片损坏、周围螺钉紧固不均匀等引起，应视情况修理。

（三）仪表系统故障诊断

1. 仪表不工作

如果所有的仪表不工作，往往是由于保险装置、稳压电源有故障或仪表电源线路、搭铁线路断路引起，可以先检查保险装置是否正常，然后检查线头有无脱落、松动、电源线路或搭铁线路是否正常，最后检修稳压电源。

如果个别仪表不工作，往往是由于仪表、传感器故障或对应线路断路等引起。图4-38所示为水温表的故障诊断过程。

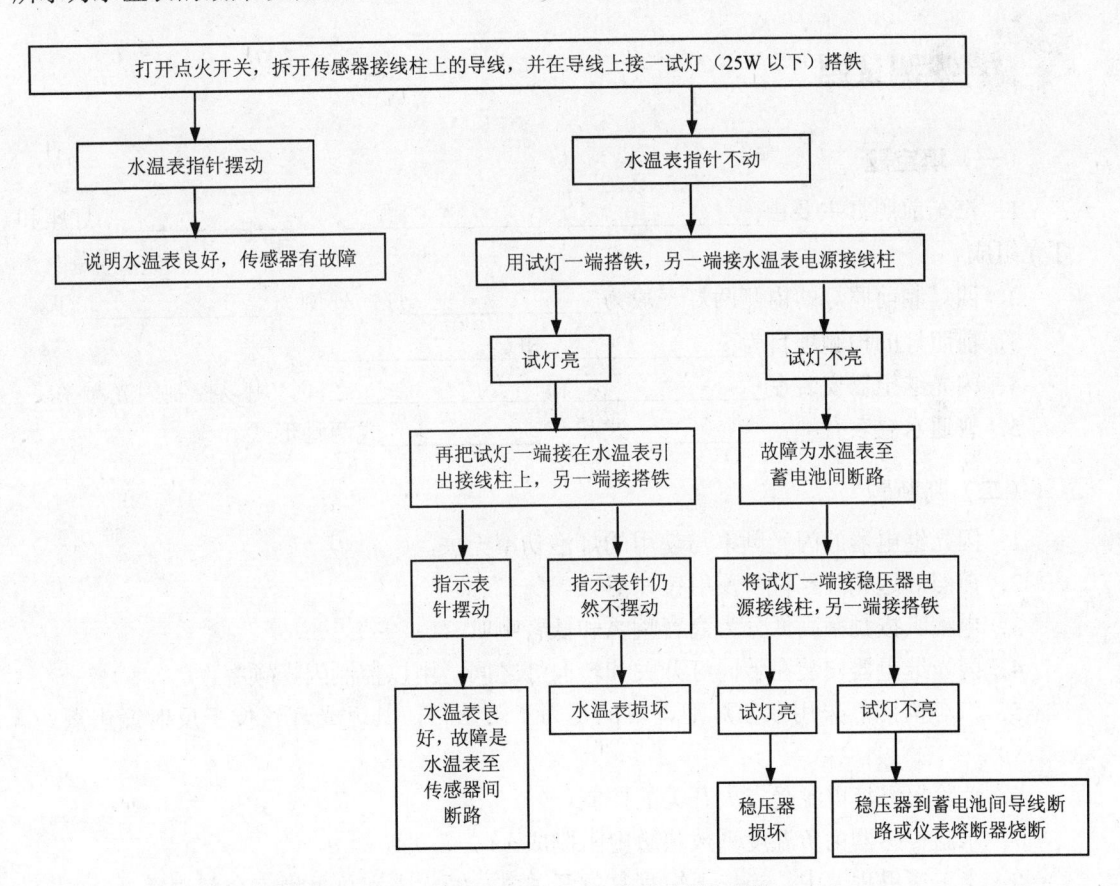

图4-38 水温表指针不动的故障诊断与排除

2. 仪表指示不正常

如果多数仪表指示不准确，往往是由于稳压器有故障或仪表搭铁不良等引起，可分别检查。如果个别仪表指示不准确，往往是由于仪表或传感器故障引起，可以参照有关车型技术规范，检查后校准或更换。

（四）报警装置故障诊断

1. 报警装置不工作

如果所有报警装置都不工作，往往是由于保险装置、稳压电源有故障或电源线路断路引起，可以按先检查保险装置是否正常，再检查线头有无脱落、松动及电源是否正常，最后检查稳压电源的顺序进行检修。

如果个别报警装置不工作，往往是由于报警灯、报警开关故障或对应线路断路等引起。可以按先检查线头有无脱落、松动，再检查报警开关，最后检查报警灯的顺序进行检修。

2. 报警装置工作不正常

报警装置工作不正常是指报警装置不能及时或适时地工作。故障的原因是报警电路或报警开关有故障，可用检测设备检查报警开关在规定条件下能否正常工作。

自我测试题

（一）填空题

1. 汽车前照灯主要由＿＿＿＿＿、＿＿＿＿＿、＿＿＿＿＿、灯座和灯壳组成。
2. 四灯制前照灯的内侧两灯一般为＿＿＿＿＿灯，外侧为＿＿＿＿＿灯。
3. 前照灯的检测项目为＿＿＿＿＿和＿＿＿＿＿。
4. 闪光继电器安装在＿＿＿＿＿和＿＿＿＿＿之间，用以控制闪光频率。
5. 普通水温表有＿＿＿＿＿式和＿＿＿＿＿式两种形式。

（二）判断题

1. 闪光继电器的闪光频率与使用的灯泡功率无关。（   ）
2. 前照灯远光灯丝位于反射镜焦点处。（   ）
3. 电喇叭按频率高低分为高音喇叭和低音喇叭。（   ）
4. 闪光继电器安装在转向灯开关和转向灯之间，用以控制闪光频率。（   ）
5. 汽车前照灯采用双丝灯泡，目的是为了防炫目，其近光灯丝位于反射镜焦点处。（   ）
6. 危险报警灯电源受点火开关的控制。（   ）
7. 水温传感器由负温度系数热敏电阻制成。（   ）
8. 当车速里程表中，当按下短程复位开关时，短程表和总里程表全部清零。（   ）
9. 电热式仪表比电磁式仪表的灵敏度高。（   ）
10. 电热式水温表传感器在短路后，水温表将指向高温。（   ）

（三）选择题

1．两侧转向灯闪烁频率不同的原因可能是（　　）。
　　A．两侧灯泡型号不一致　　　　B．闪光器损坏
　　C．接线错误　　　　　　　　　D．电源电压太高
2．闪光继电器的接线应正确，如标有"L"的接线柱应接（　　）。
　　A．转向开关　　　　　　　　　B．电源
　　C．仪表板上转向指示灯　　　　D．以上都不对
3．按接线方式，电喇叭可分为（　　）等类型。
　　A．单线制喇叭和双线制喇叭　　B．单线制喇叭和三线制喇叭
　　C．双线制喇叭和四线制喇叭　　D．三线制喇叭和四线制喇叭
4．为了防止夜间会车炫目，前照灯一般采用双丝灯泡，近光灯丝位于（　　）。
　　A．反射镜焦点处　　　　　　　B．反射镜焦点上方或前方
　　C．反射镜焦点下方　　　　　　D．反射镜焦点后方
5．车速表的信号来自于（　　）。
　　A．飞轮　　　　　　　　　　　B．点火线圈的脉冲信号
　　C．点火模块　　　　　　　　　D．变速器的输出轴
6．转速表的信号可以来自于（　　）。
　　A．飞轮　　　　　　　　　　　B．点火线圈的脉冲信号
　　C．点火模块　　　　　　　　　D．变速器的输出轴
7．对于双金属式机油压力表，传感器的平均电流越大，其表指示的（　　）。
　　A．压力大　　　　　　　　　　B．压力小
　　C．压力可能大也可能小　　　　D．压力逐渐增大然后减小
8．负温度系数的热敏电阻其阻值随温度的升高而（　　）。
　　A．升高　　　B．降低　　　C．不受影响　　　D．先高后低

学习领域五

汽车电路识图

项目十四 识读汽车全车电路图

一、项目描述

随着汽车电子技术的发展,汽车电路越来越复杂,不同品牌汽车的电路表示方法也有所不同。掌握电路图的识读方法尤为重要。通过本项目的学习,应能达到以下要求。

1. 知识要求

1) 了解汽车电路图的表示方法

(1) 电器元件的表示方法;

(2) 连接器的表示方法;

(3) 电线的表示方法。

2) 熟悉电路图的类型

(1) 电器位置图;

(2) 线束图;

(3) 系统原理图。

2. 技能要求

(1) 能正确识读汽车电路图;

(2) 会分析系统电路图。

3. 素质要求

(1) 安全文明生产,保证人身、工具和设备安全;

(2) 正确选择和使用工具;

(3) 拆装工艺合理,操作规范;

(4) 5S——整理(Seiri)、整顿(Seiton)、清扫(Seiso)、清洁(Seikeetsu)和素养(Shitsuke)。

二、项目实施

任务一 识读汽车电路图

1. 训练设备

(1) 整车电路台架 5 台；
(2) 电路图册 5 本。

2. 训练步骤

(1) 识读整车电路图，分析各车型电路图特点；
(2) 填写学习工作单。

任务二 正确分析电气系统电路图

1. 训练设备

(1) 整车电路台架 5 台；
(2) 电路图册 5 本。

2. 训练步骤

(1) 识读整车电路图；
(2) 根据整车电路图，画出主要控制系统电路图；
(3) 填写学习工作单。

任务三 根据系统电路图进行故障分析

1. 训练设备

(1) 汽车（或发动机台架）5 台；
(2) 常用拆装工具 5 套；
(3) 万用表 5 只。

2. 训练步骤

(1) 老师在车上或台架上设置控制系统电路故障；
(2) 学生识读相关控制系统电路图；
(3) 根据电路图，说出控制过程；
(4) 根据故障现象，分析故障原因；
(5) 排除故障；
(6) 填写学习工作单。

三、相关知识

（一）汽车电路的组成

汽车电气设备总线路是将电源系统、启动系统、点火系统、电子控制系统、照明、信号、仪表、报警系统和辅助电气设备等，按照它们各自的工作特性以及相互的内在联系，通过开关、导线、保险装置等连接成的一个整体。

1. 电源系统电路

电源电路由蓄电池、发电机以及匹配使用的电压调节器、工作状况指示装置（电流表、充电指示灯）、点火开关等组成。

2. 启动系统电路

启动电路由起动机、启动继电器、启动开关及启动保护装置组成。

3. 点火系统电路

点火电路由点火线圈、分电器、电子点火控制器、火花塞及点火开关组成。此外，由发动机控制单元进行点火控制时，可以不使用分电器。

4. 照明、信号、仪表与报警系统电路

照明与信号电路由前照灯、雾灯、示宽灯、转向灯、制动灯、倒车灯、车内照明灯、电喇叭等及其控制继电器和开关组成；仪表与报警电路由仪表、传感器、各种报警指示灯及控制器组成。

5. 电子控制装置电路

电子控制电路主要由发动机控制系统、自动变速器、制动防抱死系统、安全气囊、巡航系统及电控悬架等组成。

6. 辅助装置电路

辅助装置电路由为提高车辆安全性、舒适性、经济性等各种功能的电器装置组成。因车型不同而有所差异，一般包括挡风玻璃刮水/清洗装置、挡风玻璃除霜/防雾装置、启动预热装置、音响装置、车窗电动升降装置、电动座椅调节装置、中控门锁、防盗系统等电路。

（二）汽车电路的基本特点

汽车电路具有以下特点。

1. 采用低压电

汽车电气系统的额定电压有12V、24V两种，汽油发动机普遍采用12V，而重型柴油车多采用24V。对发电装置，12V系统的额定电压是14V，24V系统的额定电压是28V。

2. 采用直流电

汽车采用直流系统的原因是汽车发动机要靠电力起动机启动，它是直流串激电动机，

必须由蓄电池供电，而蓄电池电能消耗后又必须用直流电充电，所以汽车电气系统为直流电系统。

3. 采用单线制

单线制是指从电源到用电设备只用一根导线连接，而用汽车底盘、发动机等机体作为另一公用线，线路简化清晰，安装和检修方便，且电器部件也不需与车体绝缘（某些不能靠车体形成可靠回路的地方，采用双线制）。

4. 电源负极搭铁

采用单线制时，蓄电池的一个电极须接至车架上，称为"搭铁"。若蓄电池的负极与车体连接，称为负极搭铁；反之，则称为正极搭铁。现在国内外汽车均统一采用负极搭铁。

5. 用电设备并联

为了让各用电设备能独立工作，互不干扰，各用电器均采用并联方式连接，每条电路均有自己的控制器件及保险装置。控制器件保证每条电路独立工作，保险装置是用来防止因电路短路或超载而引起导线及用电器的损坏。

（三）汽车电路基础元件

随着汽车电子控制系统的增多，汽车电路日趋复杂。但任何复杂的汽车电路都是由各组成元件、电源、开关、导线、熔断器、继电器、接线盒及插接器等组成的。汽车电路图中清楚地表达了上述元件，有些甚至还有标志出各元件的安装位置以及导线的颜色等。

1. 导线

汽车电路的导线分低压导线和高压线两种，二者均采用铜制多芯软线。

1）低压导线

（1）导线的选择。低压导线截面积主要根据其工作电流大小进行选择。但是对一些工作电流很小的用电设备，为保证导线具有一定的机械强度，所用的导线截面积至少不低于 $0.5mm^2$。各种低压导线截面积所允许的负载电流如表 5-1 所列。

表 5-1 低压导线截面积允许的负载电流值

导线标称截面积*/mm^2	0.5	0.8	1.0	1.5	2.5	3.0	4.0	6.0	10	13
允许的电流值/A			11	14	20	22	25	35	50	60

*：标称截面积是经过换算而统一规定的线芯截面积，不是实际线芯的几何面积，也不是各股线芯几何面积之和

汽车 12V 电气系统主要线路导线标称截面积推荐值如表 5-2 所列。

表 5-2 12V 电气系统主要线路截面积推荐值

标称截面积/mm^2	用 途
0.5	尾灯、顶灯、指示灯、仪表灯、牌照灯、燃油表、刮水器电动机、时钟、水温表、油压表等电路用的导线
0.8	转向灯、制动灯、停车灯、分电器等电路用的导线

(续)

标称截面积/mm²	用　　　途
1.0	前照灯、电喇叭（3A 以下）等电路用的导线
1.5	前照灯的远光、电喇叭（3A 以上）等电路用的导线
1.5～4.0	其他 5A 以上的电路用的导线
4～6	柴油机电热塞电路用的导线
6～25	电源电路用的导线
16～95	启动电路用的导线

由于起动机是短期工作，为了保证起动机正常工作，能发出足够的功率，所以连接蓄电池与起动机的导线不以工作电流的大小来选定，而是以工作时的电压降来规定。要求在线路上每 100A 的电流的电压降不能超过 0.1V～0.15V，因此，所用的导线截面积特别大。常用的截面积有 25 mm²、35mm²、50mm²、70mm² 等多种规格，允许电流达 500A～1000A。

（2）导线的型号与规格。汽车用低压线的型号与规格如表 5-3 所列。

表 5-3　汽车用低压导线的型号与规格

标称截面积/mm²	线芯结构 根数	线芯结构 直径/mm	绝缘层标称厚度/mm	导线最大直径/mm	允许载流量/A
0.5			0.6	2.2	
0.6			0.6	2.3	
0.8	7	0.39	0.6	2.5	
1.0	7	0.42	0.6	2.6	11
1.5	17	0.52	0.6	2.9	14
2.5	19	0.41	0.8	3.8	20
4.0	19	0.52	0.8	4.4	25
6.0	19	0.64	0.9	5.2	35
8.0	19	0.74	0.9	5.7	
10	49	0.52	1.0	6.9	50
16	49	0.64	1.0	8.0	
25	98	0.58	1.2	10.3	
35	133	0.58	1.2	11.3	
50	133	0.68	1.4	13.3	

（3）导线的颜色。为便于汽车电气系统的连接和维修，汽车用低压线的颜色必须符合有关标准。汽车电气系统最常用的导线有单色和双色线，不同国家、不同品牌的汽车，其电路图中单线颜色的表示方法不同。双色线的颜色由单色线的两种颜色配合组成，其中主色为导线的基础色，辅色为导线上呈轴向条纹或螺旋状的色环，双色线的标注前面为主色，后面为辅色。表 5-4 所列为汽车电路图线色码标记对照表。

表 5-4 汽车电路图线色码标记对照表

代号 颜色	英国	日本	美国	欧洲	代号 颜色	英国	日本	美国	欧洲
黑	B	B	BK	BK	灰	Gr	Gr	GY	GY
白	W	W	WT	WT	紫	V	V	PL	VI
红	R	R	RD	RD	橙	O	O	OG	OG
绿	G	G	GN	GN	粉	—	P	PK	PK
黄	Y	Y	YL	YL	浅蓝	—	—	LT BU	HBL
棕	Br	Br	BN	BN	淡绿	—	Lg	LT GN	HGN
蓝	Bl	—	BU	BU					

在汽车电气系统的电路图中，导线上一般都标注有符号，该符号用来表示电线的截面积和颜色，如：

```
1.5   R   W
          └── 表示电线的辅色
      └────── 表示电线的主色
└───────────── 表示电线的截面积/mm²
```

2）高压线

在汽车点火线圈至火花塞之间的电路使用高压导线，简称高压线。其承受的工作电压高达 10kV～20kV，流过的电流却很小，因此高压点火线的线芯截面积很小，但绝缘包层很厚，耐压性能好。按线芯的不同可分为普通铜芯高压线和高压阻尼点火线。带阻尼的高压线可抑制和衰减点火系统产生的高频电磁波，降低对无线电设备及电控装置的干扰。

2. 线束

在汽车上，为了使线路条理清晰、安装方便和保护导线绝缘，汽车导线除高压线和蓄电池导线外，都用绝缘材料如薄聚氯乙烯带缠绕包扎成束，称为线束。

安装线束时，应注意如下事项：

（1）线束应用卡簧和绊钉固定，以免松动磨坏；

（2）线束在拐弯处或有发生相对移动的部件不应拉得太紧；

（3）在穿过洞口和绕过锐角处，应用橡皮、毛毡类垫子或套管保护，使其不被磨损而造成搭铁、短路甚至酿成火灾等危险；

（4）各个接线端子必须连接可靠、接触良好。

3. 插接器

插接器又称为连接器，由插头和插座组成。插接器是汽车电路中线束的中间站。线束与线束或导线与导线之间、线束（导线）与用电设备之间的连接一般采用插接器，为了防止汽车行驶中脱开，所有的插接器均采用了闭锁装置。下面以日本汽车使用的插接器为例介绍其相关知识。

1）插接器的识别方法

插接器的符号和实物对照如图 5-1 所示。符号涂黑的表示插头，白色的表示插座，带有倒角的表示针式插头，没有倒角的表示片状插头。

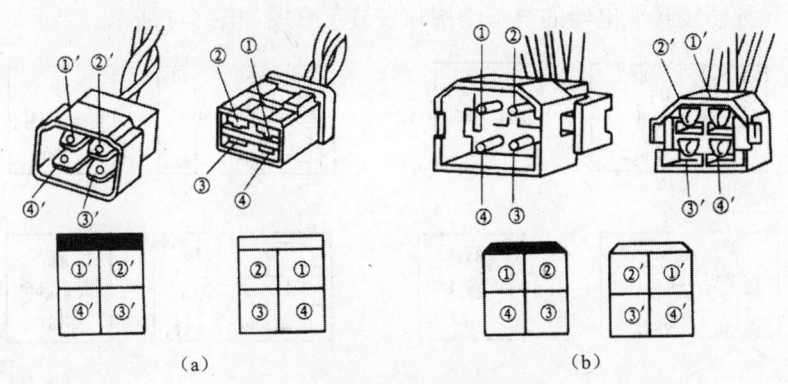

图 5-1 插接器

（a）片状插接器；（b）针式插接器。

2）插接器的连接方法

插接器连接时，应把插接器的导向槽重叠在一起，使插头和插孔对准，然后平行插入即可十分牢固地连接在一起。例如插孔①与插座①'是相配合的，一般来说不可能插错，因为非成对的插头和插座是插不进去的。

3）插接器的拆卸方法

拆卸插接器时，首先要解除闭锁，然后把插接器拉开，不允许在未解除闭锁的情况下用力拉导线，这样会损坏闭锁装置或连接导线，如图 5-2 所示。

4. 继电器、电路保护装置和中央接线盒

1）继电器

（1）继电器的作用。继电器主要由电磁线圈和触点等组成，其作用是通过线圈的电流控制经过触点的用电设备的工作电流，继电器在汽车上的应用很广泛。

（2）继电器的符号。继电器在电路图中用电器符号表达，符号由线圈和开关组成，线圈与开关用虚线连接，表示此开关受线圈控制。继电器中开关一般表示线圈不通电时的状态，也就是开关如断开即为常开型继电器，如图 5-3 所示，当线圈通电后，开关被吸合。反之则为常闭型继电器。还有一种是混合型继电器，即平时是常闭触点接通，常开触点断开；通电时，常闭触点断开，常开触点闭合。

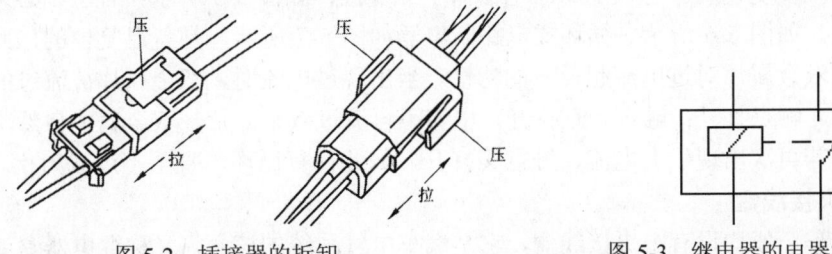

图 5-2 插接器的拆卸　　　　图 5-3 继电器的电器符号

（3）继电器的连接。继电器的连接方式有接柱式和插接式两种。接柱式继电器触点容量可做得较大，在国产车的启动电路、喇叭电路中很常见，但是连接烦琐，正逐渐被插接式继电器取代。插接式继电器因安装方便、体积较小,在国外和国产新型汽车上得到了广泛的应用。几种插接式继电器的内部结构和安装示意图如图5-4所示。

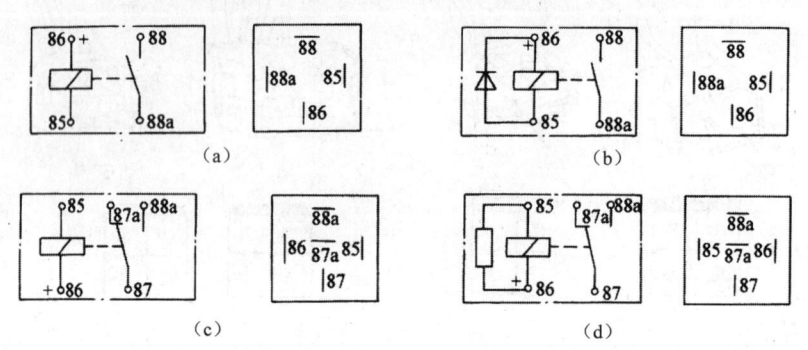

图5-4 部分插接式继电器内部结构和安装示意图

(a) 常闭型;(b) 常开型(带保护二极管);(c) 混合型;(d) 混合型(带泄放电阻)。

2)电路保护装置

为防止因短路或过载造成电源、用电设备和线路损坏,汽车都设有电路保护装置,包括易熔线、熔断丝和电路断电器。

(1) 易熔线。易熔线是一种截面一定的、可长时间通过额定电流(如30A、40A、60A等)的合金导线,当线路中电流超过额定电流数倍时,易熔线将首先熔断,以保护线路免遭损坏。如北京切诺基汽车设有5条易熔线,分别保护充电电路、预热加热器、灯光、雾灯及辅助装置电路。

(2) 熔断丝(熔断器)。熔断丝用于对局部电路进行保护,按形状可分为丝状、管状和片状。熔断丝能承受长时间的额定电流负载。在过载25%的情况下,约在3min内熔断;而在过载一倍的情况下,则不到1s就会熔断。熔断丝的熔断时间包括两个动作过程,即熔体发热熔化过程和电弧熄灭过程。这两个过程的快慢决定于熔断丝中流过的电流值的大小和本身的结构参数。很明显,当电流超过额定值倍数越大时,时间越短。熔断丝只能用一次,每次烧断必须更换。

为了便于检查和更换熔断丝,汽车上常将各电路的熔断丝集中安装在一起,形成一只保护数条至数十条电路的熔断丝盒。

(3) 电路断电器。电路断电器常用于较大容量的电气设备,与易熔线和熔断丝相比,其特点是可以反复使用。有些电路断电器需手工复位,如图5-5所示;有些则必须撤了电源才能复位,如图5-6所示。循环式电路断电器如图5-7所示,是自己复位的,此种电路断电器利用双金属片对过电流起反应的特性。当出现过电流时,双金属片被流过的大电流加热而弯曲,触点打开;触点一旦打开,电流不再流过双金属片,双金属片自然冷却触点再次闭合。若再次出现了大电流,触点又打开,如此往复循环,直至不过载为止。

3)中央接线盒

现代汽车一般均设有中央接线盒,它是汽车电气系统的核心,又称继电器盒或中央配电盒。

图5-8所示为桑塔纳轿车中央接线盒的正面,插装了继电器和熔断丝。各熔断丝都表

图 5-5 手工复位的电路断电器

图 5-6 撤电源才复位的电路断电器

图 5-7 双金属片循环式电路断电器

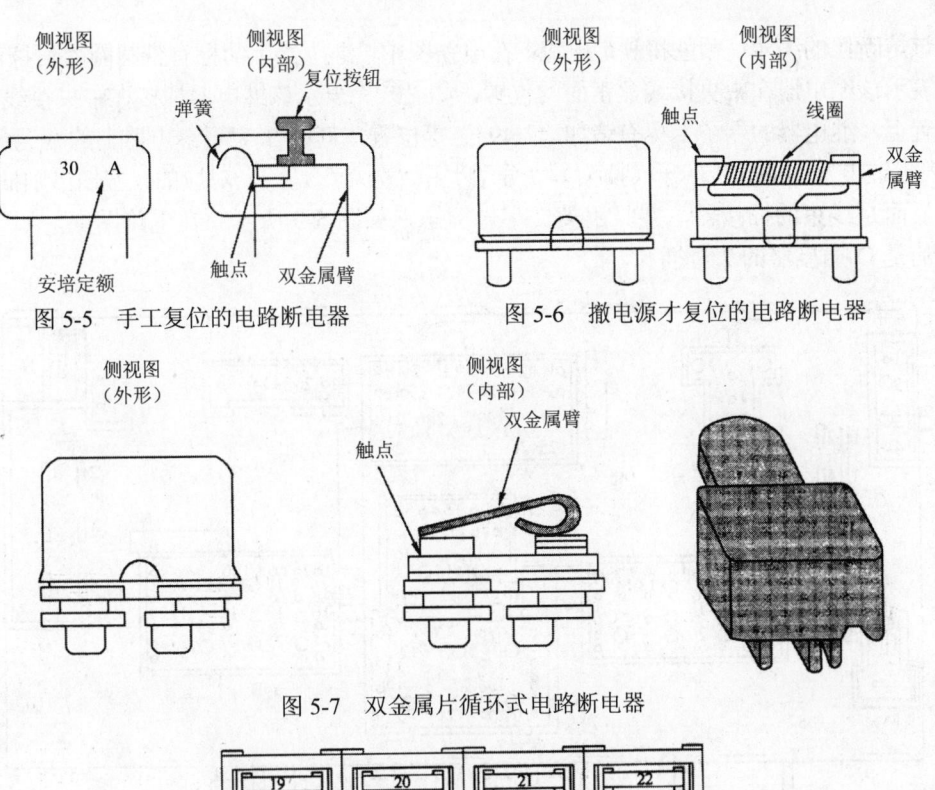

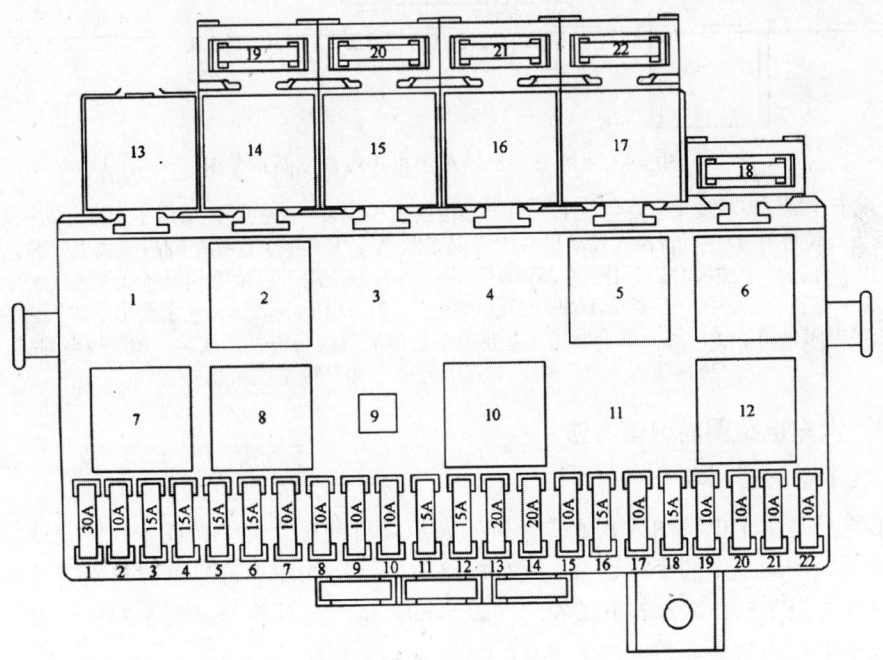

图 5-8 上海桑塔纳轿车中央接线盒正面布置图

1—空位；2—进气歧管预热继电器；3、4、11—空位；5—空调继电器；6—双音喇叭继电器；7—雾灯继电器；8—减荷继电器；9—拆卸熔断丝专用工具；10—前风窗刮水和清洗器继电器；12—报警及转向继电器；13—冷却风扇继电器；14—门窗电机自动继电器；15—门窗延迟继电器；16—内部照明继电器；17—冷却液液面指示控制器；18—后雾灯继电器；19—热保护器；20—空调熔断丝（30A）；21—自动天线熔断丝（10A）；22—电动后视镜熔断丝（3A）。

明了该熔断丝的编号、颜色和额定电流；在电路图中，继电器上面标有带圆圈的阿拉伯数字用来表示该继电器在中央接线盒正面的位置，如"⑤"表示该继电器插接在中央接线盒的 5 号位置上。继电器的端子上标有诸如"3/49a"等位置，其中 3 表示继电器上的 3 号插孔，49a 表示继电器的 49a 号端子（插头），"分子"和"分母"是一一对应的，若插错则插不进。

反面是线束的插接器，并且用英文字母标志，如图 5-9 所示。在电路图中，如"D2"表示的是 D 插接器的 2 号插孔。

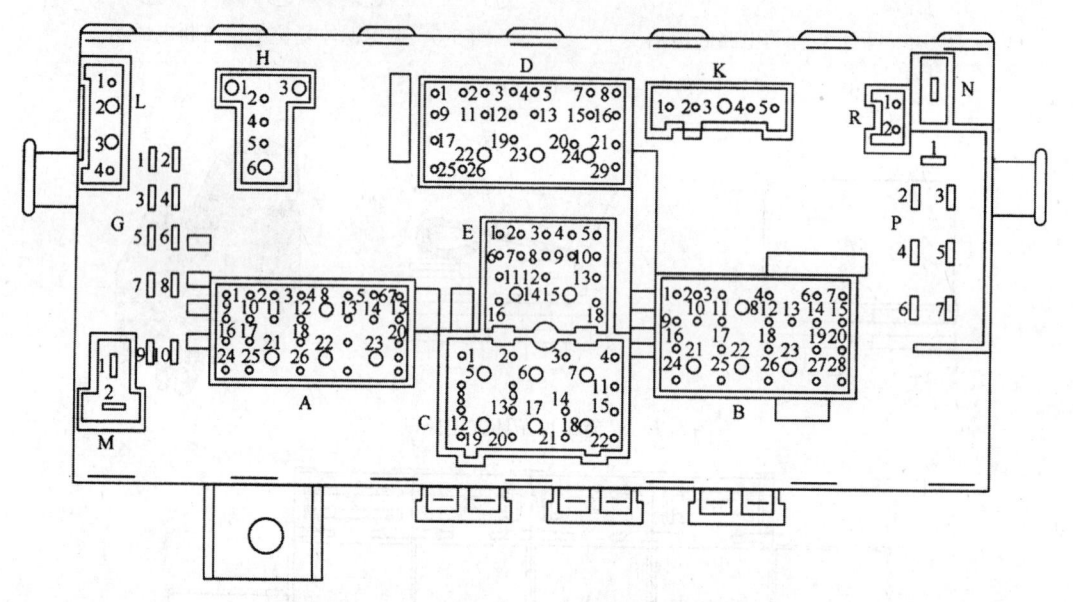

图 5-9　上海桑塔纳轿车中央接线盒反面布置图

A—用于连接仪表板线束（蓝色）；B—用于连接仪表板线束（红色）；C—用于连接发动机室左边线束（黄色）；D—用于连接发动机右边线束（白色）；E—用于连接车辆后部线束（黑色）；G—用于连接单个插头（主要用于冷却液不足指示器）；H—用于连接空调系统线束（棕色）；K、M、R—空位；L—用于连接双音喇叭线束（灰色）；N—用于单个插头（主要用于进气管预热器加热电阻电源）；P—用于单个插头（主要用于蓄电池火线与中央接线盒"30"号电源线，中央接线板"30"端子与点火开关"30"端子电源线）。

（四）汽车电路图的识读方法

1. 汽车电路图形符号

图形符号是用于电气图或其他文件中的表示项目或概念的一种图形、标记或字符，是电气技术领域中最基本的工程语言。汽车电路图中常用的图形符号可分为限定符号及导线的连接符号（表 5-5）；触点与开关符号（表 5-6）；电气元件符号（表 5-7）；仪表与传感器符号（表 5-8）；电气设备符号（表 5-9）。

表 5-5　限定符号及导线连接符号

序号	名　称	图形符号	序号	名　称	图形符号
1	直流	—	13	导线的交叉连接	
2	交流	~			

(续)

序号	名称	图形符号	序号	名称	图形符号
3	正极	+	14	导线的跨越	
4	负极	−	15	插座的一极	
5	中性点	N	16	插头的一极	
6	磁场	F	17	插头与插座	
7	搭铁	⊥	18	多极插头与插座（图为三极）	
8	交流发电机输出端子	B			
9	磁场二极管输出端子	D+			
10	边界线				
11	接点	●	23	屏蔽（护罩）	
12	端子	○	24	屏蔽线	

表5-6 触点与开关符号

序号	名称	图形符号	序号	名称	图形符号
1	动合（常开）触点		8	拉拔操作	
2	动断（常闭）触点		9	旋转操作	
3	先断后合的触点		10	按动操作	
4	中间断开的触点		11	一般机械操作	
5	双动合触点		12	钥匙操作	
6	双动断触点		13	热执行操作	
7	手动控制的一般符号		14	温度控制	
15	压力控制		25	旋转、旋钮开关	
16	制动压力控制		26	液位控制开关	
17	液位控制		27	油压开关	

(续)

序号	名称	图形符号	序号	名称	图形符号
18	凸轮控制		28	热敏开关动合触点	
19	联动开关		29	热敏开关动断触点	
20	手动开关一般符号		30	热敏自动开关动断触点	
21	定位（非自动复位）开关		31	热继电器触点	
22	按钮开关		32	旋转多挡开关位置	
23	能定位的按钮开关		33	钥匙开关（全部定位）	
24	拉拔开关		34	多挡开关（点火、启动开关、瞬时位置由2能自动返回到1—即2挡不能定位）	

表 5-7　电气元件符号

序号	名称	图形符号	序号	名称	图形符号
1	电阻器		10	可变电容器	
2	可变电阻器		11	极性电容器	
3	压敏电阻器		12	穿心电容器	
4	热敏电阻器		13	半导体二极管一般符号	
5	滑动触点电阻器		14	稳压二极管	
6	仪表照明调光电阻器		15	发光二极管	
7	光敏电阻		16	双向二极管（变阻二极管）	
8	加热元件、电热塞		17	三极晶体闸流管	

(续)

序号	名称	图形符号	序号	名称	图形符号
9	电容器		18	光电二极管	
19	PNP型三极管		25	电路断电器	
20	具有两个电极的压电晶体		26	永久磁铁	
21	电感器、线圈、绕组、扼流圈		27	操作器件的一般符号	
22	带磁芯的电感器		28	一个绕组的电磁铁	
23	熔断器		29	触点常开的继电器	
24	易熔线		30	触点常闭的继电器	

表 5-8 仪表与传感器符号

序号	名称	图形符号	序号	名称	图形符号
1	指示仪表		11	数字式电钟	
2	电压表	V	12	传感器一般符号	*
3	电流表	A	13	温度表传感器	$t°$
4	欧姆表	Ω	14	空气温度传感器	t_n
5	油压表	OP	15	水温传感器	t_w
6	转速表	n	16	燃油表传感器	Q
7	温度表	$t°$	17	油压表传感器	OP
8	燃油表	Q	18	空气质量传感器	m

(续)

序 号	名 称	图形符号	序 号	名 称	图形符号
9	车速表		19	空气流量传感器	AF
10	电钟		20	氧传感器	λ
21	爆震传感器	K	23	转速传感器	n
22	空气压力传感器	AP	24	制动压力传感器	BP

表5-9 电气设备符号

序 号	名 称	图形符号	序 号	名 称	图形符号
1	蓄电池		18	火花塞	
2	交流发电机（定子绕组为星形连接）		19	点火电子组件	
3	整体式交流发电机		20	信号发生器	G
4	外接电压调节器的交流发电机		21	磁感应信号发生器	
5	直流电动机	M	22	霍耳信号发生器	
6	直流串激式电动机		23	脉冲发生器	G
7	直流并激式电动机		24	闪光器	G
8	起动机（带电磁开关）		25	间歇雨刮器继电器	
9	燃油泵电动机、洗涤电动机		26	照明灯、信号灯、仪表灯、报警灯	
10	刮水器电动机		27	双丝灯	
11	风扇电动机		28	电喇叭	

(续)

序号	名称	图形符号	序号	名称	图形符号
12	电动天线		29	蜂鸣器	
13	永磁直流电动机		30	报警器、电警笛	
14	电动汽油泵		31	防盗报警器	
15	加热定时器		32	天线一般符号	
16	点火线圈		33	发射机	
17	分电器		34	收放机	
35	稳压器		41	电磁阀的一般符号	
36	点烟器		42	常开电磁阀	
37 38	加热器（除霜器）		43	常闭电磁阀	
39	电压调节器		44	电磁离合器	
40	转速调节器		45	用电动机操纵的怠速装置	

2. 汽车电路识读的基本方法

1) 识读汽车电路图应注意的几个问题

(1) 认真读几遍图注。图注说明了汽车所有电气设备的名称及其数码代号，通过读图注可初步了解该汽车都装配了哪些电气设备。然后通过电气设备的数码代号在电路图中找出该电气设备，再进一步找出相互连线、控制关系。这样就可以了解绝大部分电路的特点。

(2) 注意汽车电路图中符号及数字的含义。现以上海桑塔纳LX型轿车电路原版图为例进行说明，如图5-10所示。

① 图中经常遇到接点标记的数字及字母，它们都有固定的含义。如数字30代表的是来自蓄电池正极的供电线（常火线），数字31代表搭铁线，数字15代表来自点火开关的小容量用电设备供电线，X代表大容量用电设备供电线（来自减荷继电器的供电线），50代表点火开关在启动挡时的启动供电线等。无论这些标记出现在电路的什么地方，相同的标记都代表相通的接点。

② 电路都是纵向排列，不互相交叉。电路中采用了断线代号法来处理线路复杂交错的问题。如图 5-10 中，某一条线路的上半段在电路号码 116 的位置上，下半段电路的开始处在电路号码为 147 的位置上，所以在上半段电路的终止处画一个标有 147 的小方格，在下半段电路开始处也有一个方格，内标有 116，通过 116 和 147 就可以将上、下半段电路连在一起了。图中其他符号见以下说明。

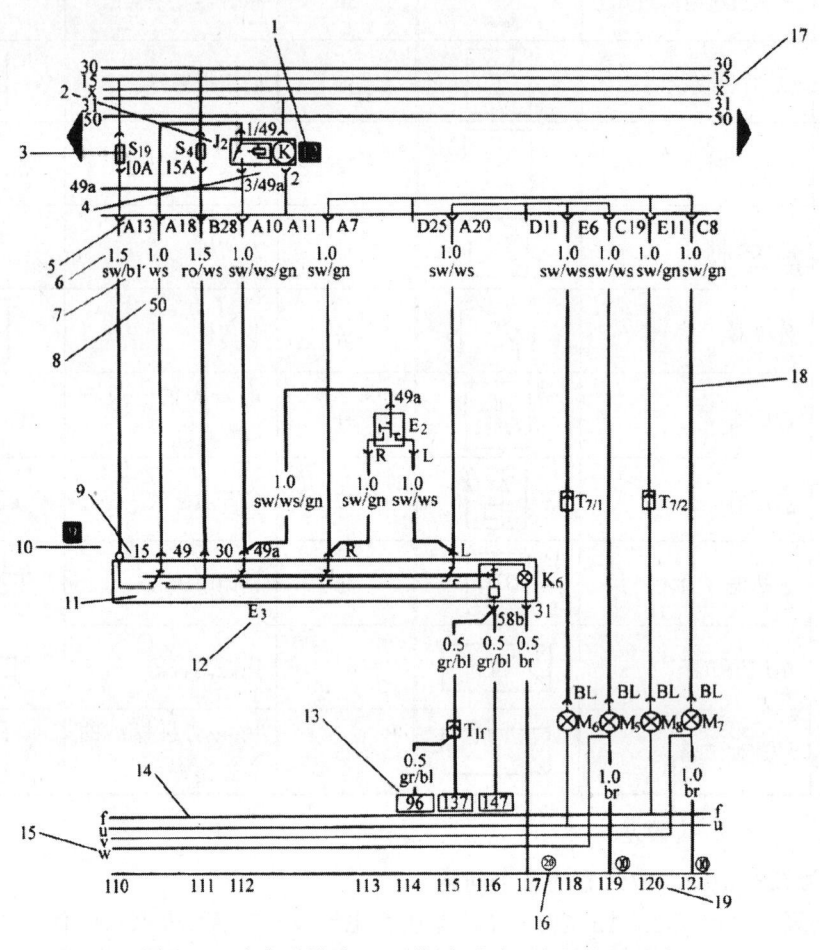

图 5-10　上海桑塔纳 LX 型轿车电路图中的符号说明

1—继电器位置号：黑方框中的数字表示继电器在继电器盒的位置；2—继电器板上的继电器或控制器的符号；3—熔丝符号：图中 S19 表示熔丝座上的 19 号熔丝（10A）；4—继电器盒上的插接件符号，前面已有说明；5—继电器盒上的插接件符号：A16 指的是 A 插接器的 16 号插孔；6—导线截面积，单位：mm^2；7—导线颜色，为线色代码的缩写；8—白色线上印刷的标记号：用于区分一根线束中不同白色线；9—接线柱符号：可在零件图中找到标记；10—故障诊断程序用的检测点：在插图或线路图中可找到同样的黑色圆内的数字，用于故障诊断程序；11—线路标记：图中表示的报警闪光灯开关电路；12—零件符号：图中 E3 表示零件是报警闪光灯开关，可以找到零件名称；13—导线连接端：上面已有说明；14—内部连线（细线）：此连接仅是内部电路连接，没有导线，可以依次追踪电路构件和线束内部的电流走向；15—内部连接线符号：字母表示下一线路图的连接线；16—接地点标记符号：可在说明中查到接地点在车身上的位置；17—电源线号：上面已有说明；18—导线；19—110、111、112、…表示电气元件在电路图中的位置，便于用户根据此号迅速查找电气元件的位置。

2）汽车电气电路的识图方法

各国汽车电路的绘制方法、符号标志及文字、技术标准等有所不同，各国汽车电路图有很大的差异，甚至同一国家不同公司的汽车电路图也存在较大差异，要想完全读懂一种车型的整车电路图并非是一件容易的事情，因此掌握汽车电路识图的基本方法是十分必要的。

（1）化整为零。按汽车电路系统的各功能及工作原理把整车电气系统划分成若干个独立的电路系统，分别进行分析。这样化整体为部分，有重点地进行分析。为了阅读方便，现在多数汽车的电路原理图是按各个电路系统进行绘制的。

（2）分析各元件的功能。在分析某个电路系统前，要清楚该电路中所包含的各部件的功能技术参数等。例如电路中的各种控制开关在什么条件下闭合或断开等。

（3）回路原则。任何一个完整的电路都是由电源、开关、用电设备、导线等组成。电流流向必须从电源正极出发，经过熔断丝、开关、导线等到达用电设备，再经过导线（或搭铁）回到电源负极，才能构成回路。具体方法可以沿着工作电流的流向，由电源查向用电设备；也可逆着工作电流的方向，由用电设备查向电源。尤其是查寻一些不太熟悉的电路，后者比前者更为方便。

（4）按操纵开关的功能及不同工作状态来分析电路如点火系统供电，点火开关应处于点火挡或启动挡。在标准画法的电路图中，开关总是处于零位，即开关处于断开状态，电子开关的状态则视情况而定。

（5）学会看继电器。阅读电路图时，把含有线圈和触点的继电器看成是由线圈工作的控制电路和触点工作的主电路两部分。主电路的触点只有在线圈电路中有工作电流流过时才能动作。在电路图中画出的是继电器线圈处于失电的状态。

（6）进口汽车一般只配有接线图，其原理图往往是有关人员为研究、使用与检修而收集和绘制的。由于这些图的来源不同，收集时间不同以及符号变更等，在画法上可能出现差异。所以在读电路原理图时应注意这一点。

总之，掌握这些读图的基本方法，只是为读图打下一定基础，要达到快速准确地读图，还需要不断学习和实践。

（五）总线路实例

1. 丰田车系统电路图

丰田车系统电路图一般都单独制成一本独立的电路图册，图册中包括怎样使用电路图册、电路图中采用的缩写词、继电器位置图、电气线路图（线束图）、各种连接器和全车电路图等。图 5-11 为丰田威驰轿车全车电路图——电源系统和启动系统。图 5-12 为丰田花冠轿车全车电路图——启动系统和点火系统。

2. 大众车系统电路图

大众车系统电路图通常也为一本电路图册，图册中包含电路图的结构、电路图例解（怎样读电路图）、电路图符号说明、电路图、继电器位置和名称、熔断丝名称和容量、中央电器盒上插头和线束的名称、缩写词等基本内容。桑塔纳 3000 型轿车的全车电路图见附录。

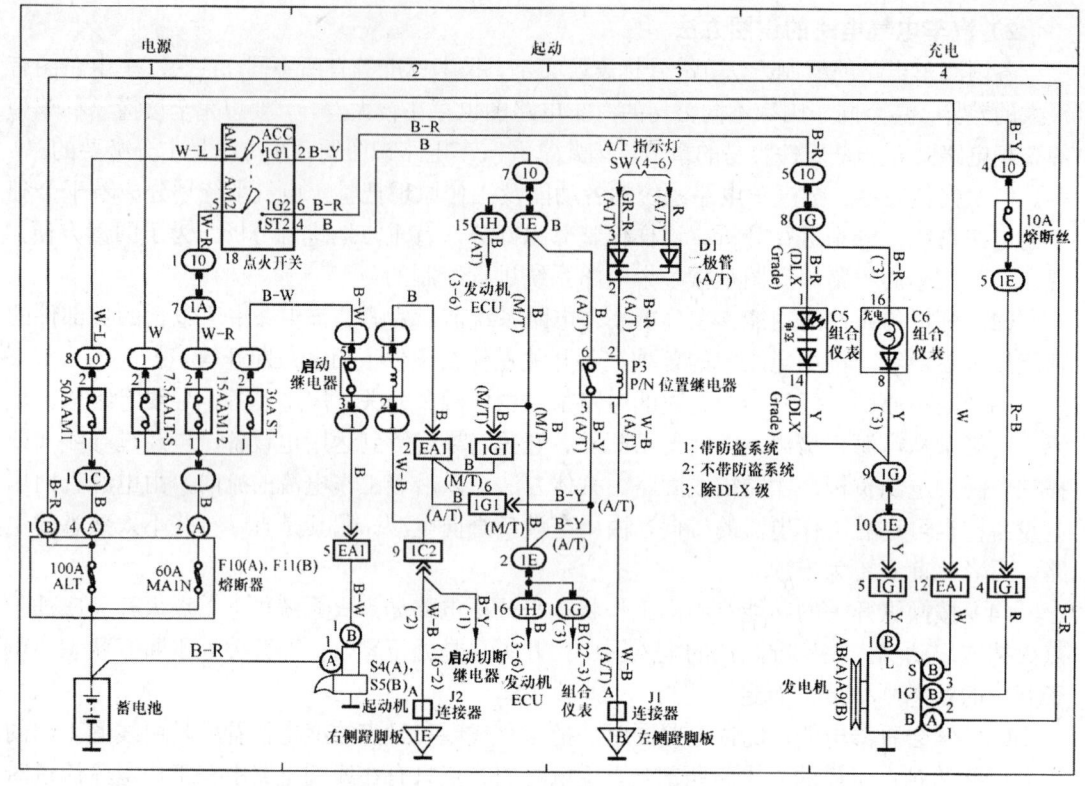

图5-11 丰田威驰轿车全车电路图——电源系统和启动系统

（六）整车电路故障检测方法

1. 检查电路的方法

当电路出现故障时，在进行检查之前，应首先仔细阅读电路图，将系统电路读懂，搞清楚系统的功能，然后根据电路图从电源开始检查，一直查到搭铁，就可将故障点查出。

1）熔断丝及相关电路的检查方法

熔断丝本身可用目视或万用表电阻挡进行检查，测量其是否导通，如果熔断丝烧毁，用万用表测量时，其电阻为无穷大。熔丝烧毁后，应找出熔丝烧毁的原因，并对线路进行测量。测量时，可用万用表或试灯测量熔丝的电源是否有电源电压，测量电器端是否直接搭铁。如果电源端无电压应继续向电源方向查，直到查到电源位置。若电器端搭铁（对地端电阻为0），则必须查出线路在何处搭铁，并排除故障，否则换上新的熔丝也会烧毁。

2）继电器的检查方法

继电器一般由一个控制线圈和一对或两对触点组成，触点有常开和常闭之分。检查继电器时，用万用表的电阻挡检查继电器线圈的阻值是否符合要求。如果电阻符合要求，再给继电器线圈通上工作电压，检查触点的工作状况。如果是常开触点，通电后触点应闭合，即电阻值为0；常闭触点通电后触点应断开，即电阻值为无穷大。

3）传感器类零件的检查方法

目前汽车上的传感器按是否需要工作电源可分为有源传感器和无源传感器；按输出信号的类型可分为输出电压传感器和输出频率传感器等。在检查时，对于有源传感器，应检

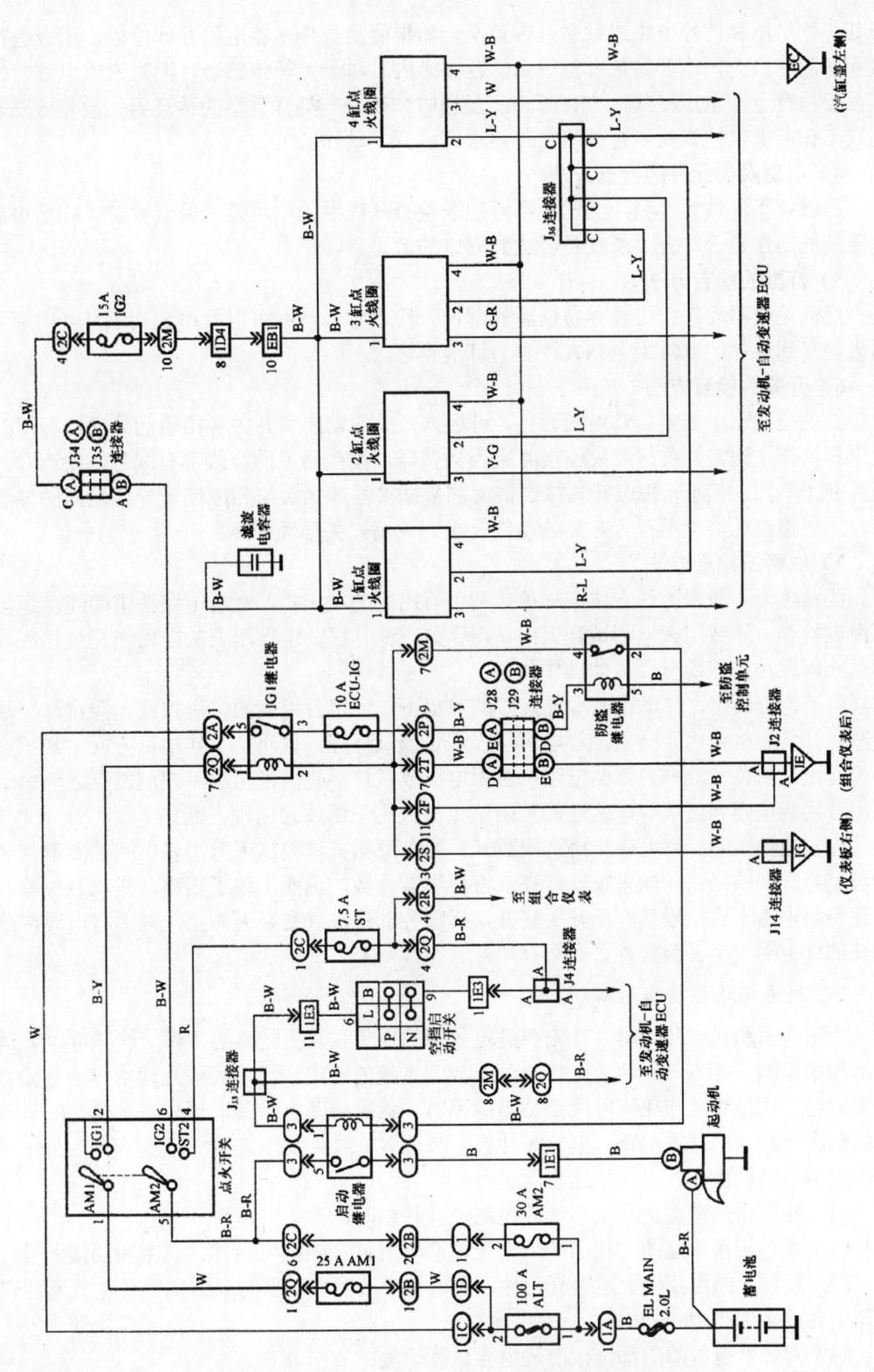

图 5-12 丰田花冠轿车全车电路图——启动系统和点火系统

查其工作电压和信号电压或频率是否正常，如果能测量传感器电阻和间隙的，还应进行电阻和间隙的检查，检查其是否在规定的范围之内。对于无源传感器，因为无需电源，所以不需要检查电源电压，其他与有源传感器相同。还有一类开关型的传感器，检查方法是：在其工作范围内检查其能否按照工作要求完成开关动作。

4）电磁阀类元件的检查方法

电磁阀类零件的检测，主要是用万用表检查其线圈的电阻是否符合要求。在通电后，电磁阀的动作是否符合要求及是否达到固定的效果。

5）灯泡的检查方法

灯泡是电器元件中比较容易损坏的部件。检查时，一般可用万用表检查灯丝的通断，如果测量到灯丝的电阻为无穷大，则为灯泡损坏。

6）开关的检查方法

开关是汽车电器中最常用的元件，可根据开关的功能和开关各挡位的导通情况用万用表进行检查。通常开关与线束连接时采用插接器，插接器上的导线都有编号。检查时，使开关处于不同的挡位，按照开关接通情况测量插接器或插头与相应编号导线之间的导通情况，如果检查的结果不符合开关的功能要求，说明开关已经损坏。

7）线路的检查方法

线路检查一般用两种方法：一种是利用万用表的电压挡，沿着电路图中的线路逐段用万用表检查电压或用试灯测试亮灭的情况；另一种方法是用万用表的电阻挡测量相应导线的通断程度及搭铁情况。具体操作如下：

（1）检查断路。在电路电源连接好的前提下，可用万用表的电压挡或无源试灯一端接测试点，一端搭铁逐段测量，若电压符合规定或试灯亮，说明从工作电流方向，测试点前面没有出现断路，故障在后面电路；若无电压或试灯不亮，说明故障在测试点之前。也可以用万用表电阻挡测量导线两端，若阻值无穷大则说明线路出现了断路。

（2）检查短路。将电源和搭铁线断开，用有源测试灯测试或万用表电阻挡测量，一端接测试点，一端搭铁，如果发现灯亮或万用表有读数，说明出现了短路（搭铁）故障，然后逐步将电路中连接器拨开，开关打开，拆除各部件，直到灯灭为止，则短路出现在最后断开部件与上一个开路部件之间。

2. 利用电路图检查故障

当电气系统出现故障时，首先要确定故障的现象和发生故障的条件，这样可以大致确定故障的范围。检查时，应首先对电源、故障系统的供电情况及故障元件本身进行检查，如果通过上述检查工作还不能确定故障原因时，就需借助电路图进行故障诊断。电路图可以提供电气设备的基本电路、电气元件的安装位置、线束及插接器的基本情况。在使用电路图进行故障诊断时，可按下述步骤进行：

（1）在电路图中找出故障系统的电路，并仔细阅读；

（2）通过阅读电路图，找出故障系统电路中所包含的电气元件、线束和插接器等；

（3）通过电路图找出上述电气元件、线束和插接器在车上的安装位置及电气元件和插接器上各端子的作用和编码；

（4）对怀疑有故障的部位按前述内容进行检测；

（5）根据电路图检查线束的短路和断路情况，直至查出故障的部位。

附 录

桑塔纳 3000 轿车基本电路图

蓄电池、X触点继电器（1-14）

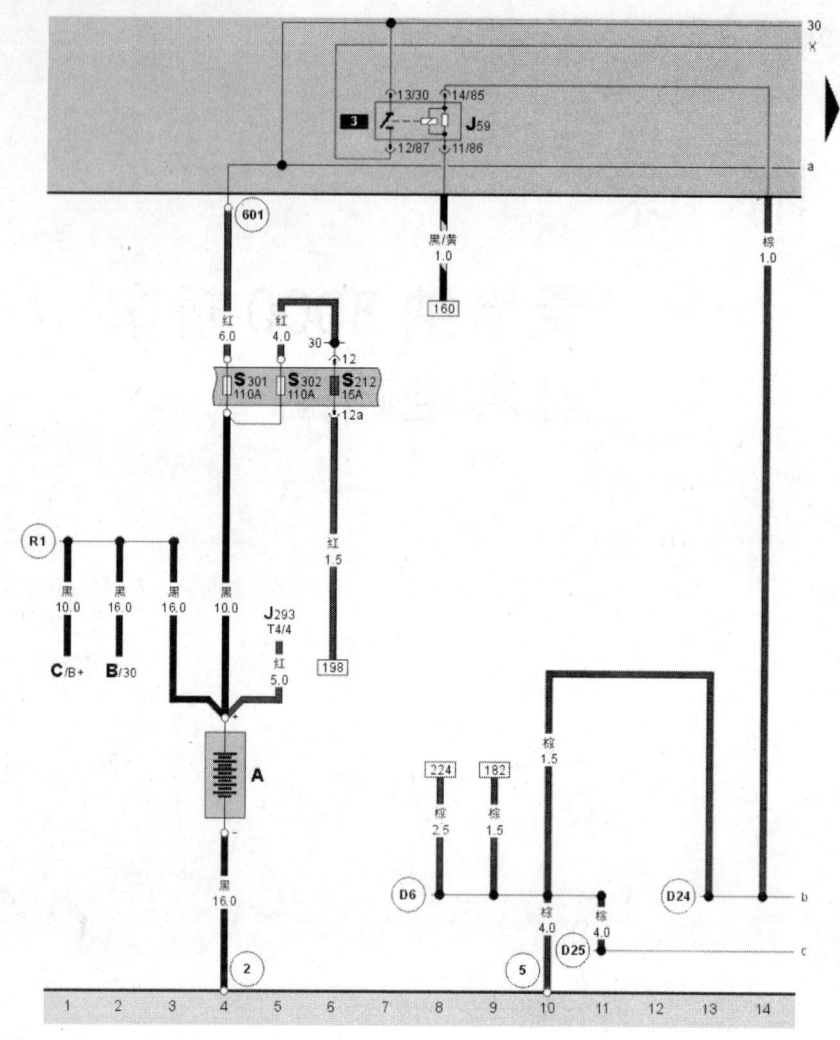

A —蓄电池
B —发动机
C —发电机
J59 —X触点继电器，在继电器-保险丝支架上3号位（18继电器）
J293 —散热风扇控制器，在发动机舱左侧
S212 —保险丝212，15A，在发动机舱继电器-保险丝盒内
S301 —保险丝301，110A，在发动机舱继电器-保险丝盒内
S302 —保险丝302，110A，在发动机舱继电器-保险丝盒内
T4 —4针插头，黑色，在散热风扇控制器上

(D6) —接地连接线，在仪表板线束内

(D24) —接地连接线，在仪表板线束内

(D25) —接地连接线，在仪表板线束内

(R1) —正极连接线（30），在发电机线束内

(2) —接地点，在蓄电池支架上

(5) —接地点，在左A柱上

(601) —正极螺栓连接点（30），在继电器—保险丝支架上

点火开关、油压开关（15-28）

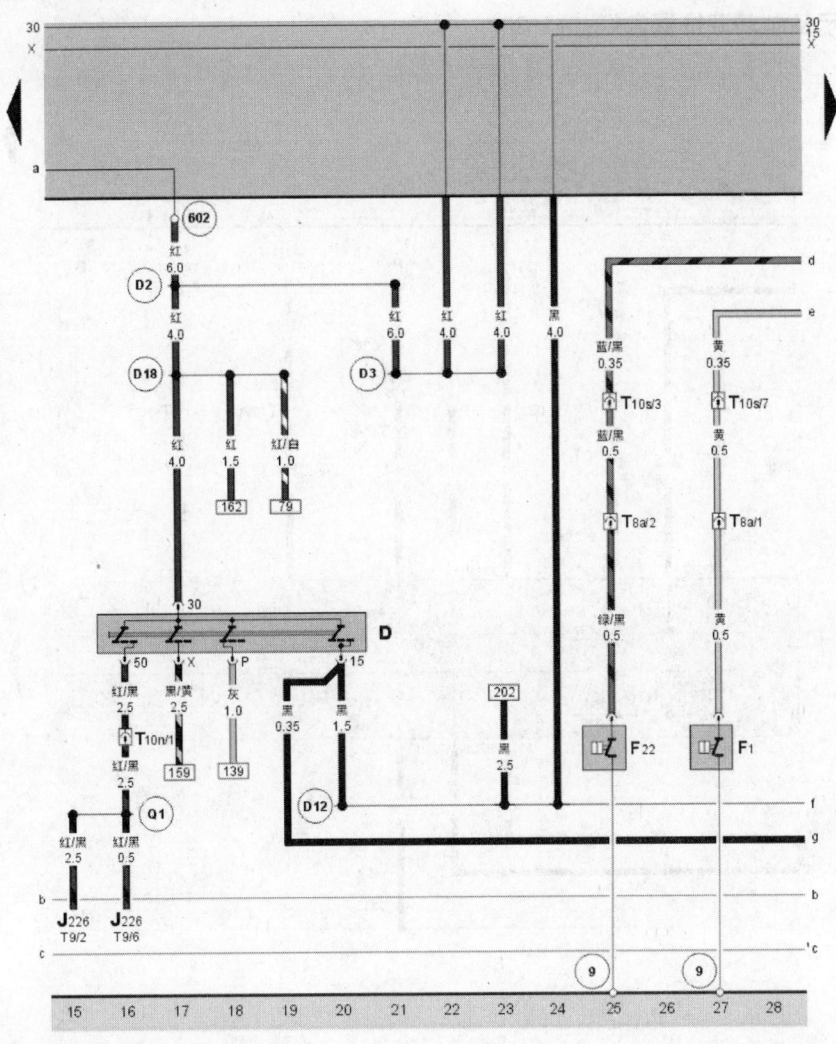

D —点火开关
F1 —油压开关（1.8bar）
F22 —油压开关（0.25bar）
J226—起动电动机闭锁器和倒车灯断电器，在继电器-保险丝支架上5号位（17）
T8a —8针插头，黑色，在发动机舱中间支架上
T9 —9针插头，黑色，在起动电动机闭锁器和倒车灯继电器上
T10n—10针插头，黄色，在继电器-保险丝支架顶面上（E号位）
T10s—10针插头，棕色，在继电器-保险丝支架顶面上（I号位）

(D2)—正极连接线（30），在仪表板线束内

(D3)—正极连接线（30），在仪表板线束内

(D12)—正极连接线（15），在仪表板线束内

(D18)—正极连接线（30），在仪表板线束内

(Q1)—正极连接线（50），在仪表板线束内

(9)—自身接地

(602)—正极螺栓连接点（30），在继电器-保险丝支架上

189

组合仪表控制单元、转速表、车速里程表、数字计程表、油压报警灯、行李厢开门警告灯、手制动指示及制动液位警告灯（15-28）

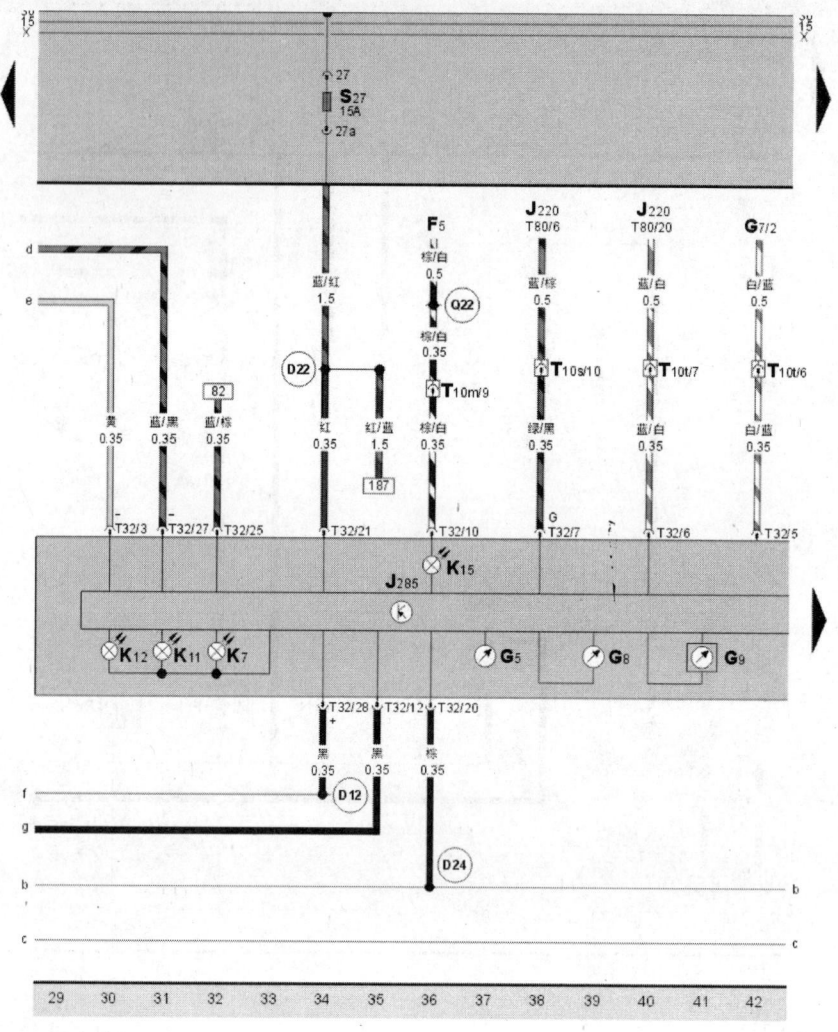

F5 —行李厢照明灯接触开关
G5 —转速表
G7 —转速传感器
G8 —车速里程表
G9 —数字计程表
J220 —Motronic 发动机控制单元，在空调进风罩右侧
J285 —组合仪表控制单元
K7 —手制动指示及制动液位置警告灯
K11 —油压低压报警灯
K12 —油压高压报警灯
K15 —行李厢开门警告灯
S27 —保险丝 27，15A，在继电器-保险丝支架上
T10m —10 针插头，黑色，在继电器-保险丝支架顶面上（D 号位）
T10s —10 针插头，棕色，在继电器-保险丝支架顶面上（J 号位）
T10t —10 针插头，橙色，在继电器-保险丝支架顶面上（K 号位）
T32 —32 针插头，蓝色，在组合仪表上
T80 —80 针插头，黑色，在发动机控制单元上

(D12) —正极连接线（15），在仪表板线束内
(D22) —正极连接线（30a），在仪表板线束内
(D24) —接地连接线，在仪表板线束内
(D22) —连接线，在车身线束内

组合仪表控制单元、充电不足警告灯、驾驶侧开门报警灯、转向指示灯、远光大灯的指示灯、后风窗除窗器开关的指示灯、数字钟、仪表照明灯（43-56）

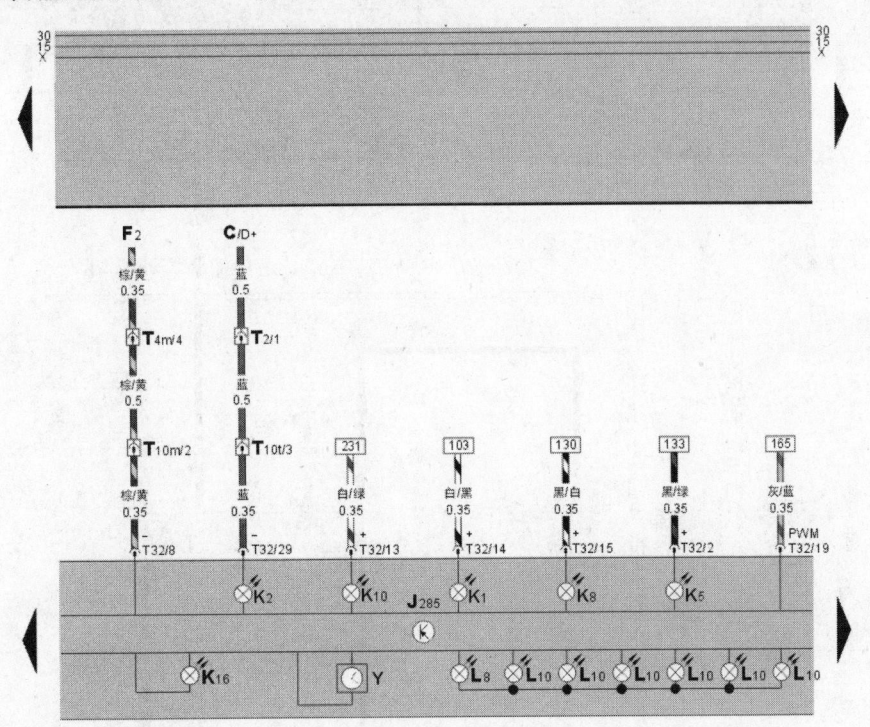

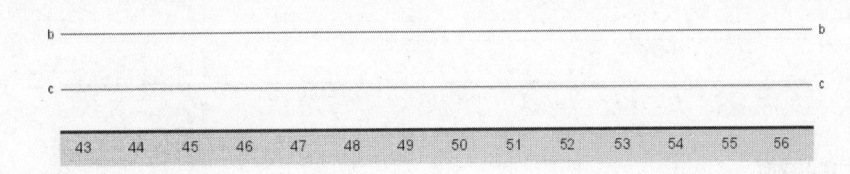

C —发电机
F2 —左前门上内顶灯接触开关
J285 —组合仪表控制单元
K1 —远光大灯的指示灯
K2 —充电不足警告灯
K5 —右转向指示灯
K8 —左转向指示灯
K10 —后风窗除霜器开关的指示灯
K16 —驾驶侧开门报警灯
L8 —数字钟照明灯
L10 —仪表照明灯
T4m —4 针插头，黑色，在继电器-保险丝支架顶面上（Q 号位）
T10m —10 针插头，黑色，在继电器-保险丝支架顶面上（D 号位）
T10t —10 针插头，橙色，在继电器-保险丝支架顶面上（K 号位）
T2 —2 针插头，黑色，在发动机舱中间支架上
T32 —32 针插头，蓝色，在组合仪表上
Y —数字钟

组合仪表控制单元、防盗器控制单元、读识线圈、安全气囊报警灯、防盗器警告灯（57-70）

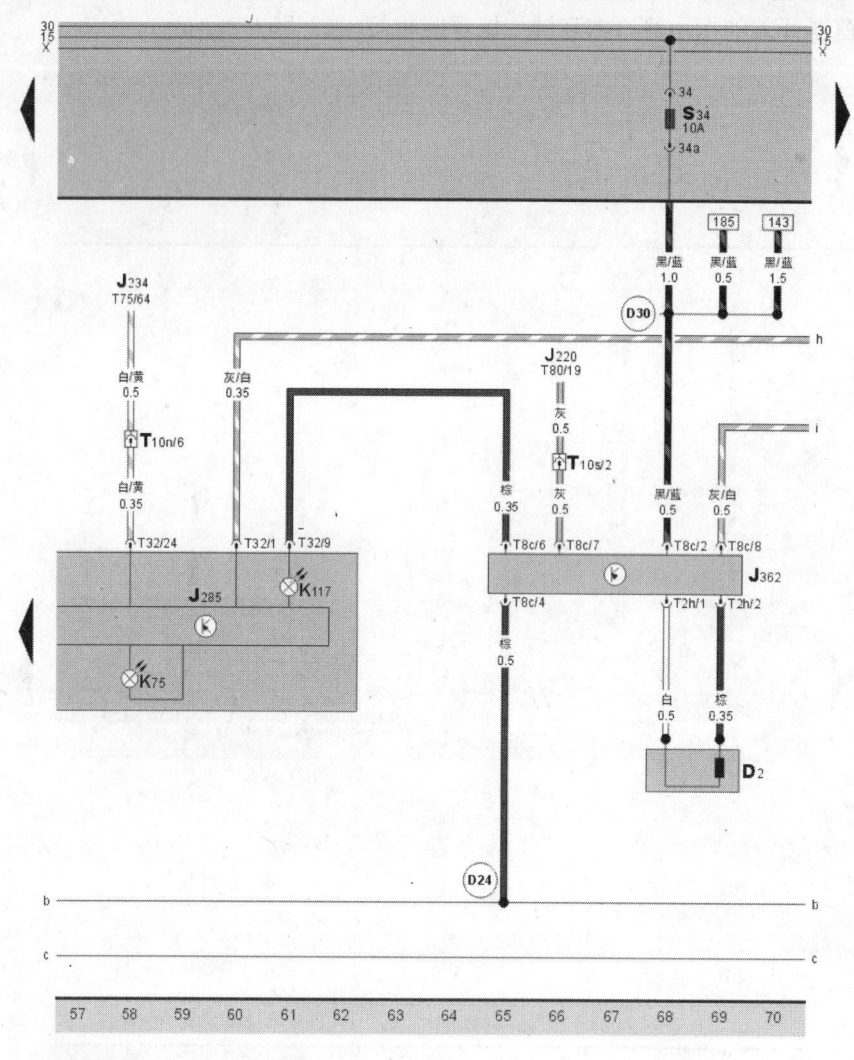

D2 —读识线圈
J234 —安全气囊控制单元，在中央控制台前下方
J220 —Motronic 发动机控制单元，在空调进风罩右侧
J285 —组合仪表控制单元
J362 —防盗器控制单元，在继电器-保险丝支架上方
K75 —安全气囊报警灯
K117 —防盗器警告灯
S34 —保险丝 34，10A，在继电器-保险丝支架上
T8c —8 针插头，黑色，在防盗器控制单元上
T2h —2 针插头，黑色，在防盗器控制单元上
T10n —10 针插头，黄色，在继电器-保险丝支架顶面上（E 号位）
T10s —10 针插头，棕色，在继电器-保险丝支架顶面上（J 号位）
T32 —32 针插头，蓝色，在组合仪表上
T75 —75 针插头，黄色，在安全气囊控制单元上
(D24) —接地连接线，在仪表板线束内
(D30) —正极连接线（15a），在仪表板线束内

自诊断插座、制动液位报警开关、手制动指示灯开关（71-84）

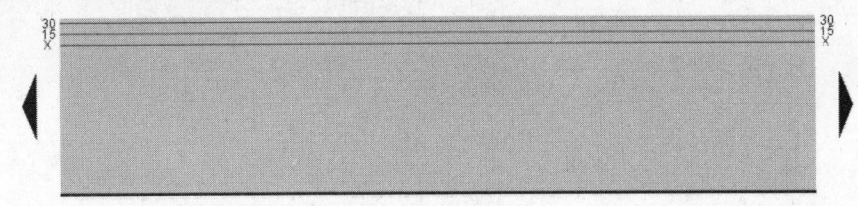

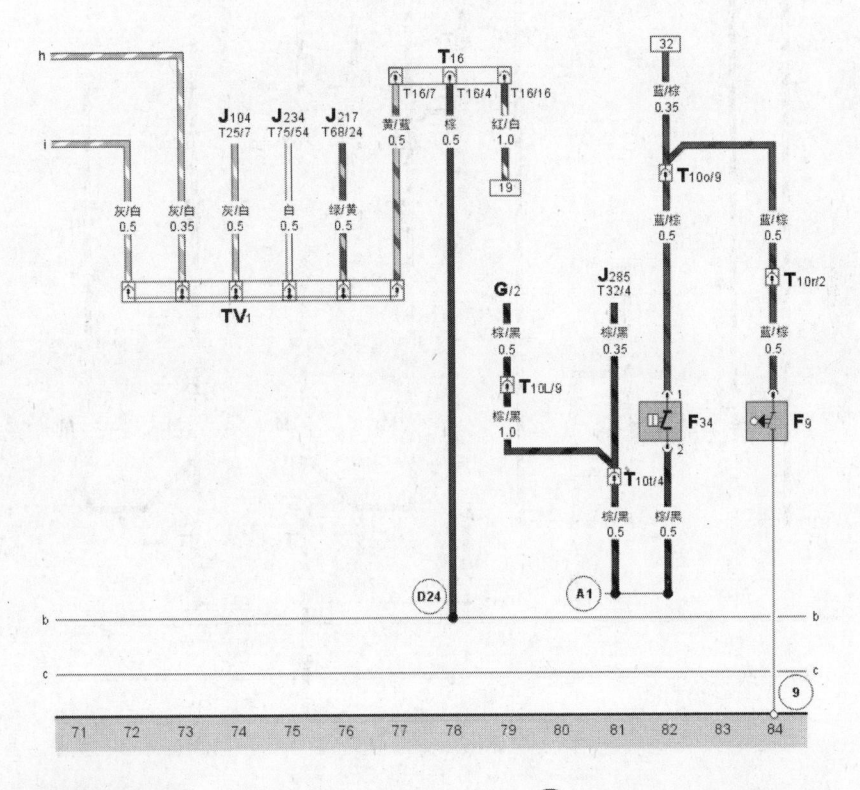

F9 —手制动指示灯开关
F34 —制动液位报警开关
G —燃油表传感器
J104 —ABS控制单元，在发动机舱左侧
J217 —自动变速箱控制单元，在副驾驶座椅地毯下
J234 —安全气囊控制单元，在中央控制台的前下方
J285 —组合仪表控制单元
T10L —10针插头，紫色，在继电器-保险丝支架顶面上（C号位）
T10o —10针插头，灰色，在继电器-保险丝支架顶面上（F号位）
T10r —10针插头，粉红色，在继电器-保险丝支架顶面上（I号位）
T10t —10针插头，橙色，在继电器-保险丝支架顶面上（K号位）
TV1 —诊断线插头，在继电器-保险丝支架上（a~h号位）
T16 —自诊断插头，黑色，16针插头，在组合仪表下方
T25 —25针插头，在ABS控制单元上
T32 —32针插头，蓝色，在组合仪表上
T68 —68针插头，黑色，在自动变速箱控制单元上
T75 —75针插头，黄色，在安全气囊控制单元上

(A1) —连接线，在发动机线束内
(D24) —接地连接线，在仪表板线束内
(9) —自身接地

左远光大灯、左近光大灯、左前转向灯、左停车灯、变光灯开关（85-98）

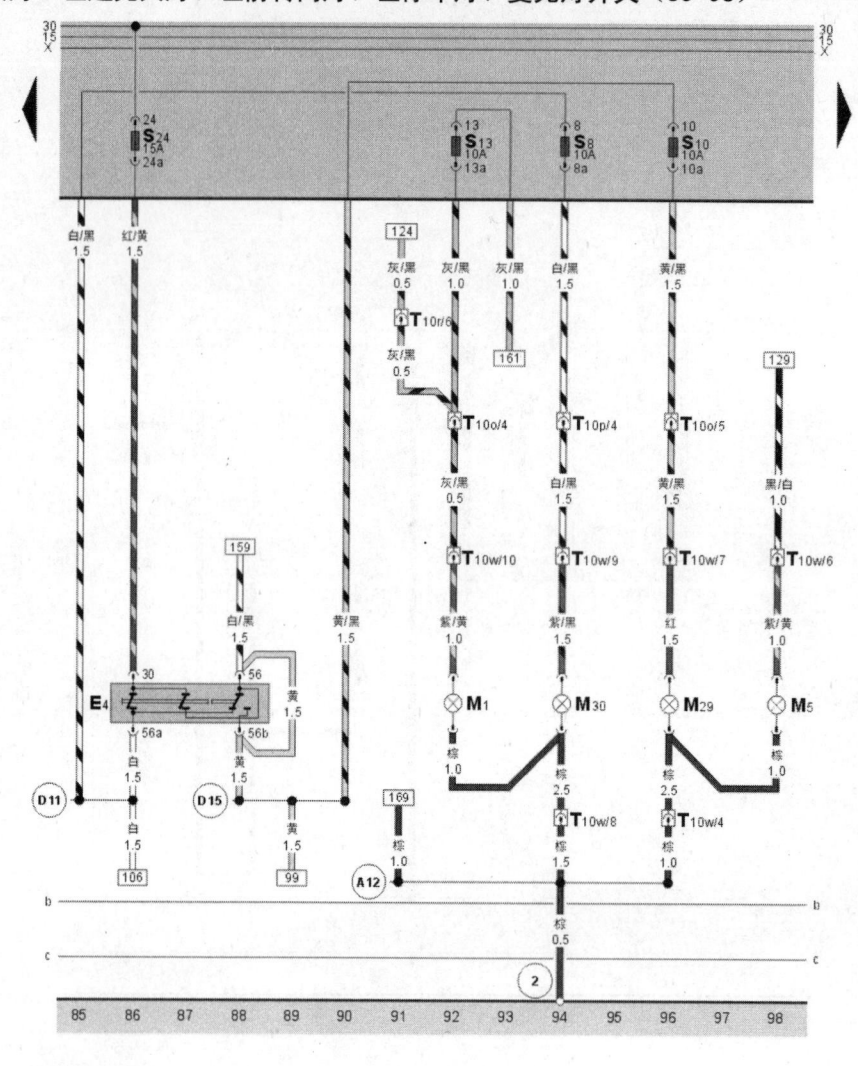

- E4 —变光灯开关
- S8 —保险丝 8，10A，在继电器-保险丝支架上
- S10 —保险丝 10，10A，在继电器-保险丝支架上
- S13 —保险丝 13，10A，在继电器-保险丝支架上
- S24 —保险丝 24，10A，在继电器-保险丝支架上
- T10o —10 针插头，灰色，在继电器-保险丝支架顶面上（F 号位）
- T10p —10 针插头，绿色，在继电器-保险丝支架顶面上（D 号位）
- T10r —10 针插头，粉红色，在继电器-保险丝支架顶面上（I 号位）
- T10w —10 针插头，在左前大灯上
- M1 —左停车灯
- M5 —左前转向灯
- M29 —左近光大灯
- M30 —左远光大灯
- (A12) —接地连接线，在发动机线束内
- (D11) —正极连接线，在仪表板线束内
- (D15) —正极连接线，在仪表板线束内
- (2) —接地点，在蓄电池支架上

附录　桑塔纳3000轿车基本电路图

右远光大灯、右近光大灯、右前转向灯、右停车灯、发动机舱照明灯及接触开关（99-112）

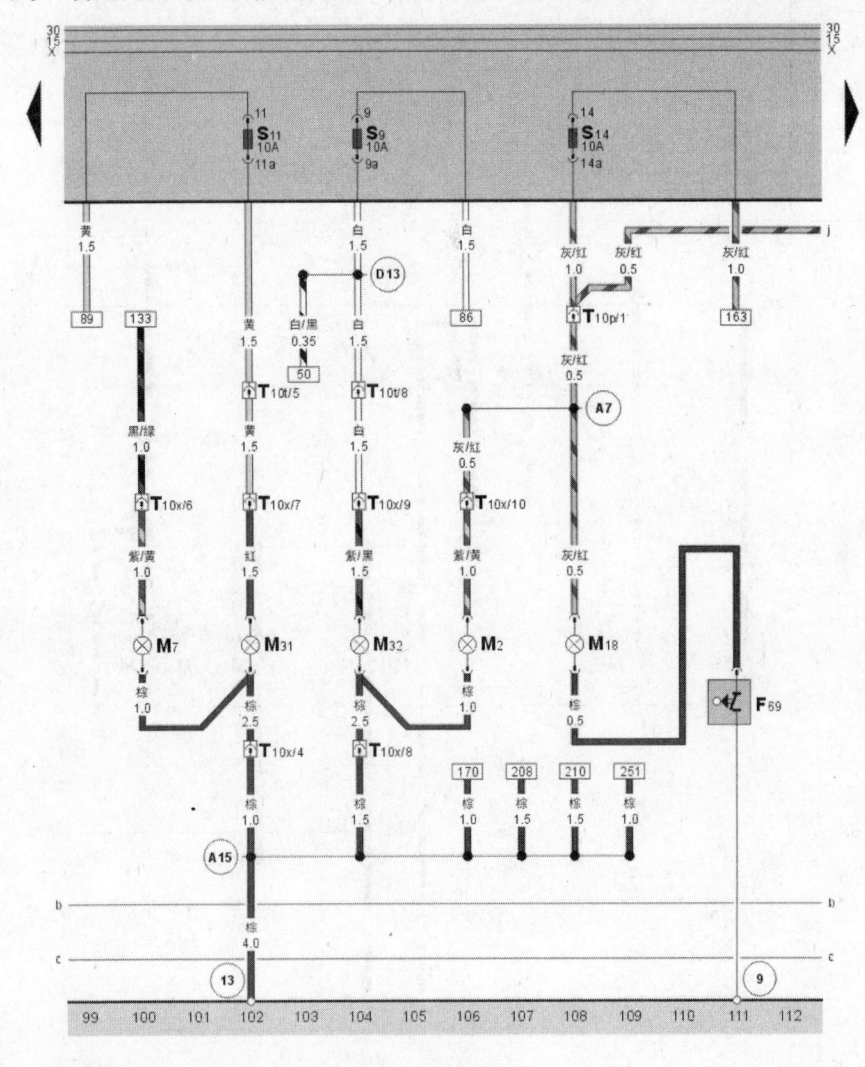

F69 —发动机舱照明灯接触开，在发动机舱盖左侧铰链处
M2 —右停车灯
M7 —右前转向灯
M18 —发动机舱照明灯，在发动机舱盖上
M31 —右近光大灯
M32 —右远光大灯
S9 —保险丝 9，10A，在继电器-保险丝支架上
S11 —保险丝 11，10A，在继电器-保险丝支架上
S14 —保险丝 14，10A，在继电器-保险丝支架上
T10p —10 针插头，绿色，在继电器-保险丝支架顶面上（G 号位）
T10t —10 针插头，橙色，在继电器-保险丝支架顶面上（K 号位）
T10x —10 针插头，在右前大灯上

(A7) —正极连接线，在发动机线束内
(D15) —接地连接线，在发动机线束内
(D13) —正极连接线，在仪表板线束内

(9) —自身接地

(13) —接地点，在右大灯后方，右侧纵梁上面

195

制动灯、后转向灯、尾灯、制动灯开关（113-126）

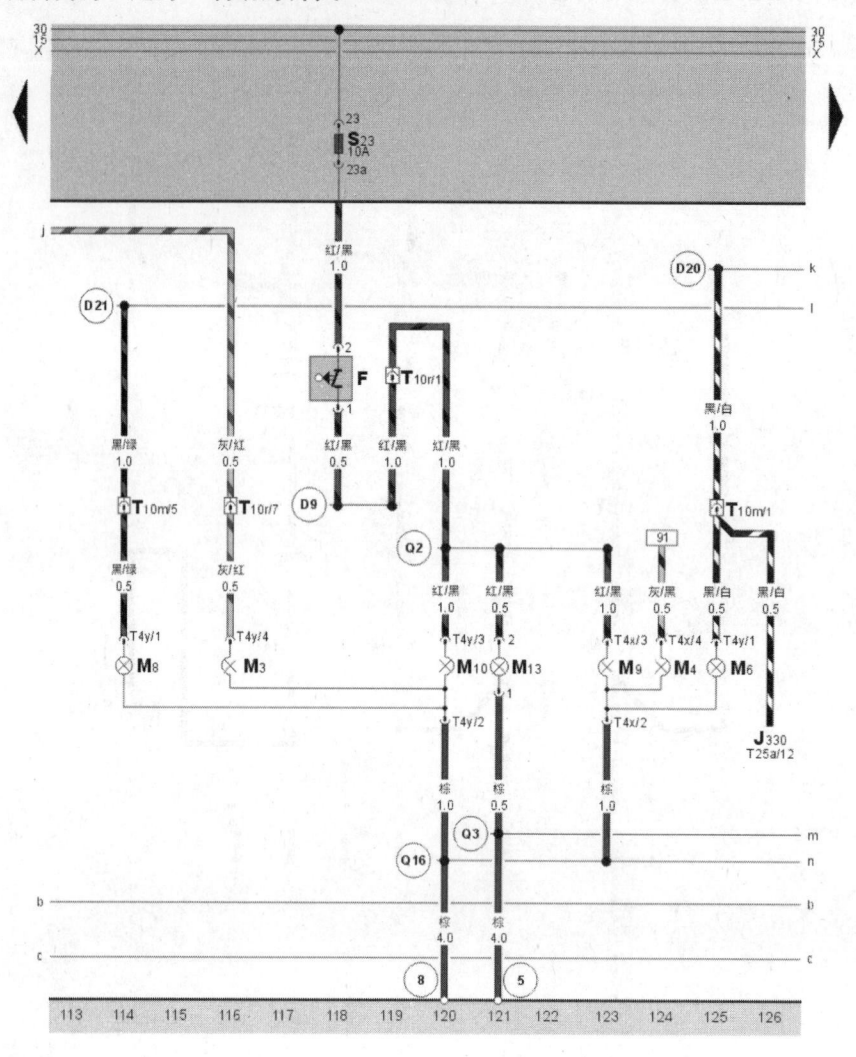

F —制动灯开关
J330 —舒适系统控制单元，在后座椅垫中间下方
M3 —右尾灯
M4 —左尾灯
M6 —左后转向灯
M8 —右后转向灯
M9 —左制动灯
M10 —右制动灯
M13 —高位制动灯
S23 —保险丝 23，10A，在继电器-保险丝支架上
T4x —4 针插头，黑色，在左组合后灯上
T4y —4 针插头，黑色，在右组合后灯上
T10m —10 针插头，黑色，在继电器-保险丝支架顶面上（D 号位）
T10r —10 针插头，粉红色，在继电器-保险丝支架顶面上（I 号位）
T25 —25 针插头，在 ABS 控制单元上
T25a —25 针插头，在舒适系统控制单元上

D9 —正极连接线，在仪表板线束内
D20 —连接线，在仪表板线束内
D21 —连接线，在仪表板线束内
Q2 —正极连接线，在车身线束内
Q3 —接地连接线，在车身线束内
Q16 —接地连接线，在车身线束内
(5) —接地点，在左 A 柱上
(8) —接地点，在左组合后灯左侧车身上

侧转向灯、转向灯开关、停车灯开关（127-140）

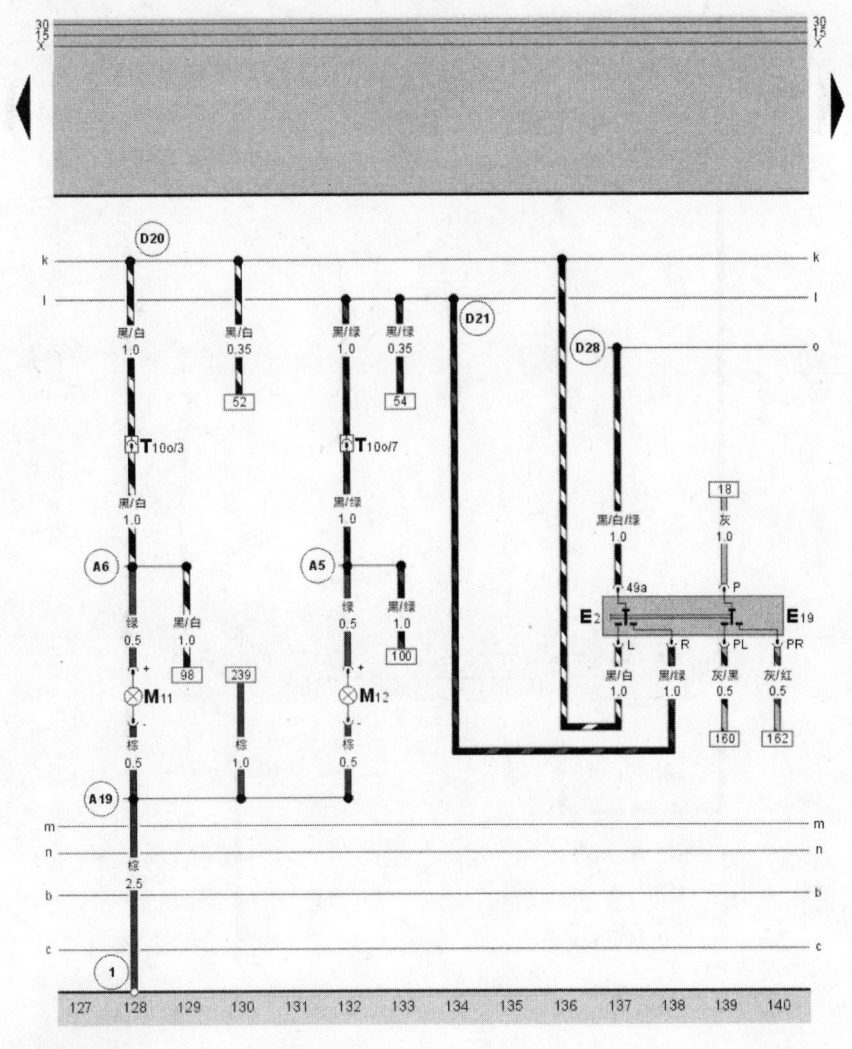

E2 —转向灯开关
E19 —停车灯开关
M11 —左侧转向灯
M12 —右侧转向灯
T10o —10针插头、灰色，在继电器-保险丝支架顶面上（F号位）

(A5)—连接线，在发动机线束内
(A6)—连接线，在发动机线束内
(A19)—接地连接线，在发动机线束内
(D20)—连接线，在仪表板线束内
(D21)—连接线，在仪表板线束内
(D28)—连接线，在仪表板线束内
(1)—接地点，在发动机控制单元旁车身上

197

转向灯继电器、报警灯开关（141-154）

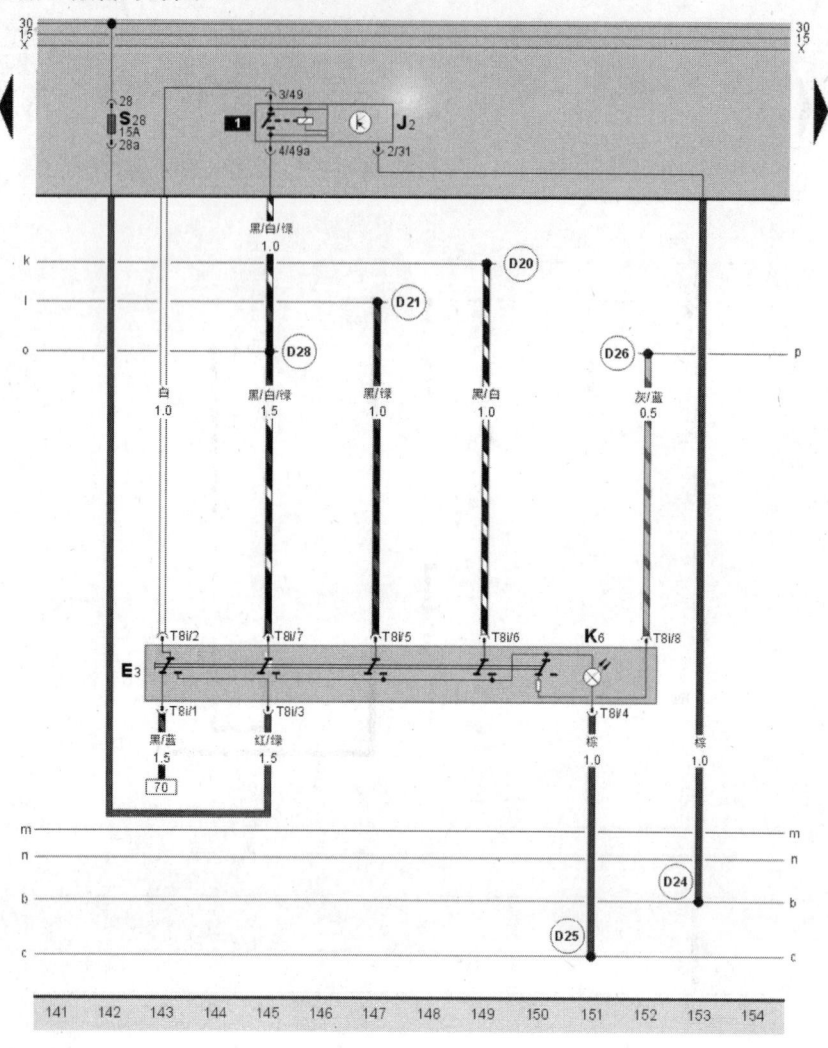

E3 —报警灯开关
J2 —转向灯继电器，在继电器-保险丝支架上 1 号位（21 继电器）
K6 —报警闪光指示灯
S28 —保险丝 28，15A，在继电器-保险丝支架上
T8i —8 针插头，在报警灯开关上

(D20)—连接线，在仪表板线束内

(D21)—连接线，在仪表板线束内

(D24)—接地连接线，在仪表板线束内

(D25)—接地连接线，在仪表板线束内

(D26)—连接线（58b），在仪表板线束内

(D28)—连接线，在仪表板线束内

灯光开关、雾灯开关、开关和仪表照明控制（155-168）

E1 —灯光开关
E18 —雾灯开关
E20 —开关和仪表照明控制
L9 —灯光开关照明灯
L54 —开关和仪表照明控制照明灯

D25 —接地连接线，在仪表板线束内

D26 —连接线（58b），在仪表板线束内

603 —正极螺栓连接点（x），在继电器-熔断器支架上

604 —正极螺栓连接点（x），在继电器-熔断器支架上

雾灯、倒车灯、牌照灯、倒车灯开关、杂物箱照明灯、杂物箱照明灯接触开关、空调控制面板照明灯（169-182）

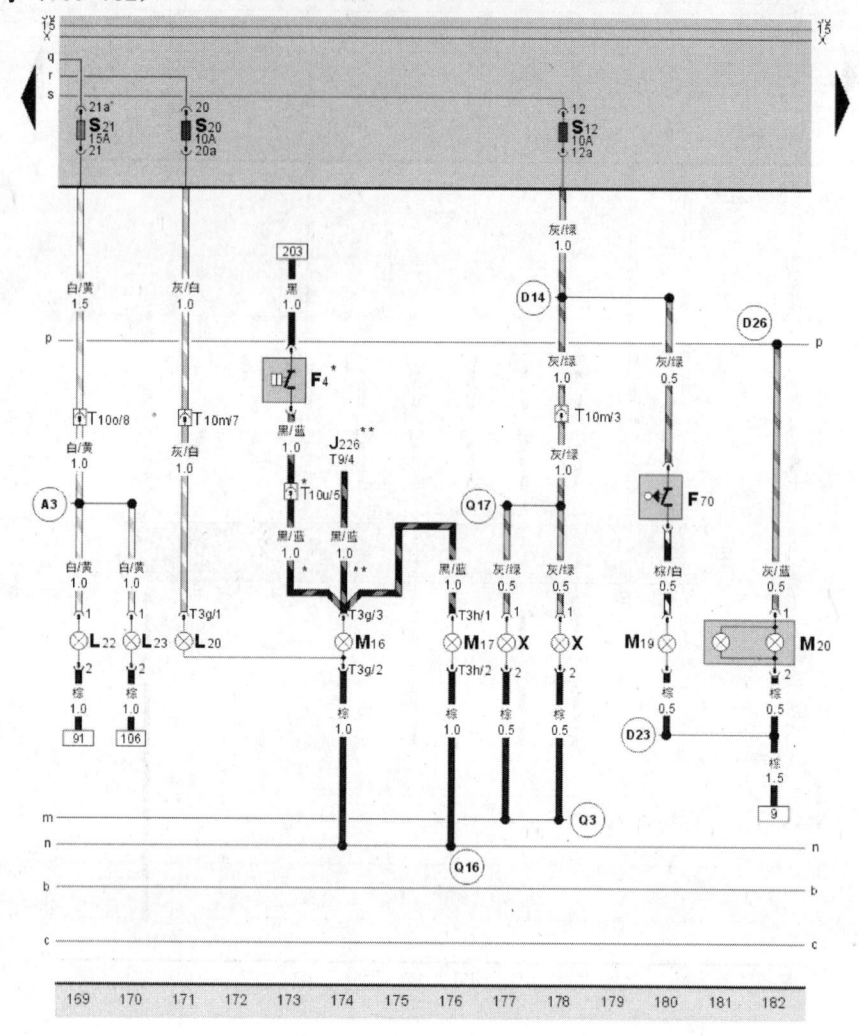

F4 —倒车灯开关
F70 —杂物箱照明灯接触开关
J226 —起动电动机闭锁器和倒车灯继电器，在继电器-保险丝支架上5号位（175继电器）
L20 —后雾灯
L22 —左前雾灯
L23 —右前雾灯
M16 —左倒车灯
M17 —右倒车灯
M19 —杂物箱照明灯
M20 —空调控制面板照明灯
S12 —保险丝12，10A，在继电器-保险丝支架上
S20 —保险丝20，10A，在继电器-保险丝支架上
S21 —保险丝21，15A，在继电器-保险丝支架上
T3g —3针插头，黑色，在左组合后灯上
T3h —3针插头，黑色，在右组合后灯上
T9 —9针插头，黑色，在起动机闭锁器和倒车灯继电器上
T10m —10针插头，黑色，在继电器-保险丝支架顶面上（D号位）
T10o —10针插头，灰色，在继电器-保险丝支架顶面上（F号位）
T10u —10针插头，蓝色，在继电器-保险丝支架顶面上（L号位）
X —牌照灯
A3 —连接线，在发动机线束内
D14 —连接线，在仪表板线束内
D23 —接地连接线，在仪表板线束内
D26 —连接线（58b），在仪表板线束内
Q3 —接地连接线，在车身线束内
Q16 —接地连接线，在车身线束内
Q17 —接地点，在车身线束内
* —仅适用于配有手动变速箱的车型
** —仅适用于配有自动变速箱的车型

附录 桑塔纳3000轿车基本电路图

点烟器（183-196）

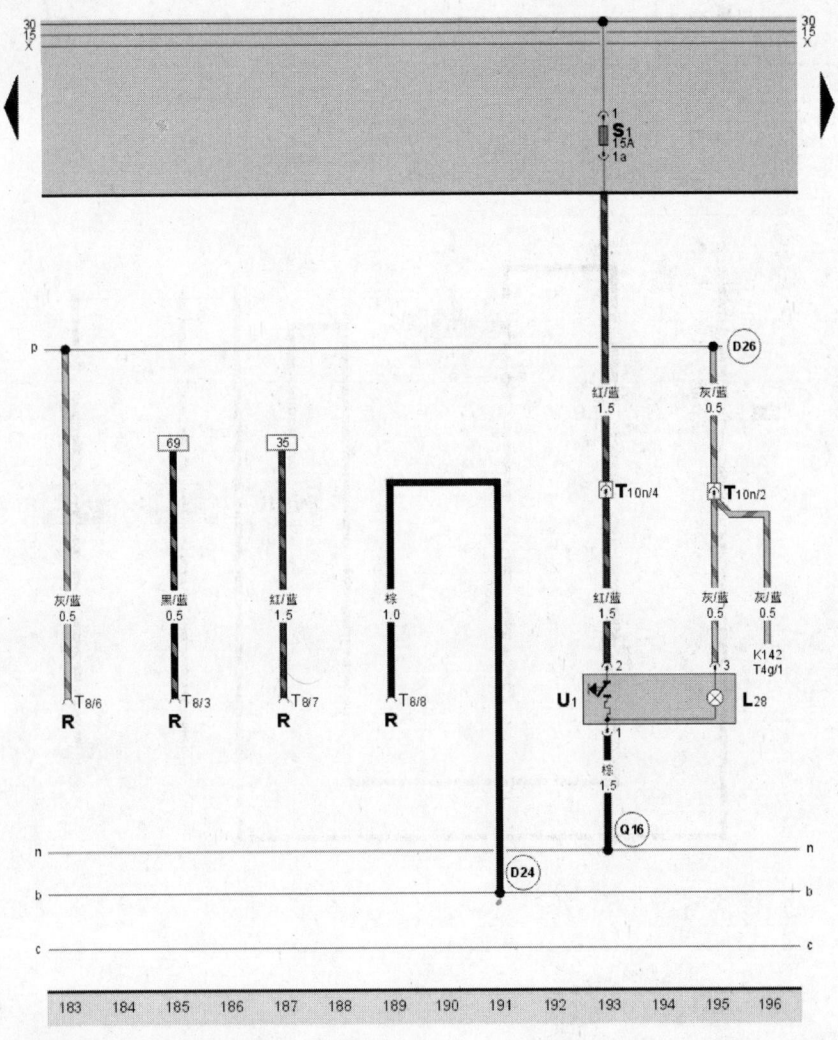

K142 —换挡操纵杆 P/N 警造灯，在换挡盖板上
L28 —点烟器照明灯
R —收放机
S1 —熔断丝 1，15A，在继电器-熔断丝支架上
T4g —4 针插头，棕色，在换挡杆下面
T8 —8 针插头，黑色，在收放机后部
T10n —10 针插头，黄色，在继电器-熔断丝支架顶面上（E 号位）
U1 —点烟器

(D26) —连接线（58b），在仪表板线束内

(D24) —接地连接线，在仪表板线束内

(Q16) —接地连接线，在车身线束内

201

喇叭继电器、双音喇叭、双音喇叭开关（197-210）

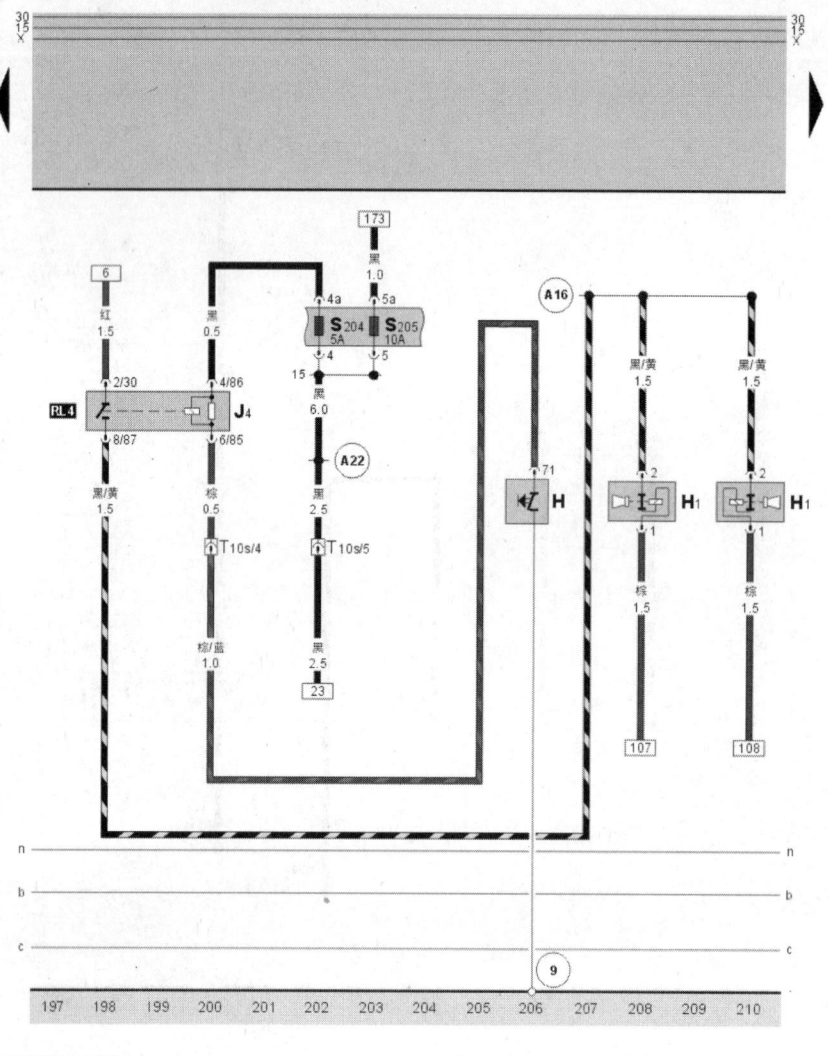

H —双音喇叭开关
H1 —双音喇叭
J4 —喇叭继电器，在发动机舱继电器-保险丝盒内 RL4 号位（53 继电器）
S204 —保险丝 204，5A，在发动机舱继电器-保险丝盒内
S205 —保险丝 205，10A，在发动机舱继电器-保险丝盒内
T10s —10 针插头，棕色，在继电器-保险丝支架顶面上（J 号位）

(A16) —正极连接线（30a），在发动机线束内

(A22) —正极连接线（15），在发动机线束内

(9) —自身接地

空调继电器、鼓风电动机、风速开关、鼓风电动机减速电阻（211-224）

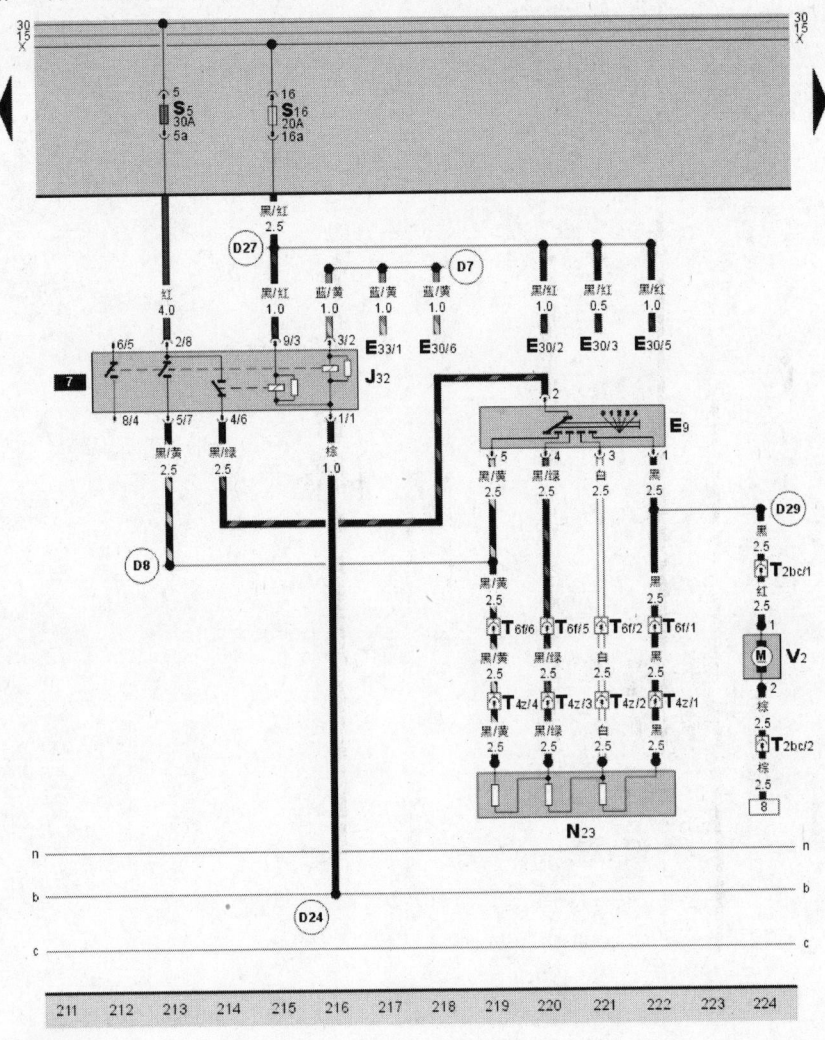

E9 —网速开关
E30 —空调 A/C 开关
E33 —冷量开关
J32 —空调继电器、在继电器-保险丝支架上 7 号位（13 继电器）
N23 —鼓风电动机减速电阻
S5 —保险丝 5，30A，在继电器-保险丝支架上
S16 —保险丝 16，20A，在继电器-保险丝支架上
T2bc —2 针插头，白色，在鼓风电动机旁
T6f —6 针插头，在继电器-保险丝支架顶面上（O 号位）
T4z —4 针插头，黑色，在空调进风罩前面
V2 —鼓风电动机

(D7) —连接线，在仪表板线束内

(D8) —正极连接线（30a），在仪表板线束内

(D24) —接地连接线，在仪表板线束内

(27) —正极连接线（X），在仪表板线束内

(D29) —连接线，在仪表板线束内

后风窗除霜器及开关（225-238）

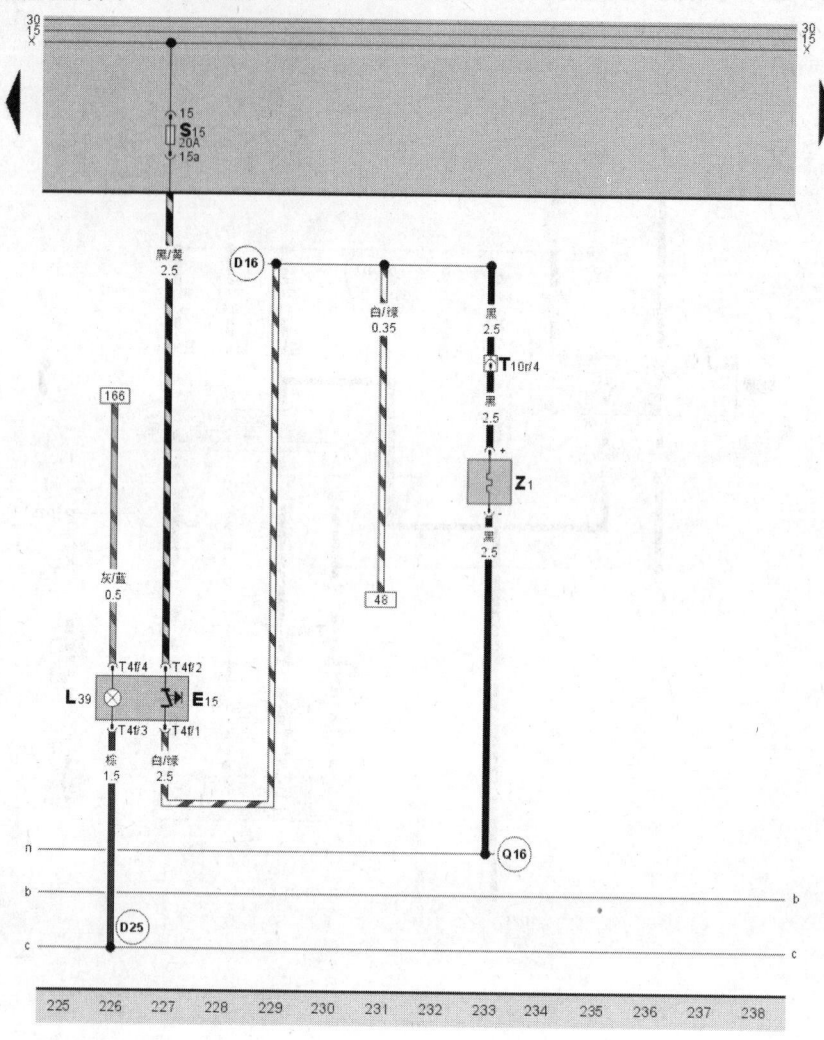

E15 —后风窗除霜器开关
L39 —后风窗除霜开关照明灯
S15 —保险丝 15，20A，在继电器-保险丝支架上
T4f —4 针插头，黑色，在后风窗除霜器上
T10r —10 针插头，粉红色，在继电器-保险丝支架顶面上（I 号位）
Z1 —后风窗除霜器

(D16) —正极连接线，在仪表板线束内

(D25) —接地连接线，在仪表板线束内

(Q16) —接地连接线，在车身线束内

前风窗清洗泵、前风窗刮水器电机、前风窗清洗泵开关、前风窗刮水器开关、刮水器继电器（239-252）

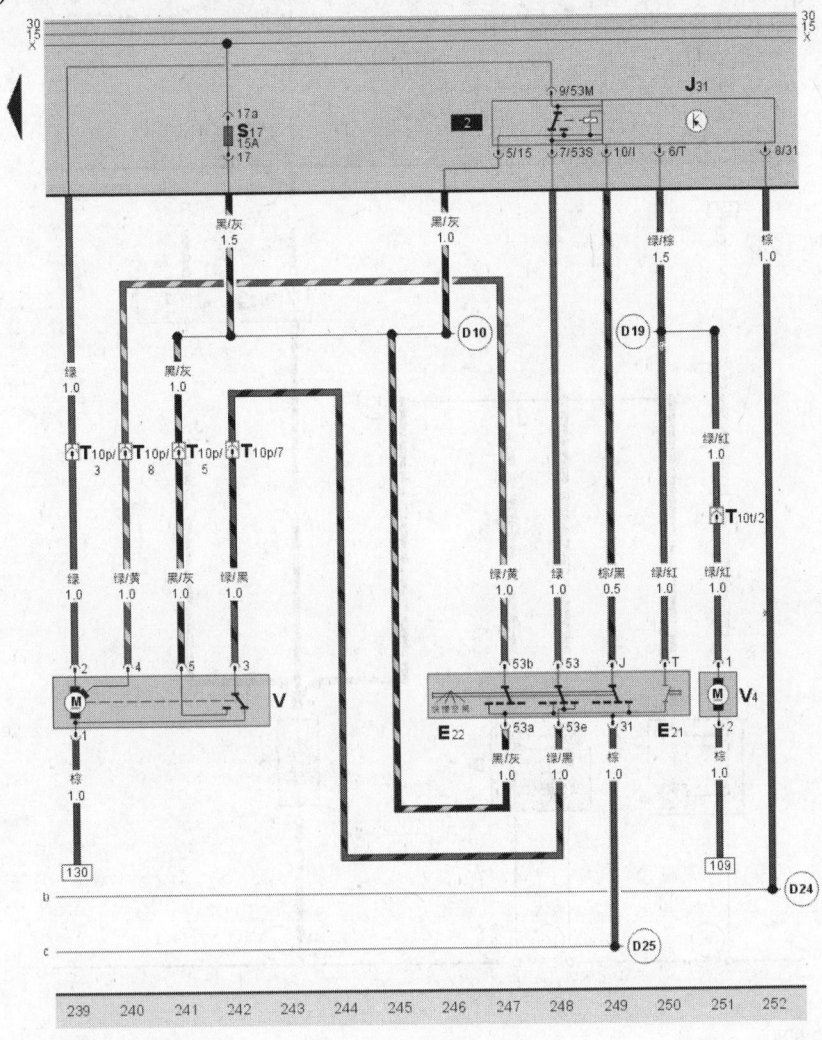

E21 —前风窗清洗泵开关
E22 —前风窗刮水器开关
J31 —刮水继电器，在继电器-保险丝支架上 2 号位（19 继电器）
S17 —保险丝 17，15A，在继电器-保险丝支架上
T10p —10 针插头，在继电器-保险丝支架顶面上（G 号位）
T10t —10 针插头，在继电器-保险丝支架顶面上（K 号位）
V —前风窗刮水器电机
V4 —前风窗清洗泵

(D10) —正极连接线，在仪表板线束内

(D19) —连接线，在仪表板线束内

(D24) —接地连接线，在仪表线束内

(D25) —接地连接线，在仪表板线束内

蓄电池、起动机、交流发电机（1-14）

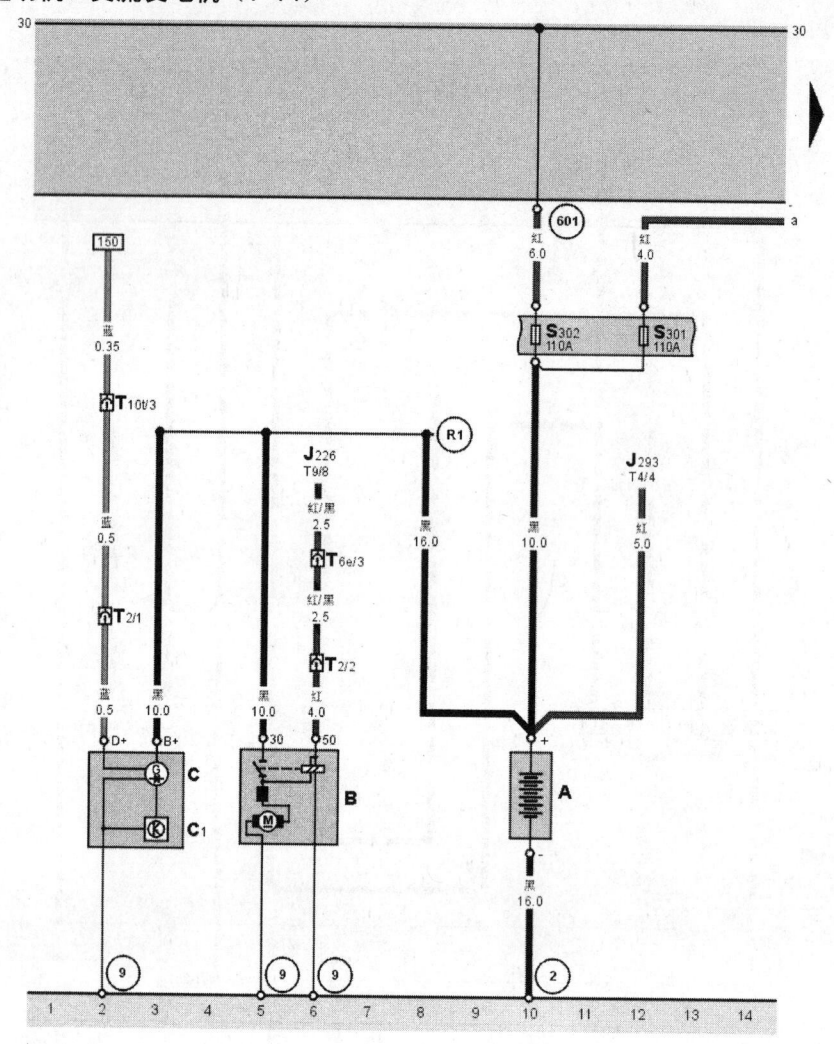

A —蓄电池
B —起动机
C —交流发电机
C1 —调压器
J226 —起动电动机闭锁器和倒车灯继电器，在继电器-保险丝支架上 5 号位（175 继电器）
J293 —散热风扇控制器，在发动机舱左侧
S301 —保险丝 301，110A，在发动机舱继电器-保险丝盒内
S302 —保险丝 302，110A，在发动机舱继电器-保险丝盒内
T2 —2 针插头，黑色，在发动机舱中间支架上
T4 —4 针插头，黑色，在散热风扇控制器上
T6e —6 针插头，白色，在继电器-保险丝支架顶面上（H 号位）
T9 —9 针插头，黑色，在起动马达闭锁器和倒车灯继电器上
T10t —10 针插头，橙色，在继电器-保险丝支架顶面上（K 号位）

(R1) —正极连接线（30），在发电机线束内
(2) —连接线，在蓄电池支架上
(9) —自身接地
(601) —正极螺栓连接点（30），在继电器-保险丝支架上

发动机控制单元、点火线圈、霍耳传感器、火花塞（15-28）

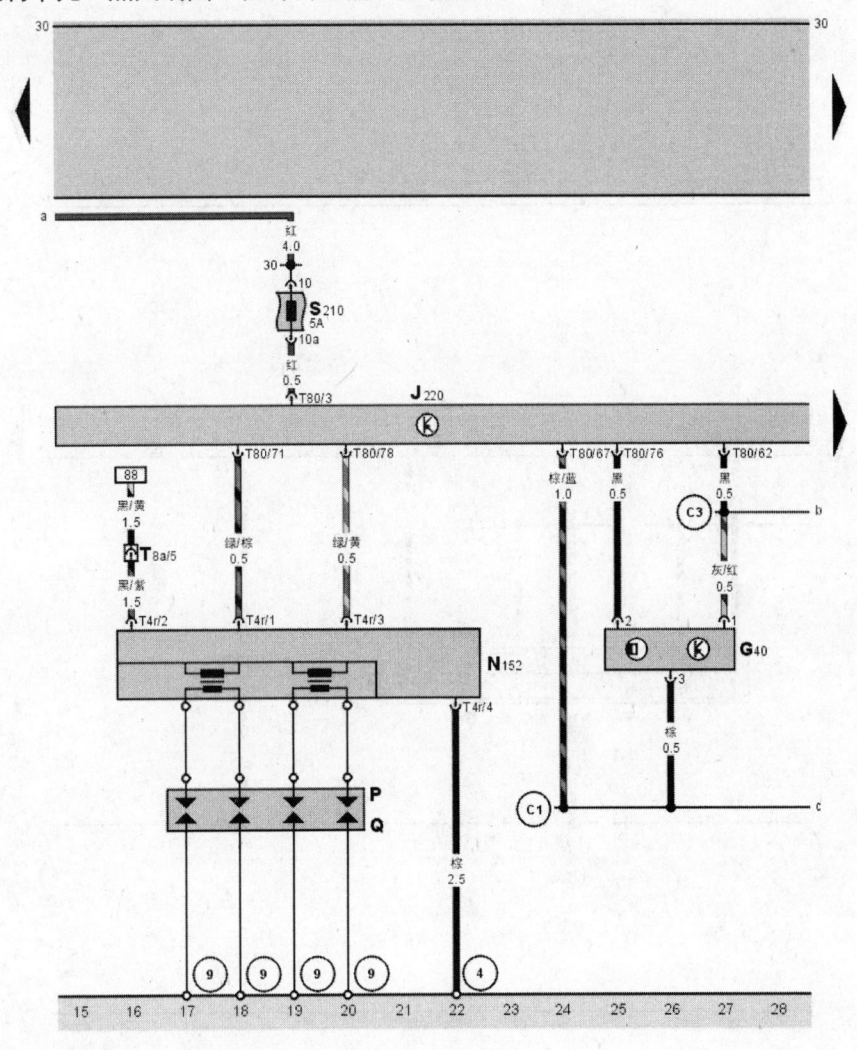

G40 —霍耳传感器
J220 —Motronic 发动机控制单元，在空调进风罩右侧
N152 —点火线圈
P —火花塞插头
Q —火花塞
S210 —保险丝 210，5A，在发动机舱继电器-保险丝盒内
T4r —4 针插头，黑色，在点火线圈上
T8a —8 针插头，黑色，在发动机舱中间支架上
T80 —80 针插头，黑色，在发动机控制单元上
(C1) —接地连接线（传感器接地），在发电机右线束内
(C3) —+5V 连接线，在发动机右线束内
(4) —接地点，在变速箱壳上的支架上
(9) —自身接地

发动机控制单元、节气门控制部件、进气温度传感器（29-42）

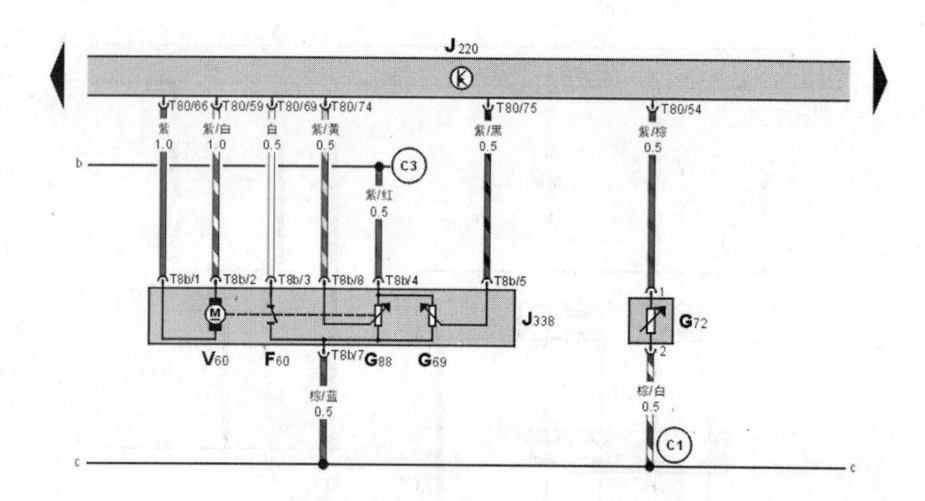

F60 —怠速开关
G69 —节气门电位计
G72 —进气温度传感器
G88 —节气门定位电位计
J220 —Motronic 发动机控制单元，在空调进风罩右侧
J338 —节气门控制部件
T8b —8 针插头、黑色，在节气门上
T80 —80 针插头、黑色，在发动机控制单元上
V60 —节气门定位器

C1—接地连接线（传感器接地），在发电机右线束内

C3—+5V 连接线，在发动机右线束内

附录　桑塔纳3000轿车基本电路图

发动机控制单元、水温表传感器、冷却温度传感器、发动机转速传感器（43-56）

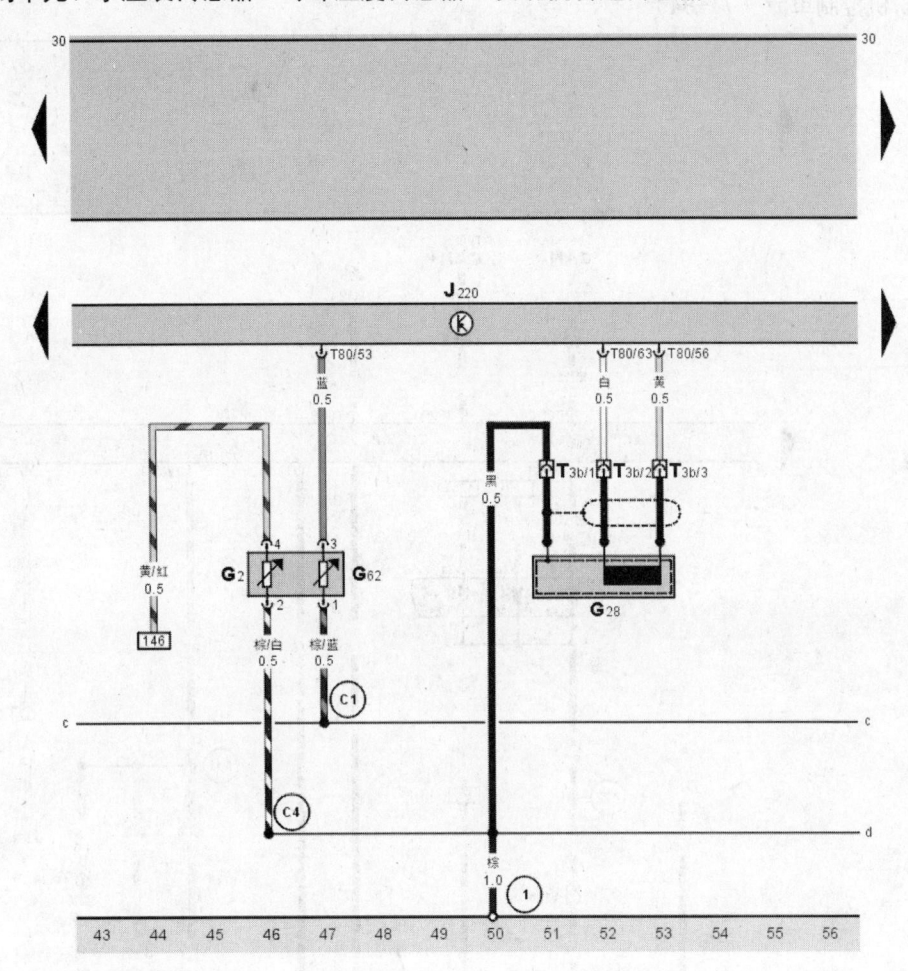

G2 —水温表传感器
G28 —发动机转速传感器
G62 —冷却温度传感器
J220 —Motronic 发动机控制单元，在空调进风罩右侧
T3b —3 针插头，灰色，在发动机舱中间支架上
T8a —8 针插头，黑色，在发动机舱中间支架上
T80 —80 针插头，黑色，在发动机控制单元上

(C1) —接地连接线（传感器接地），在发电机右线束内

(C4) —接地连接线，在发动机右线束内

(1) —接地点，在发动机控制单元旁车身上

发动机控制单元（71-84）

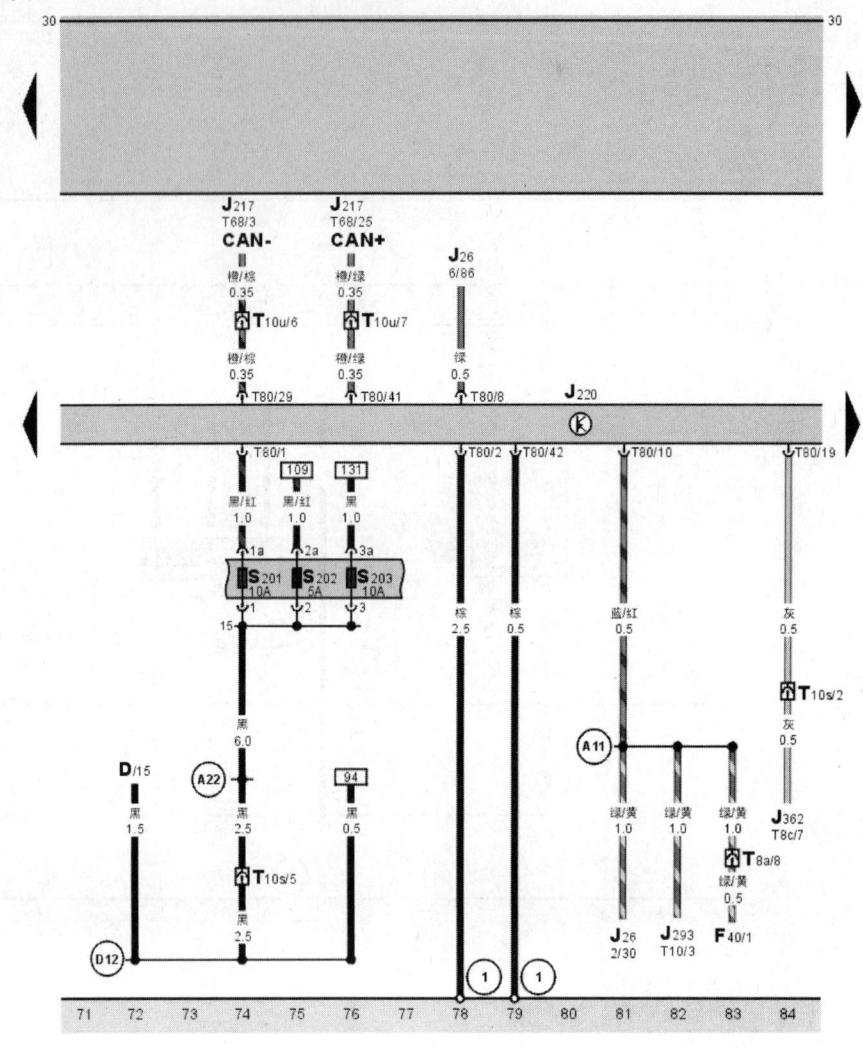

- D —点火开关
- F40 —空调水温控制开关
- J26 —压缩机切断继电器，在发动机舱继电器-保险丝盒内 RL2 号位（147B 继电器）
- J217 —自动变速箱控制单元，在副驾驶座椅地毯下
- J220 —Motronic 发动机控制单元，在空调进风罩右侧
- J293 —散热风扇控制器，在发动机舱左侧
- J362 —防盗控制单元，在继电器-保险丝支架上方
- S201 —保险丝 201，10A，在发动机舱继电器-保险丝盒内
- S202 —保险丝 202，5A，在发动机舱继电器-保险丝盒内
- S203 —保险丝 203，10A，在发动机舱继电器-保险丝盒内
- T8a —8 针插头，黑色，在发动机舱中间支架上
- T8c —8 针插头，黑色，在防盗控制单元上
- T10 —10 针插头，黑色，在散热风扇控制器上
- T10s —10 针插头，棕色，在继电器-保险丝支架顶面上（J 号位）
- T10u —10 针插头，蓝色，在继电器-保险丝支架顶面上（L 号位）
- T68 —68 针插头，黑色，在自动变速箱控制单元上
- T80 —80 针插头，黑色，在发动机控制单元上

- A11 —连接线，在发动机线束内
- A22 —正极连接线（15），在发动机线束内
- D12 —正极连接线（15），在仪表板线束内
- ① —接地点，在发动机控制单元旁车身上

发动机控制单元、喷嘴、燃油泵继电器（85-98）

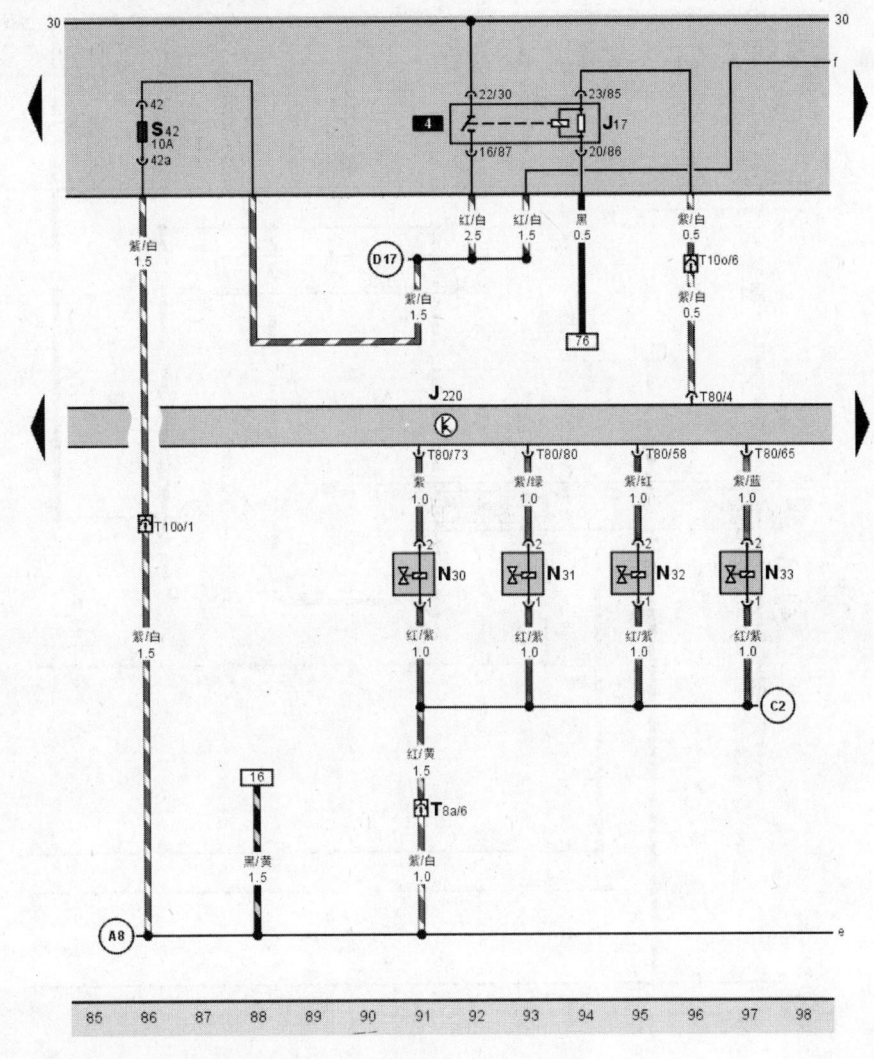

J17 —燃油泵继电器，在继电器-保险丝支架上 4 号位（167 继电器）
J220 —Motronic 发动机控制单元，在空调进风罩右侧
N30 —第 1 缸喷嘴
N31 —第 2 缸喷嘴
N32 —第 3 缸喷嘴
N33 —第 4 缸喷嘴
S42 —保险丝 42，10A，在继电器-保险丝支架上
T8a —8 针插头，黑色，在发动机舱中间支架上
T10o —10 针插头，灰色，在继电器-保险丝支架顶面上（F 号位）

(AB) —正极连接线（30a），在发电机线束内
(C2) —正极连接线（30a），在发动机右线束内
(D17) —正极连接线（30a），在仪表板线束内

起动马达闭锁器和倒车灯继电器（1-14）

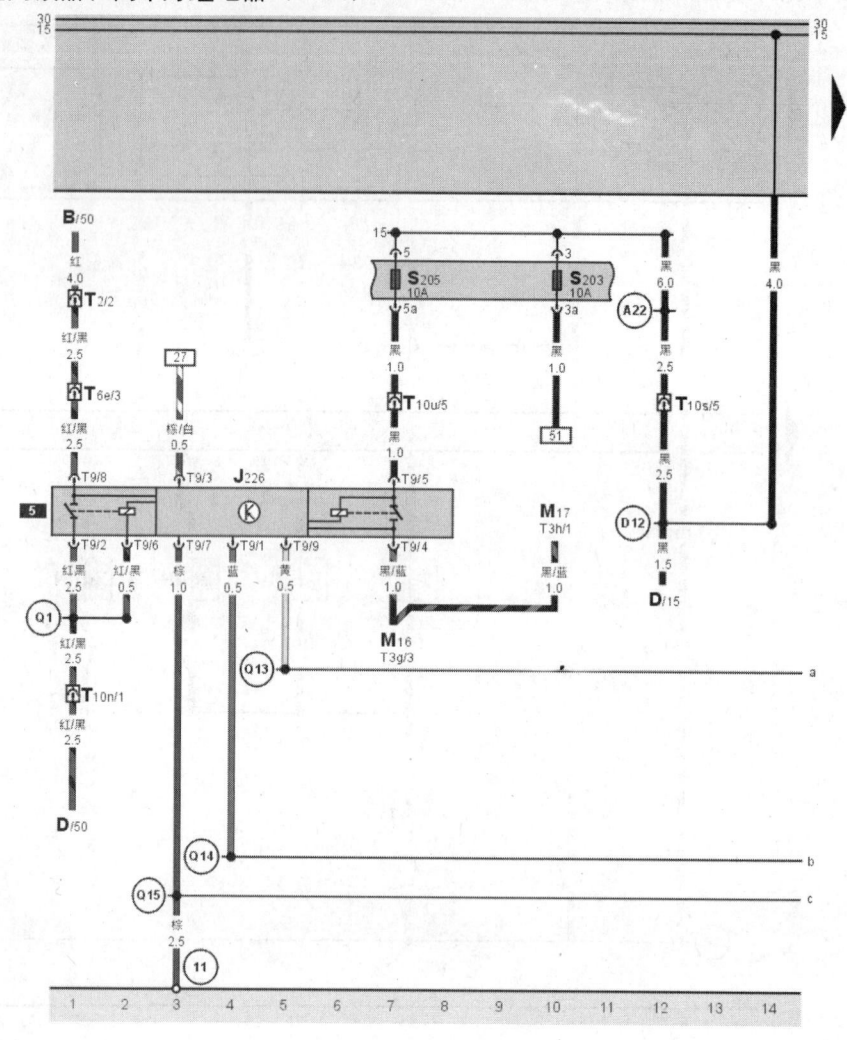

- B —起动机
- D —点火开关
- J226 —起动马达闭锁器和倒车灯继电源，在继电器板-保险丝支架上5号位（175继电器）
- M16 —左倒车灯
- M17 —右倒车灯
- S203 —保险丝203，10A，在发动机舱继电器-保险丝盒内
- S205 —保险丝205，10A，在发动机舱继电器-保险丝盒内
- T2 —2针插头，黑色，在发动机舱中间支架上
- T6e —6针插头，白色，在继电器-保险丝支架顶面上（H号位）
- T9 —9针插头，黑色，在起动机马达闭锁器和倒车灯继电器
- T10n —10针插头，黄色，在继电器-保险丝支架顶面上（E号位）
- T10u —10针插头，蓝色，在继电器-保险丝支架顶面上（L号位）
- T10s —10针插头，棕色，在继电器-保险丝支架顶面上（J号位）
- (A22) —正极连接线（15），在发动机线束内
- (D12) —正极连接线（15），在仪表板线束内
- (Q1) —正极连接线（50），在车身线束内
- (Q13) —连接线，在车身线束内
- (Q14) —连接线，在车身线束内
- (Q15) —接地连接线，在车身线束内
- (11) —接地点，在副驾驶座椅下方车身上

参考文献

[1] 毛峰. 汽车电气设备[M]. 北京：机械工业出版社，2009.
[2] 李春明. 汽车电器与电路[M]. 北京：高等教育出版社，2003.
[3] 周建平. 汽车电气设备构造与维修[M]. 北京：人民交通出版社，2005.
[4] 付百学. 汽车电子控制技术[M]. 北京：机械工业出版社，2003.
[5] 陈志恒. 汽车电控技术[M]. 北京：高等教育出版社，2003.
[6] 孙余凯. 汽车电器维修入门[M]. 北京：人民邮电出版社，2004.
[7] 蒲永峰. 汽车诊断与维修[M]. 北京：机械工业出版社，2003.
[8] 赵仁杰. 汽车电气设备[M]. 北京：人民交通出版社，1998.
[9] 吴涛. 汽车电气系统检修. 北京：电子工业出版社，2011.
[10] 纪光兰. 汽车电器设备构造与维修. 北京：机械工业出版社，2010.
[11] 刘甫勇. 汽车电路分析及检测. 北京：电子工业出版社，2008.
[12] 王成安，朱占平. 汽车电子电器设备. 大连：大连理工大学出版社，2007.
[13] 张春华，静永臣. 桑塔纳2000/3000轿车快修精修手册.北京：机械工业出版社，2012.

目 录

学习工作单 1 ··· 1

学习工作单 2 ··· 2

学习工作单 3 ··· 3

学习工作单 4 ··· 4

学习工作单 5 ··· 5

学习工作单 6 ··· 6

学习工作单 7 ··· 7

学习工作单 8 ··· 8

学习工作单 9 ··· 9

学习工作单 10 ··· 10

学习工作单 11 ··· 11

学习工作单 12 ··· 12

学习工作单 13 ··· 13

学习工作单 14 ··· 14

学习工作单 15 ··· 15

学习工作单 16 ··· 16

学习工作单 17 ··· 17

学习工作单 18 ··· 18

学习工作单 19 ··· 19

学习工作单 20 ··· 20

学习工作单 21 ··· 21

学习工作单 22 ··· 22

学习工作单 23 ··· 23

学习工作单 24 ··· 25

学习工作单 1

课程：_____ 姓名：_____ 班级：_____ 日期：_____

			学习项目：汽车电源系统总体认识 学习任务：电源系统总体认识		车　　型：_____ 总成型号：_____	
电源系统 主要部件	蓄电池	发电机及电 压调节器	充电指示灯（电源指示灯、 放电警告灯、故障指示灯） 或电流表		中央接线盒（继电器 保险丝盒、中央线路 板）	
所在位置						
蓄电池 电压	额定 电压	12V	发电机输出电压	额定 电压		12V
	测量 电压	V		测量 电压		V

1. 通过实际操作，阐述蓄电池和发电机总成的拆装步骤

2. 绘制电源系统简单电路图

学习工作单 2

姓名：_____ 班级：_____ 日期：_____ 成绩：_____

		学习项目：蓄电池的正确使用与维护 学习任务：蓄电池技术状况检查与充电		车　　型：_____ 总成型号：_____	
蓄电池电压	充电前		电解液液面高度	电解液密度	充电前
	充电后				充电后
蓄电池充电	充电电流	第一阶段	A	第二阶段	A
启动电压降			高率放电计放电电压降		

1. 阐述蓄电池的充电步骤及注意事项

2. 判断蓄电池技术状况

学习工作单 3

姓名：_____　班级：_____　日期：_____　成绩：_____

| 学习项目：发电机及调节器的使用与维护 | 车　　型：_____ |
| 学习任务：绘制交流发电机电路原理图 | 总成型号：_____ |

1. 绘制八管交流发电机电路原理图

2. 绘制九管交流发电机电路原理图

3. 绘制十一管交流发电机电路原理图

学习工作单 4

姓名：_____ 班级：_____ 日期：_____ 成绩：_____

	学习项目：发电机及调节器的使用与维护 学习任务：交流发电机总成分解、零件检测与组装	车　　型：_____ 总成型号：_____		

1. 分解前检测　　　　　　　　　　　　　　　　（单位：Ω）

测量部位	"F"与"E"接线柱	"B"与"E"接线柱		"B"与"F"接线柱	
		正向	反向	正向	反向
阻值					
结果分析					

2. 零件检测　　　　　　　　　　　　　　　　　（单位：Ω）

转子检测	线圈电阻		搭铁情况	
定子检测	线圈电阻		搭铁情况	
整流器检测	二极管导通性	正向电阻		
		反向电阻		

3. 组装后检测　　　　　　　　　　　　　　　　（单位：Ω）

测量部位	"F"与"E"接线柱	"B"与"E"接线柱		"B"与"F"接线柱	
		正向	反向	正向	反向
阻值					
结果分析					

学习工作单 5

姓名：_____　　班级：_____　　日期：_____　　成绩：_____

	学习项目：发电机及调节器的使用与维护 学习任务：发电机及电压调节器的检测	车　　型：_____ 总成型号：_____

发电机输出电压波形检测	
电压波形	
判断性能	
电压调节器性能检测	
电压调节器性能测试电路	（a）　　　　　　　　（b）
调节器起作用时的电压值	
性能判断	

学习工作单6

姓名：_____ 班级：_____ 日期：_____ 成绩：_____

	学习项目：汽车电源系统电路分析与故障诊断	车　　型：_____
	学习任务：电源系统电路连接	总成型号：_____

根据桑塔纳3000电路图册，绘制电源系统电路图

学习工作单 7

姓名：_____ 班级：_____ 日期：_____ 成绩：_____

		学习项目：汽车电源系统电路分析与故障诊断	车　　型：_____	
		学习任务：电源系统的常见故障诊断	总成型号：_____	
故障 1	发电机不发电	故障现象	故障原因	故障点
故障 2	发电机输出电压偏低	故障现象	故障原因	故障点
故障排除分析（诊断思路）				

学习工作单 8

姓名：_____   班级：_____   日期：_____   成绩：_____

学习项目：发动机启动系统总体认识	车　　型：_____
学习任务：发动机启动系统总体认识	总成型号：_____

启动系统主要部件	起动机	启动继电器	启动开关（点火开关）	蓄电池
位置				
作用				
启动电压降	V	启动电流	A	

绘制启动系统简单电路图

学习工作单 9

姓名：_____ 班级：_____ 日期：_____ 成绩：_____

	学习项目：起动机正确使用与维修	车　　型：_____
	学习任务：绘制起动机电路原理图	总成型号：_____

绘制起动机电路原理图

学习工作单 10

姓名：_____　　班级：_____　　日期：_____　　成绩：_____

	学习项目：起动机正确使用与维修 学习任务：起动机总成分解、零件检测与组装		车　　型：_____ 总成型号：_____			
测量项目	电磁开关		电动机			
	吸引线圈	保持线圈	电枢线圈	定子线圈	换向器	电刷长度
测量参数						
结果分析						

学习工作单 11

姓名：_____   班级：_____   日期：_____   成绩：_____

	学习项目：起动机正确使用与维修	车　　型：_____
	学习任务：起动机及启动继电器性能检测	总成型号：_____

<table>
<tr><td colspan="8" align="center">1. 起动机试验</td></tr>
<tr><td rowspan="2">试验项目</td><td colspan="2">空转试验</td><td colspan="2">全制动试验</td><td colspan="2">电磁开关吸合、释放试验</td></tr>
<tr><td>电流</td><td>转速</td><td>电流</td><td>扭矩</td><td>吸合电压</td><td>释放电压</td></tr>
<tr><td>测量参数</td><td></td><td></td><td></td><td></td><td></td><td></td></tr>
<tr><td>结果分析</td><td colspan="6"></td></tr>
</table>

<table>
<tr><td colspan="5" align="center">2. 启动继电器检测</td></tr>
<tr><td>测量项目</td><td>线圈电阻</td><td>吸合电压</td><td>释放电压</td><td>触点导通情况</td></tr>
<tr><td>测量参数</td><td></td><td></td><td></td><td></td></tr>
<tr><td>性能判断</td><td colspan="4"></td></tr>
</table>

学习工作单 12

姓名：_____ 班级：_____ 日期：_____ 成绩：_____

学习项目：启动控制电路分析与故障诊断	车　　型：_____
学习任务：连接启动系统电路	总成型号：_____

根据桑塔纳 3000 电路图册，绘制启动系统电路图

学习工作单 13

姓名：_____   班级：_____   日期：_____   成绩：_____

		学习项目：启动控制电路分析与故障诊断 学习任务：进行启动系统的常见故障诊断		车　　型：_____ 总成型号：_____	
故障1	起动机不转Ⅰ	故障现象		故障原因分析	故障点
故障2	起动机不转Ⅱ	故障现象		故障原因分析	故障点

故障排除分析

学习工作单 14

姓名：_____ 班级：_____ 日期：_____ 成绩_____

	学习项目：点火系统总体认识	车　　型：_____
	学习任务：点火系统总体认识	总成型号：_____

点火系统主要部件	火花塞	点火线圈	分电器	电子点火器	点火信号发生器
所在位置					
部件作用					

点火系统原理图

学习工作单 15

姓名：_____ 班级：_____ 日期：_____ 成绩：_____

学习项目：点火系统使用与维修	车　　型：_____
学习任务：点火系统的性能检测	总成型号：_____

1. 分析点火过早或过迟对发动机性能的影响

2. 画出点火高压波形

3. 点火系统主要部件检测

部　　件	项　　目	结　　论
点火线圈		
火花塞		
分电器（点火信号发生器）		
高压线		
电子点火器		

学习工作单 16

姓名：_____ 班级：_____ 日期：_____ 成绩：_____

	学习项目：点火系统电路分析与故障诊断	车　　型：_____
	学习任务：进行点火系统电路的连接	总成型号：_____

根据桑塔纳 3000 电路图册，绘制点火系统电路图

学习工作单 17

姓名：_____ 班级：_____ 日期：_____ 成绩：_____

		学习项目：点火系统电路分析与故障诊断 学习任务：点火系统的故障诊断与排除	车　　型：_____ 总成型号：_____	
故障1	无点火高压	故障现象	故障原因	故障点
诊断总结				
故障2	火花弱	故障现象	故障原因	故障点
诊断总结				

学习工作单 18

姓名：_____ 班级：_____ 日期：_____ 成绩：_____

	学习项目：汽车照明、信号、仪表和报警系统的总体认识 学习任务：汽车照明、信号、仪表和报警系统的总体认识	车　　型：_____ 总成型号：_____

照明装置

部件名称	前照灯	前照灯继电器	车灯开关	变光开关	雾灯	雾灯继电器	雾灯开光	仪表灯	车内灯
部件位置									
部件作用									

信号装置

部件名称	转向信号灯	转向指示灯	转向灯开关	闪光继电器	电喇叭	喇叭按钮	喇叭继电器	小灯
部件位置								
部件作用								
部件名称	制动灯	制动灯开关	倒车灯	倒车灯开关	危险报警灯	危险报警灯开关		
部件位置								
部件作用								

仪表装置

各种仪表作用

学习工作单 19

姓名：_____ 班级：_____ 日期：_____ 成绩：_____

	学习项目：汽车照明、信号、仪表和报警系统的使用与维护 学习任务：照明、信号、仪表、报警系统拆装	车　　型：_____ 总成型号：_____

1.拆装汽车前照灯总成

2.拆装汽车前照灯开关总成，并对其进行检测

学习工作单 20

姓名：_____ 班级：_____ 日期：_____ 成绩：_____

	学习项目：照明、信号、仪表、报警系统的故障诊断 学习任务：进行照明系统电路的连接	车　　型：_____ 总成型号：_____
根据桑塔纳 3000 电路图册，绘制照明系统（前照灯）电路图，并进行电路的连接			

学习工作单 21

姓名：_____ 班级：_____ 日期：_____ 成绩：_____

学习项目：照明、信号、仪表、报警系统故障诊断 学习任务：信号系统的常见故障诊断		车　　型：_____ 总成型号：_____	

故障1	左右转向灯闪烁频率不一致	故障现象	故障原因	故障点

诊断总结

故障2	转向灯不亮	故障现象	故障原因	故障点

诊断总结

学习工作单 22

姓名：_____ 班级：_____ 日期：_____ 成绩：_____

学习项目：识读汽车全车电路图	车　　型：_____
学习任务：正确识读汽车电路图	总成型号：_____

1. 桑塔纳 3000 电路图特点

2. 桑塔纳 3000 电路图中编号 30、15、X、31、50 导线的含义

30——

15——

X——

31——

50——

3. 桑塔纳 3000 电路图中各元件符号辨识

学习工作单 23

姓名：_____ 班级：_____ 日期：_____ 成绩：_____

	学习项目：识读汽车全车电路图	车　　型：_____
	学习任务：正确分析电气系统电路图	总成型号：_____

根据全车电路分解出汽车电气系统的电路
1. 启动系统电路图，阐述工作过程

2. 点火系统电路图，阐述工作过程

3. 雾灯控制电路图，阐述工作过程

4. 电喇叭控制电路图，阐述工作过程

学习工作单 24

姓名：_____ 班级：_____ 日期：_____ 成绩：_____

学习项目：识读汽车全车电路图	车　　型：_____
学习任务：根据系统电路图进行故障分析	总成型号：_____

1. 根据电喇叭控制电路图，分析喇叭不响的原因，并进行故障诊断分析

2. 根据雾灯控制电路图，分析雾灯不亮的原因，并进行故障诊断分析

3. 根据点火系统的控制电路，分析不点火的原因，并进行故障诊断分析

图书在版编目（CIP）数据

汽车电气系统维修 / 陈林山主编. —2 版. —北京：
国防工业出版社，2015.1
"十二五"职业教育国家规划教材
ISBN 978-7-118-09987-4

Ⅰ．①汽… Ⅱ．①陈… Ⅲ．①汽车—电气系统—
车辆修理—高等职业教育—教材 Ⅳ．①U472.41

中国版本图书馆 CIP 数据核字(2015)第 014992 号

※

国防工业出版社 出版发行
（北京市海淀区紫竹院南路 23 号　邮政编码 100048）
天利华印刷装订有限公司印刷
新华书店经售

*

开本 787×1092　1/16　印张 1¾　字数 39 千字
2015 年 1 月第 2 版第 1 次印刷　印数 1—3000 册　总定价 29.80 元　教材 26.3元 / 工作单 3.5元

（本书如有印装错误，我社负责调换）

国防书店：(010)88540777　　发行邮购：(010)88540776
发行传真：(010)88540755　　发行业务：(010)88540717